湖北省投资发展报告

HUBEISHENGTOUZIFAZHANBAOGAO

2013–2014

李乐成 李克勤 主编

长江出版传媒
湖北科学技术出版社

图书在版编目(CIP)数据

湖北省投资发展报告. 2013~2014 / 李乐成, 李克勤主编.
——武汉：湖北科学技术出版社, 2014.4

ISBN 978-7-5352-6710-8

Ⅰ. ①湖… Ⅱ. ①李… ②李… Ⅲ. ①投资-研究报告-湖北省-2013~2014
Ⅳ. ①F832.763

中国版本图书馆 CIP 数据核字(2014)第 086004 号

策划编辑：李芝明
责任编辑：梁 琼 雷炳建
装帧设计：刘亚非

出版发行：湖北省科学技术出版社
电话：027-87679468
地 址：武汉市雄楚大街 268 号
(湖北出版文化城 B 座 13-14 层)
邮编：430070
网 址：http://www.hbstp.com.cn

印 刷：武汉市委印刷厂
邮编：430010

787×1092 1/16 20.5 印张 248 千字
2014 年 4 月第 1 版 2014 年 4 月第 1 次印刷
定价：88:00 元

编委会成员名单

序言

2013年，我省投资突破了2万亿元的历史性大关，增速在中部六省排名第二，成绩可喜。同时，我们也应该看到，由于国内外经济形势的不确定性，今后一个时期，我省投资增长将面临更加严峻的形势。历史经验告诉我们，国际经济的每一次剧烈动荡、国家宏观政策的每一次重大调整，对于区域经济都是一次重新洗牌和排位的机会。因此，对国际经济形势和国家宏观政策的变化，我们要始终保持高度的敏锐性，超前研究，主动适应，因势利导，顺势而为，善于发现并抢抓新的发展机遇。一是要增强工作的预见性，坚定信心。凡事预则立，不预则废，有预见，就会“临危不乱”，就可以坚定信心。能否在变化中抢抓机遇，还要看我们的准备是否充分。具体到投资工作，就要看我们能否及时掌握并善于分析宏观经济形势、国家政策动向和资金安排投向，加强项目策划储备，加快推进项目前期工作，有针对性地超前做好准备工作。二是要增强工作的连贯性，保持定力。当前国家层面的调控指导思想是，“宏观政策要稳住，微观政策要放活，社会政策要托底”。目的是保持宏观政策基本稳定，稳定社会预期。具体到湖北省，多年来主要依靠投资较快增长来拉动经济增长的基本面没有改变，消费和出口短期内难以出现爆发性增长。因此，全省上下应该形成共识，继续保持对投资的高度重视，加大项目建设力度，坚持和完善一些既有的政策措施，保持工作的连贯性，无论面临何种变化都要保持定力。三是要增强工作的创造性，主动作为。现在是非常之时，要有非常之为，行非常之功，尽非常之责；要采取超常规的思路和举措，创造性地解决好发展中面临的各种问题和困难。坚决摒弃一切阻碍发展的规章和惯例，坚持规矩、程序服务于发展，把办成事、快办事、办好事作为检验思想解放程度的重要标准；同时，要敢想、敢试、敢冒头，敢于大胆试验、大胆突破，创造性地解决好投资发展中的一系列难题。

为深入总结2013年全年投资工作，并对2014年全省投资发展进行展望，为相关工作人员及社会各界了解我省投资发展情况提供一些基础材料和数据，省发展改革委、省统计局将2013年以来有关投资方面的基础资料进行了整理，并撰写了部分综合报告，汇集成这本湖北投资白皮书。书中既有丰富的基础数据，也有深层次的理论分析，也有一些综合报告，是一本实用性很强的工具书。希望广大读者特别是经济和投资工作领域的工作人员，深入学习研究，统一认识、齐心协力，共同为全省投资再上新台阶而努力！

王晓东

2014年4月

目 录

决 策 篇

综 述 篇

地区篇

资料篇

背景篇

JUECE

决策篇

投资就是湖北发展的底盘(讲话摘录)

湖北省委书记　李鸿忠

我们为什么要下大力气抓投资？因为投资事关湖北发展的底盘问题、基础问题。全省各地、各部门必须高度统一认识，把抓投资作为湖北实现科学发展、跨越式发展的首要任务，增强抓投资的主动性、自觉性、迫切性和战略性。我们与发达地区处于不同的发展阶段，现在我们首先要解决湖北发展的基础性问题。如果我们的基础设施上不去，投资上不去，今后发展的舞台、发展的规模和总量都是有限的。这就像轿车的底盘做得再大，也不可能用来做卡车、公共巴士，毕竟轿车的底盘小。投资就是湖北发展的底盘，所以一定要做大底盘。关于这个问题，没有悬念，也不用犹豫。

如果说现在发达地区的主要任务是调结构、提升层级、提升档次，那么湖北是双重任务，即既要扩大投资规模、大搞基础设施建设，又要优化结构、提升层级、提升档次。这是湖北当前的发展阶段给我们提出的历史性课题，这一课必须下大力气做好。投资又是我们科学发展的基础，科学发展有一条就是可持续。我们靠什么可持续？投资不仅与当前的发展直接相关，而且关乎长远的竞争力。只有保持相当的投资力度，才能为科学发展、可持续发展奠定坚实的基础。

抓发展必须抓投资（讲话摘录）

湖北省省长　王国生

我省的经济结构偏重，原材料产品较多，投资拉动型经济特征明显。而且还处在工业化、城镇化、农业现代化加速推进期，基础设施建设、物质装备改善的任务都很重，加强投资和调整投资结构，必然成为湖北经济增长和发展方式转变的重要引擎。

投资和项目建设对湖北实现跨越式发展具有特殊的不可替代的作用，我们丝毫不能动摇，丝毫不能放松。抓发展，必须抓投资；抓投资，必须抓项目。项目是发展的抓手，是投资的载体，固定资产投资的作用主要通过项目的质量和效益来体现。就像“春种秋收”一样，一个好的项目，就是一个新的增长点，就是一份丰收希望，就是一种发展后劲。今天的投资结构，就是明天的产业结构；今天的项目布局，就是明天的产业布局。我们要正确分析形势，保持清醒头脑，把握有利条件，坚定工作信心，把投资和项目建设放在经济工作的重要位置，抓早、抓紧、抓实，抓出成效。

科学研判 综合施策 力促全省投资迈上新台阶

——在2013年前三季度全省投资工作座谈会上的讲话

省委常委、常务副省长 王晓东

同志们：

从前三季度来看，我们各级政府对固定资产投资工作是高度重视的，力度大、亮点多、效果好，特别是在今年经济下行压力大的情况下，全省固定资产投资增幅达到27%，在全国排名第11位，这是很不容易的，为我省科学发展、快速发展提供了关键性的支撑。下面，我讲几点意见：

一、确保完成今年投资目标任务

前三季度，全省完成投资1.44万亿元，总的情况不错，增幅高位运行，在全国排位也是靠前的，但是我们在投资工作中也存在不少的问题，需要高度重视。刚才乐成同志总结为“两个下降、三难”。“两个下降”，一个是第三产业的投资增幅下降，一个是新开工项目增幅下降。“三难”，中小企业融资难、保障性住房建设融资难、城市基础设施建设融资难。对这些问题，我们要高度重视，采取措施，有力解决。今年还剩下两个月时间，要完成6 000亿元投资，投资总量突破2万亿，任务还非常艰巨，要全力以赴做好“五抓一克服”：一是全力以赴抓开工。项目开工既能带动当前，又能为明年投资工作打好基础。现在看来我们的项目开工方面还存在问题，全省重点项目用地量只占计划的

44%，很多项目是电视开工，没有下文，或建设很慢；招商引资声势很大，报道数量很大，但项目落地很少，项目开工不能仅仅停留在造势上，所以多开工、早开工，形成实物工作量很重要，襄阳提出项目开工和竣工双调度经验很好，避免电视开工、形象开工、虚假开工。二是全力以赴抓进度。特别是在建项目进展慢，今后两个月要倒排工期，按照时间进度限期竣工达产，坚决不搞“马拉松”工程。三是全力以赴抓协调。协调工作涉及方方面面，关键是征地拆迁，我们在重点工程建设过程中遇到的困难不少，解决问题靠什么？靠协调服务。征地拆迁既要强力推进，又要保护群众合法利益；既要干成事，又不能出事，这对我们的工作水平和能力提出了更高的要求。四是全力以赴抓保障。保障条件很多，重点抓好两个：一要抓好土地供应。从目前全省重点项目土地供应情况来看，省国土厅思想是解放的，大量解决了土地供应矛盾问题，保障了全省重点项目的用地需求。现在土地供需矛盾主要表现在一方面我们用地供需缺口很大，另一方面土地利用不充分，今年我省土地实际利用率下降34%，说明我们的项目落地不行，绝不能因为土地供应影响重点项目的落地、影响重点项目的推进。二要抓好资金保障。一方面民间资金很充裕，另一方面项目融资很难，大家要开动脑筋，大胆创新，解决好项目融资难问题。五是全力以赴抓考核。要建立严格督办考核机制，推进项目工作。“一克服”就是要克服定局思想。今后两个月，大家要奋力冲刺，迎难而上，确保完成投资目标，力争超额完成。

二、正确把握经济投资形势

主要抓好“三个把握”。一是要把大局形势。我们湖北省的大局形势是什么？这是我们抓投资、搞经济工作首先要弄清楚的事情。首先要认识到湖北省肩负着“建设支点，走在前列”的重大使命，“建设支点”是原总书记胡锦涛提出的，这次习总书记再次强调转变经济发展方式湖北要在全国“走在前列”，不仅解决了目标问题，也解决了路径问题，我们一切工作，包括投资工作在内都要紧紧围绕这项重大使命展开。“建设支点，走在前列”是一项系统工程，但关键是要把“底盘”做大做强，投资就是打造“大底盘”的基础工作，我们要从这个高度、这个全局来抓好投资工作。二是要把握发展形势。1–9月份，全省GDP增长10%，居全国第16位；规模以上增加值增长11.5%，居全国第17位，固定资产投资增长24.4%，居全国第11位；社会消费品零售总额13.4%，居全国第12位；外贸出口增长17.9%，居全国第33位。地区增加值在中部排第四位。今年，全省能达到这个速度是不容易的，到第三季度，我们省呈现了“三个加快、三个平稳、三个趋好”态势，工业增速持续较快、农业生产增长加快、外贸净出口回升加快，固定资产投资平稳、社会消费品市场平稳、经济运行环境基本平稳，用电量趋好、货运量趋好、用工量趋好。全省投资、消费、出口三大需求中，投资仍然起主导作用。三季度到明年，我省总的投资环境趋好，我们要顺势而为。三是要把握转型形势。全国打造经济“升级版”，这是中国经济第二季，我们湖北省如何抓住这个大机遇，把握这个大趋势，打造湖北经济“升级版”？我省老工业基地包袱重、转型难，在这种情况下，转型升级动力在哪？就是要处理好投资拉动、出口、消费三者的关系，改投资主导为投资、出口、消费协调拉动，改要素驱动为创新驱动，在这个过程中要坚持投资与创新双驱动。从三大形势把握上看，我们要增强抓投资工作的责任感、使命感、紧迫感。

三、科学编制明年投资计划

做好明年投资工作至关重要，编制好明年全省投资计划，要做到“四个更加注重”。一是更加注重提质增效。一方面要继续扩大我省投资规模，保持较高的增长速度，同时要注重调整和优化投资结构，要紧紧围绕打造湖北经济“升级版”来调整和优化投资结构，以投资结构的优化来带动和牵引湖北省经济结构调整优化，要处理好投资的速度、结构和效益的关系，如果说我们前一段时间是注重投资规模、速度的话，那么现在就要注重投资速度和结构并重，甚至结构要更突出，调整投资结构要以发展绿色GDP为目标，要更加注重改善民生、处理好产能过剩问题。二是更加注重重大项目。各级党委政府要将精力更多放在谋划重大项目上，策划一批对全省经济起带动性的大项目，对转型升级起关键性的新项目、对持续发展起支撑性的好项目，特别是在重大基础设施项目（城市基础设施）、重大产业项目、重大生态项目、重大民生项目等方面要加强谋划，充实项目库。“磨刀不误砍柴工”，要加快推进项目前期工作，集中人力、物力、财力把项目前期工作抓好。三是更加注重中央支持。要按照“对内抓优化、对外抓招商、对上抓争取”的思路，加大“跑部进京”力度，争取更大支持。四是更加注重优化环境。优化环境是抓投资工作的关键之关键，要减少投资审批事项，最大程度激活社会活力、市场活力，实施流程再造，撬动社会资本，降低社会资本进入重大项目的门槛。政府的权力做减法、市场的活力做加法。服务好中小企业的发展，明年省财政将初步考虑拿出50亿元，建立多元化投融资机制，抓好间接融资和直接融资工作，解决中小企业融资难问题。

（2013年10月23日 根据录音整理）

重大项目建设成果博览

图1-1　王国生省长(中)出席孝感国家高新区航天重工产业园签约暨奠基仪式

图1-2　武汉80万吨乙烯项目建成投产

图1-3 杭瑞高速咸宁段

图1-4 湖北赤壁电场二期

图1-5　湖北双环化工集团公司项目建设

图1-6　汉川湖北银鹭食品有限公司生产线

图1-7　国电汉川电厂三期扩建及全景

图1-8　湖北小池滨江新区新型城镇化示范区项目建设

图1-9　沪士电子股份有限公司电镀版生产项目建设

图1-10　孝感产业园武汉华工新高理电子有限公司项目

图1-11　咸宁核电站前期工程

图1-12　咸宁南坡产业园

图1-13　孝感华中模具城开工

图1-14　武汉光谷东机械电子产业园项目建设

图1–15　总投资8亿元的湖北昱辰生态农业公司昱龙现代生态农业示范园

图1–16　湖北德润锂电池有限公司年产4500万颗锂离子动力电池电芯项目建设

图1-17　总投资4.2亿元的随州天河口风电场项目

图1-18　日本矢崎汽车电子线束电缆生产车间

图1–19　总投资1.3亿元的湖北辰诺医药包装有限公司项目

图1–20　孝昌鸿翔农业发展有限公司肉鸭生产线

ZONGSHU

综述篇

2013年湖北固定资产投资总量突破2万亿大关

湖北省统计局

2013年，全省完成全社会固定资产投资20 753.91亿元，比上年增长25.7%，其中：固定资产投资（不含农户投资，下同）累计完成20 177.45亿元，增长25.8%，比上年增幅低1.8个百分点；房地产开发投资累计完成3 286.02亿元，增长29.4%，增幅比上年高6.5个百分点。

一、全省固定资产投资运行基本特征

（一）三次产业投资呈现“二降一升”增长格局，投资占比较为稳定

2013年，全省第一产业累计完成投资404.63亿元，增长3.5%，增幅比上年低44.3个百分点，低于全省投资平均增速22.3个百分点，占全省固定资产投资比重为2.0%，下降0.4个百分点；第二产业累计完成投资9 187.25亿元，增长26.2%，增幅比上年低6.3个百分点，高于全省投资平均增速0.4个百分点，占全省固定资产投资比重为45.5%，提高0.1个百分点；第三产业累计完成投资10 585.57亿元，增长26.4%，增幅比上年高3.8个百分点，高于全省投资平均增速0.6个百分点，占全省固定资产投资比重为52.5%，提高0.3个百分点。

（二）受国际国内大环境影响，全省投资仍以地方投资为主导

2013年，全省地方项目累计完成投资19 569.54亿元，增长28.0%，增幅

二、全省房地产开发投资主要特点

（一）房地产开发投资呈现逆势而上的增长趋势，全年保持较高增速

2013年，全省房地产开发完成投资3 286.02亿元，增长29.4%，比上年增幅高6.5个百分点，其中：住宅完成投资2 251.56亿元，增长32.6%，比上年增幅高5.3个百分点；办公楼完成投资147.44亿元，增长8.0%，比上年增幅低119.9个百分点；商业营业用房完成投资496.70亿元，增长47.3%，比上年增幅高23.5个百分点；其他完成投资390.33亿元，增长6.3%，比上年增幅高14.4个百分点。

（二）受市场需求影响，商品房销售面积和销售额呈现产销两旺态势

2013年，全省商品房完成销售面积5 298.54万平方米，增长31.2%，比上年增幅高34.8个百分点，其中：现房销售面积1 710.64万平方米，增长39.4%，比上年增幅高60.4个百分点；期房销售面积3 587.90万平方米，增长27.7%，比上年增幅高20.7个百分点。

全省商品房完成销售额2 790.32亿元，增长37.0%，比上年增幅高28.6个百分点，其中：现房销售额795.58亿元，增长74.5%，比上年增幅高96.5个百分点；期房销售额1 994.74亿元，同比增长26.2%，比上年增幅高4.1个百分点。

三、2013年全省投资运行存在的主要问题

（一）全省投资资金匮乏现象明显，对全省投资增长产生一定影响

2013年，全省投资资金到位21 338.66亿元，增长22.7%，比上年增幅低3.0个百分点，低于全省投资平均增速3.1个百分点，其中：国家预算内资金

911.56亿元，增长10.3%，占资金到位比重为4.3%，下降0.5个百分点；国内贷款2 796.84亿元，增长35.1%，占资金到位比重为13.1%，提高1.2个百分点；利用外资68.70亿元，下降50.5%，占资金到位比重为0.3%，下降0.5个百分点；自筹资金15 240.80亿元，增长22.4%，占资金到位比重为71.4%，下降0.2个百分点；其他资金到位2 311.03亿元，增长21.1%，占资金到位比重为10.8%，下降0.2个百分点。

（二）全省新开工项目不足，支撑作用明显下降

2013年，全省新开工项目19 245个，比上年减少750个，下降3.8%，占全省施工项目比重为73.4%，下降5.4个百分点，完成投资10 574.86亿元，增长16.2%，低于全省投资平均增速9.6个百分点，占全省投资比重为52.4%，下降4.3个百分点，其中：第一产业新开工项目886个，比上年减少281个，下降24.1%；第二产业9 021个，比上年增加110个，增长1.2%；第三产业9 338个，比上年减少579个，下降5.8%。

四、对策及建议

（一）着力抓好项目规划和储备

一是精心谋划和推进一批重大项目。要紧扣国家投资方向和重点，加大项目策划和争取力度。

二是加快续建项目，尤其是重点项目建设。各级政府要加大协调推进力度，在投资建设环境、资金拨付等方面确保项目快速推进，如期投产，尽早发挥效益。

三是针对我省项目库入库项目存在的一些不足，有针对性地进行项目策划和实施工作。

（二）着力调整投资结构，促进经济转型

一是着力控制落后产能和产能过剩行业投资规模。积极引导落后产能和过剩产能企业通过兼并重组的方式整合、优化资源。

二是着力扩大新兴产业投资规模。进一步引导和扶持汽车、钢铁、化工、装备制造等传统产业进行升级改造；进一步发挥我省科技、人才、市场等发展高端制造业的综合优势，增强经济发展的内生动力；进一步促进服务业投资增长，突破性发展现代物流、信息服务等生产性服务业和文化、旅游产业，引导民营资本发展养老服务、社区服务、保健休闲、健身娱乐等劳动密集型服务业；进一步推进农业产业化、规模化、机械化和绿色化生产经营，加大对农业和水利基础设施建设投入；进一步加大科教文卫等公共基础设施、社会主义新农村、“两型”社会建设等领域的投入，增强消费能力。

三是着力优化地区投资布局。继续提升武汉城市圈的整体功能和国际竞争力，围绕襄阳、宜昌加快襄十随、宜荆荆城市群建设，恩施、神农架投资重点侧重生态旅游，加快实施大荆州“壮腰工程”和汉江流域综合开发，推进四大连片特困地区扶贫开发等，将区域战略决策转变为实实在在的投资和项目，尽快形成“多点支撑、均衡发展的”地区投资布局。

（三）着力拓宽民间投资进入渠道，最大限度激活民间投资

垄断性行业将成为未来民间资金进入的主要领域。要切实放宽民间投资准入限制，充分利用好国家授予武汉城市圈综合配套改革试验区先行先试的良机，争取在能源、交通、通信、医疗等众多领域率先突破。

（四）着力发展基础产业和民生产业

加大民生项目投资，要做到四个倾斜。一是向民生工程建设倾斜。加大农村电网升级改造、保障性住房、教育、公共卫生、社会救助等民生工程投

资。二是向城乡基础设施建设倾斜。重点在园区建设、市政设施、用水用电、污水处理、城市住房、人畜饮水、灌溉、新农村建设等方面加大投资。三是向快速交通运输体系建设倾斜。四是向生态环境建设倾斜。重点加强对三库、三江和三湖等重点水域的水污染防治;要加强节能减排,加大对低碳和环保产业投资力度。

狠抓项目建设 力促投资跨越

——2013年全省继续深入开展“重大项目建设年”专项活动

湖北省发展和改革委员会

按照省委、省政府关于“学习贯彻十八大、争创发展新业绩”主题实践活动的统一部署，省发改委和相关责任单位一起紧紧围绕全省“重大项目建设年”专项活动方案，牢牢抓住重大项目建设这一核心任务，以“只争朝夕”的紧迫感和使命感，造氛围、抓推进、求实效、谋长远，扎实推进各项特色活动，圆满地完成了“重大项目建设年”活动的各项目标任务，取得显著成效。

一、坚持以“1155”行动计划为统领，突出营造氛围，推进全省重大项目建设年活动全面开展

（一）制订方案、明确任务，全面推动活动开展

为确保活动落到实处，按照省委、省政府的决策部署，发改委制定了《2013年全省“重大项目建设年”专题活动方案》（简称“1155”行动计划）。围绕1个目标，突出1个抓手，实施“争、联、引、促、转”5大主体行动，强化“造、帮、优、督、考”5大保障措施，动员和组织全省各地、各部门实施“1155”行动计划。按照活动方案的计划安排，明确了各单项活动的牵头单位和责任单位，制定了具体的任务指标和相关保障措施。以2月份“重大项目开工周”活动开始，各地各单位按照行动计划，全面拉开专项活动序幕。

（二）营造氛围、典型示范，集中举办项目开工活动

为营造良好氛围，发挥特别重大项目的典型示范作用，我们将2月中旬确定为“重大项目开工周”、将8–9月确定为“重大项目开工月”，通过集中举办重大项目开工，全省上下迅速形成了“狠抓项目，争创发展新业绩”的浓厚氛围。各地以项目开工和项目落地为抓手，助推全省项目建设高潮。2月、8月和9月，通过集中举办重大项目集中开工活动，新开工重大项目总数达到1 425个，项目批复总投资达到7 072亿元。

(三)上下联动、全面出击，广泛开展项目衔接争取活动

各地、各部门在省领导的带领下，全面出击，积极“跑部进京”，衔接争取需国家支持的重大项目和重要事项，在3月和9月，集中两个月开展“重大项目衔接争取月”活动，成果显著。经汇总，全省提出争取支持的事项共有641个，其中278个事项均得到了不同程度的支持，且有的事项已得到国家部委的明确答复。比如3月份，我委提出的支持长江中游城市群建设、湖北新能源发展以及湖北农村电网改造升级工程投资等10个重大事项，均得到了国家发改委领导的明确答复。

(四)加强宣传、交流经验，营造重大项目建设良好氛围

开展专项活动以来，我们协调各地各成员单位及时总结开展活动的好经验、好做法，鼓励踊跃投稿，通过多种渠道及时刊载，全方位反映全省各地各部门抓投资促项目建设的情况，营造了浓厚活动氛围，形成了比、学、赶、超的工作局面，有效推动了活动的顺利开展。一是借助省政府门户网站、湖北日报、荆楚网等省内主流媒体，以图文并茂的形式大力宣传报道全省各地重大项目建设信息，营造项目建设“日日有信息、天天有报道”的浓厚氛围。二是打造全省“重大项目建设年”活动网络宣传平台，集中宣传报道一年来全省各地重大项目建设的情况，展示建设成果。三是打造经验交流平台，编发《重大

项目建设年专项活动简报》88期，刊载各地各部门活动经验交流材料、总结报告、短讯共计508篇。四是将各地有典型示范、经验指导方面的信息编印在《情况通报》、《发展改革通讯》上，在全省发改系统传阅。

二、坚持以推动项目为核心，突出合力推动，促进重大项目建设年活动走向深入

（一）围绕项目与投资，省发改委六项举措全力推进

一是投资和重点项目工作会。省发改委坚持每季度召开一次现场会，加快推进全省投资和重点项目建设。今年4月、7月、10月分别在武汉、孝感等地召开了全省投资暨重点项目建设工作会议，会上及时通报各市州重点项目建设情况，研究协调项目建设中存在的重大问题，有针对性地提出解决的措施和建议，确保投资和重大项目的顺利推进和实施。二是重大项目银企对接会。针对部分重点项目融资困难的实际，省发改委会同人行武汉分行探索建立重点项目银企对接常态机制，于今年4月、7月、10月分别组织召开了三次“重点项目与金融机构资金对接会”，各金融机构共与179个重点项目单位签订合作协议，累计签约金额达1 513亿元。有效缓解了省重点项目融资难题。三是2013年全省重大项目推进计划。为把“十二五”重大项目库的项目由虚做实，省发改委按“六大类”编制了2013年扎实推进的重大项目计划，入库项目8 317项，总投资8.32万亿元，年度计划投资1.1万亿元，为完成年度投资工作目标任务打下了坚实的基础。四是中央预算内投资计划。本着“申报项目不断档、争取资金不掉队”的原则，省发改委会同省直有关部门、发改系统积极申报2013年中央预算内投资计划，截止12月底，我省争取落实中央投资近300亿元，达到296.47亿元，超过上年73.35亿元，实现历史新突破。其

中争取国家发改委安排中央预算内投资209.52亿元，超过年初制定160亿元的任务目标近50亿元；联合其他部门争取中央专项资金86.95亿元。五是服务实体经济，开展“四进两促”活动。面对今年严峻复杂的经济形势，我委按照省委、省政府“竞进提质”的总要求和“保企业、保运行、保增长”的总体部署，在抓好各项工作任务落实的同时，4月下旬开始，组织开展“进项目、进企业、进园区、进基层、促增长、促发展”活动。由10名委领导带队，30多个处室150多名干部组成10个工作组，历时近1个月，深入102个县市区和135家省级开发区，实地调研了500余家企业，督办了600多个省重点项目。通过这次活动，比较多地了解经济运行中存在的突出问题，帮助基层协调解决一批实际困难，形成了一批调研成果，提出了一些政策和措施建议，为做好下半年经济工作打下了较好的基础。六是夯实项目基础，开展“五个一批”活动。省发改委结合党的群众路线教育实践活动要求，着力解决基层和项目建设实际问题，努力扩大投资规模，夯实项目基础，从8月份开始，在全省发改系统内大力实施“五个一批”(即以更大力度谋划一批项目、以更大力度建设一批项目、以更大力度争取一批项目、以更大力度招商一批项目、以更大力度储备一批项目)专题活动，促进全省实现长远目标，保持经济平稳增长，加快转型升级，实现民生改善，千方百计做大做强做优投资硬支撑。

(二)抢抓机遇，省委统战部、省工商联、省商务厅推进一批专题招商引资活动

省委统战部、省工商联、省商务厅等部门多措并举，突出产业招商，打造各类专业招商队伍，瞄准跨国公司和大企业，通过参加“中国中部投资贸易博览会”、“中国国际投资贸易洽谈会”等活动，开展一对一、点对点、经贸团体交流等形式多样的招商引资活动，取得了积极成效。特别是今年11月组织首

届“楚商大会”活动，全省各地签约项目433个，引资总额6 240.16亿元，其中合同项目290个，投资总额4 020.26亿元，涉及高新技术、特色农业、新能源、机械制造、现代服务业等多个产业。

（三）全力对接央企，省国资委组织系列活动深化合作

由省国资委牵头负责，今年3月份在京成功组织2013湖北—央企深化合作座谈会，对进一步深化我省与央企合作推进创造了良好的条件。5月，对中国航天科技、中石油等23家与我省签订了战略合作协议的中央企业进行了集中拜访活动，了解央企履行战略合作协议的进展情况、计划安排和意见建议，向央企推荐各市州策划的合作项目。7月，在黄冈市召开了全省央企合作工作座谈会。10月，省政府分别与中国中钢集团公司、中国海洋石油总公司等6家央企签署了战略合作框架协议，总投资400多亿元，涉及能源、现代装备制造、节能环保、物流、航运、新型建材等领域，对湖北经济社会发展发挥重要的推动作用。截至2013年11月30日，全省与央企新签约项目119个，投资总额3 329.55亿元。从2011年至2013年11月30日，我省与央企共签订了318个项目合作协议，投资总额9 421.67亿元；已完工项目28个，已开工207个（含已完工28个），已到位资金1 183.05亿元；省政府与48家中央企业签订了战略合作协议。

（四）优化建设环境，省公安厅集中开展“平安工地”专项整治活动

省公安厅以创建重大项目“平安工地”为抓手，会同省综治办、省发改委在全省开展创建重点项目建设“平安工地”专项活动。3月初，三部门联合下发了《关于深入推进“平安工地”创建活动进一步优化重点项目建设治安环境的通知》，从加强组织领导、落实工作措施、明确职责任务和确保工作实效等四个方面，对创建重大项目“平安工地”活动进行部署。成立了由4部门分管

领导挂帅的创建工作领导小组，各地公安机关结合实际，细化方案，积极会同相关部门深入推进“平安工地”创建活动。5月13日，部署全省公安机关深入开展“打黑恶、反盗抢、攻积案、保民安”专项行动。专项整治活动为全省重大项目建设保驾护航，创建了优良的建设环境。今年来，全省重点项目建设工地及周边治安秩序稳定，没有发生影响重点建设的大要案件。全省重点建设工地刑事、治安警情同比下降了19.6%和13.7%。

三、坚持以项目建设为平台，突出推动发展，确保全省重大项目建设年活动取得实效

深入开展“重大项目建设年”活动，有序推进一批重大项目开工建设，取得了显著成效：武汉80万吨乙烯、联想武汉基地等一批重大产业项目投产；武汉地铁4号线一期、武咸城际铁路、十白高速公路、神农架机场等一批交通项目先后建成；汉口北国际商品交易中心、宜昌三峡物流园等一批重大服务业项目加快建设；长江航道荆江段整治、荆南四河堤防加固等一批重点工程有序推进；南水北调中线工程顺利通过国家蓄水标准验收。在这些重大项目的带动下，有力地促进全省固定资产投资稳步增长，为全省经济社会持续稳定发展，推动“富强湖北”建设做出了应有的贡献。

（一）重大项目建设步伐加快，新开工重大项目明显增多

2013年，全省亿元以上在建项目7 121个，比去年增加2 161个，同比增幅43.6%；其中亿元以上新开工项目4 103个，比去年增加1 069个，同比增幅35.2%；亿元以上在建项目完成投资11 915.3亿元，同比提高3.56个百分点，其中新开工亿元以上项目完成投资6 433.9亿元，同比提高28.2个百分点。项目是投资的载体和基础，施工项目和新开工项目个数和计划总投资的增

加，为全省投资继续保持较快增长奠定了基础。

（二）重点项目规模扩大，示范带动作用进一步增强

2013年，重点项目共计607个，总投资16 343亿元，年度计划投资2 633亿元。1–12月，省重点建设项目完成投资3 199.5亿元，占年度计划的121.5%。607个省级重点项目开工建设，项目开工率97%。上海通用武汉分公司乘用车、武船阳逻特种船舶及重型装备制造基地、南车长江车辆有限公司轨道交通等重点项目竣工投产，天河机场三期、联想武汉基地、三宁化工、长江镍业等一批重点项目建设进度进一步加快，充分发挥了省重点项目对全省投资增长的示范带动作用。

（三）固定资产投资稳定增长，鼎力支撑全省经济持续稳定发展

项目建设的快速发展，带动了全省固定资产投资的持续增长，1–12月，全省固定资产投资累计完成20 177.45亿元，同比增长25.8%，投资总额首次突破2万亿元，增幅继续“高于全国、高于中部、好于预期”，继续保持“稳中有进”的态势。

项目的快速发展，有力地拉动了民间资本投资，使民间投资对全省投资的支撑贡献作用逐步增强。全省民间投资累计完成13 822.31亿元，增长32.4%，占全省比重为68.5%，比上年提高3.6个百分点。

投资的持续增长，有力地促进我省“一主两副”总体发展格局的进一步稳固，1–12月，武汉市完成投资5 974.53亿元，占全省的近30%，同比增长19.1%，带动全省投资增长的龙头地位仍然稳固；两个省域副中心城市均超千亿元规模，宜昌市完成投资2 023.92亿元，同比增长29.4%，襄阳市完成投资1 998.57亿元，同比增长29.9%，各自引领“两翼”增长。

（四）工业增量提质，工业增加值实现新突破

工业增加值首破万亿元。全年全省上规模工业企业实现增加值11 159.66亿元，比上年增长11.8%。其中，高新技术产业实现增加值3 604.96亿元，增长16.1%。全省41大类行业有40个行业增长，行业增长面达97.6%。

四、坚持以重大项目为抓手，突出提质增效，积极谋划2014年全省“重大项目突破年”活动

2014年是十八届三中全会召开后的开局之年，是“十二五”承上启下的关键之年，按照省委、省政府“竞进提质、效速兼取”的要求，下一步，我委将以更大的决心和力度狠抓投资和项目建设工作，通过深入开展“重大项目突破年”活动，突出“提质增效”，在项目投资带动经济增长上实现“六大突破”，为“建成支点、走在前列”提供硬支撑。

（一）投资总量实现新突破

按照做大总量、做优结构、做强质量、做宽渠道的要求，促进全省固定资产投资持续较快健康增长，力争2014年全省全社会固定资产投资计划目标增长20%，工作目标增长25%，力争新增投资5 000亿，总额达到2.4~2.5万亿。

（二）投资结构优化实现新突破

在坚持扩大规模、发挥投资对稳增长支撑作用的同时，更加注重优化投资结构，进一步强化投资对转方式、扩消费、促改革、惠民生的牵动作用，投资效益进一步提高。力争民间投资占全社会固定资产投资比重提高到70%以上，装备制造业投资占工业投资比重提高到36%以上，高新技术产业增加值增长15%以上，服务业增加值超过万亿元，社会事业和环保生态领域投资平稳增长。

（三）重大项目开工建设实现新突破

推进亿元以上重大项目8 000个左右，力争完成年度投资12 000亿元左右，占全省固定资产投资计划的一半左右。集中精力推进300个左右省级重点项目的建设，为全省投资项目建设起到示范带动作用。

（四）全力实现向上争取资金新突破

认真研究和把握国家宏观调控政策和投资投向，及时跟踪国家投资动向和资金安排，力争在资金争取上有新突破，确保争取中央预算内投资（国家发改委）200亿元以上，争取总量排在全国前列。

（五）重大项目招商引资落地新突破

突出“世界500强、国内500强企业，行业20强企业，现有产业中的上下游延伸和横向配套项目，关联度高的新业态项目”四个重点，坚持“不符合产业政策的项目不签，不符合环保要求的项目不签，亩均投资强度不高的项目不签，圈地项目不签”四条原则，创新招商方式，确保全年引进省外投资项目和实际到位资金双增长。

（六）重大项目谋划储备新突破

结合“十二五”规划中期评估，对“十二五”重大项目库进行充实和调整，确保完工项目、在建项目、前期项目和策划项目之间每年按2万亿元的规模流转，形成“成熟一批、建设一批、谋划一批、推出一批”的前期工作良性投入滚动发展。

2013年省重点项目建设情况

湖北省发展和改革委员会

2013年，全省认真贯彻落实省委、省政府的工作部署和目标任务，深入开展“重大项目建设年”活动，不断完善和创新工作机制，切实加强现场督导和协调服务，有力推进了重点项目顺利建设。2013年，省重点建设项目完成投资3 199.5亿元，占年度计划的121.5%。607个省级重点项目开工建设，项目开工率97%。重点项目建设主要呈现以下特点：

（一）重点项目投资结构优化

今年以来，省重点建设投资结构呈现积极的变化，产业项目建设进展较快，拉动重点建设投资的作用较强。2013年，产业类项目完成投资1 943.8亿元，占投资总额的60.8%，基础设施项目完成投资1 124.9亿元，占投资总额的35.2%，省重点项目产业结构进一步优化。

（二）先进制造业项目建设情况较好

2013年，先进制造业项目完成投资1 120.4亿元，占全年投资计划的112.7%，超额完成全年计划。80万吨乙烯、上海通用汽车武汉分公司乘用车、格力电器武汉产业园、奥瑞那光子创新园、北方永发电子工业园、湖北欣银信10万锭精梳纺纱、日本东普雷汽车车身框架、湖北万盟数控组合机床二期、湖北三宁化工年产20万吨己内酰胺、宜都市中船重工高端液压油缸及凿岩钻车、宜都市瓮福蓝天化工年产2万吨无水氟化氢（AHF）、年产50吨粗碘回收、宜都市土老憨鱼鲜养生酱油及风味豆豉系列产品生产、三峡新材高级车用节能玻璃基片等项目已竣工投产或部分投产，对我省促投资、稳增长和优化产业结构、增强发展后劲起到重要作用。

（三）现代服务业项目投资拉动作用明显

2013年，现代服务业投资完成823.4亿元，占全年投资计划的143.1%，高于省重点项目平均进度21.6个百分点。现代服务业项目完成投资占省重点项目完成投资总额的25.7%，比去年提高3.8个百分点。汉口沿江商务区、宜家销品茂、绿地国际金融城、襄阳汽车产业物流园、郧县郧阳岛生态文化旅游区、四季青农产品批发大市场、宜昌三峡物流园、中国农谷屈家岭农产品物流等91个现代服务业重点项目超额完成了年度计划。大武汉家装广场二期、武汉中央文化区、义乌小商品城、湖北松滋洈水旅游风景区设施建设等项目已完工或开始运营。

（四）基础设施项目投资进度较快

2013年，基础设施项目投资完成情况良好，且三季度以来，基础设施项目单月完成投资逐月增加，建设进度明显加快。2013年，基础设施项目完成投资1 124.9亿元，占年度计划的121.1%，比去年同期提高5个百分点。12月，基础设施项目单月完成投资187.4亿元，环比增长48.3%，比前11个月平均完成额多102.2亿元，为今年以来单月完成额最高。其中：公路项目完成投资432.6亿元，占年度计划的114.4%；铁路项目完成投资57.9亿元，占年度计划的95.7%；机场项目完成投资43.5亿元，占年度计划的159%；航运项目完成投资20.5亿元，占年度计划的143.6%；能源项目完成投资122.1亿元，占年度计划的90%；城市路桥及轨道交通项目完成投资448.2亿元，占年度计划的143.4%。

（五）各地推进省重点项目建设成绩突出

各地深入开展“重大项目建设年”活动，围绕各地自身的发展实际及特色，通过开展“重大项目开工月”、重点项目资金对接会、重点项目协调督办会等活动，加大督办推进工作力度，有力推动了全省重点项目建设。2013年，武汉、黄石、十堰、襄阳、宜昌、荆州、荆门、孝感、鄂州、黄冈、咸宁、随州、恩施、仙桃、潜江的省重点项目完成投资超过年度计划，其中武汉、襄阳、黄冈的省重点项目完成投资进度高于全省平均水平。襄阳、宜昌、荆州、荆门、孝感、黄冈、咸宁、随州、仙桃、潜江、神农架林区开工率达到100%。

湖北省新型城镇化投资需求与互动发展策略研究

湖北省发展和改革委员会　中国地质大学（武汉）产业经济研究所

一、湖北省新型城镇化的发展历程和现状

（一）湖北省城镇化的发展历程

1.1949—1957年为恢复发展阶段

中华人民共和国成立以后第一个五年计划中，湖北省城市数量由3个增加到5个（新增黄石、襄樊），城镇化水平由11.1%增至14.3%。

2.1958—1962年为波动发展阶段

1958—1960年期间，湖北省新设鄂城市、沙洋市，城市数达7个，城镇化水平上升到17.79%。1960—1962年又撤销了鄂城、沙洋两个城市的设置，城市数退回至5个，城镇化水平也降至14.07%。

3.1963—1978年为停滞发展阶段

“十年动乱”、人口政策失控使得湖北省城镇化水平基本维持在13%-15%左右。其间新设十堰市，城市数量增至6个。

4.1979—2000年为稳步发展阶段

1979—1985年，建制镇得到迅速发展，新增城市8个。1986—2000年，湖北进行了大量的整县改市和镇代乡，至1999年设市城市达36个，其中以中小城市居多，城镇化水平上升为33.6%。到2000年底，城镇化水平达34.3%。

5.2000年至今新型城镇化时期

进入21世纪以来，湖北省利用国家“中部崛起”战略机遇大力发展城镇化，2005年湖北省城镇水平为38.7%，2010年达到44%，到2012年，湖北有1个副省级城市，12个地级市，24个县级市，1个自治州，3个省直管市，38个市辖区，40个县。目前湖北省有733个镇，210个乡，出现了镇比乡多的现象。

以“城镇实际居住人口”口径和“五普”口径这两种口径预测，根据湖北的实际情况，采用联合国法、时间回归分析法、经济相关分析法等方法，进行预测和校核。

表2-1　湖北省两种口径的城镇化水平预测比较

年份	城镇实际居住人口		“五普”城镇人口	
	城镇人口(万人)	城镇化水平(%)	城镇人口(万人)	城镇化水平(%)
2000年	2 040	34.3	2 393	40.22
2005年	2 400	38.7	2 800	45
2010年	2 800	44	3 150	49.60

(二)湖北省新型城镇化发展成就

湖北省在新型城镇化建设的进程中取得巨大的成就，主要表现在以下方面：

1.人口城镇化快速发展

湖北省在推进城镇化的进程中，非农业人口的数量呈现逐年递增的趋势，大、中城市成为接纳农村人口进城的主体。1988—2010年间，湖北省非农业人口由1 148.12万人增长到2 644.55万人，22年间共增加896.55万人。其中特大城市武汉和大城市襄樊、宜昌、黄石、荆州以及十堰共增长388.14万人，占增加人口的37.9%。

2.城镇基础设施建设取得巨大成就

在“十二五”期间，全省基础设施建设领域投资增长迅猛，5年累计达到9 846亿元，是“十一五”时期的3.7倍，年均增长23.4%。新增铁路营运里程达到1 895公里，总里程达到3 719公里；建成高速公路2 617公里，总里程达4 666公里。近十年来，湖北全社会固定资产投资的总体规模一直保持着上升趋势，2012年全社会完成固定资产投资达到12 585.7亿元，创历史新高，比上年增长22.6%，投资总额以8.5倍递增。从投资增长幅度来看，自“十二五”以来，基本保持了上升态势，尤其是2010年以来全省投资增长率保持在两位数的水平，呈现出较强的增长势头。

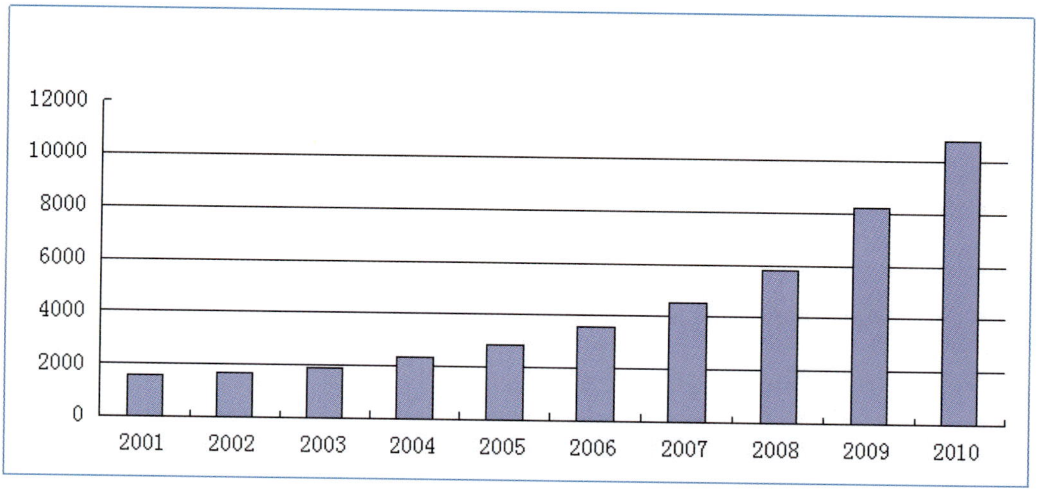

图2-1　2001—2010年湖北省固定资产投资　单位：亿元

到“十二五”末期，将形成连接省内外的“五纵四横”公路交通主干线网络，全省公路通车总里程达到16万km，二级以上的公路达到4.5万km（其中高速公路里程约达9 500km），公路网密度约为60km／100km^2，为省域内沿江主要城市和城镇对外交通联系创造良好条件。

3.城镇化“软实力”建设取得突破性进展

湖北省推进的城镇化“软实力”建设取得突破性进展，主要表现在文化、教育、科技以及社会保障等方面。

(1)文化强省建设取得新突破。城镇的建设和发展也越来越注重文化内涵。文化产业成为湖北省新的经济增长点，2011年湖北省文化产业实现增加值504.88亿元，比上年增长27.6%，占GDP的2.58%。我省财政对文化事业发展的支持力度不断加大，2011年全省文化事业财政补助经费为17.29亿元，与2005年的5.17亿元相比，年均增幅达22.86%。

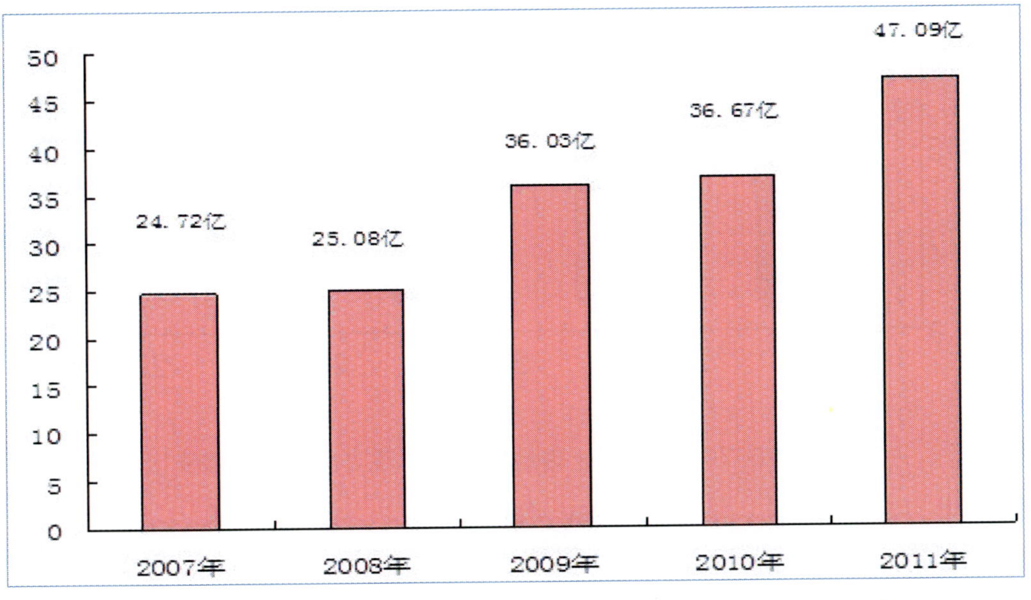

图2-2　全省地方公共财政文化和传媒2007-2011年支出经费

2007—2011年，湖北文化产业总量规模总体继续呈现稳定快速增长的良好势头。2011年全省地方公共财政支出中文化体育和传媒经费达到47.09亿元，比2007年增长90.1%。2011年，全省文化产业完成增加值504亿元，比上年增长27.64%。文化产业增加值占GDP的比重为2.5%，所占百分比逐年提高,增幅快于第三产业增幅。

(2)教育事业全面发展。2007—2012年间,湖北省财政预算内教育事业经费年均增长25.8%,其间教育经费稳步增长,如图2-3。

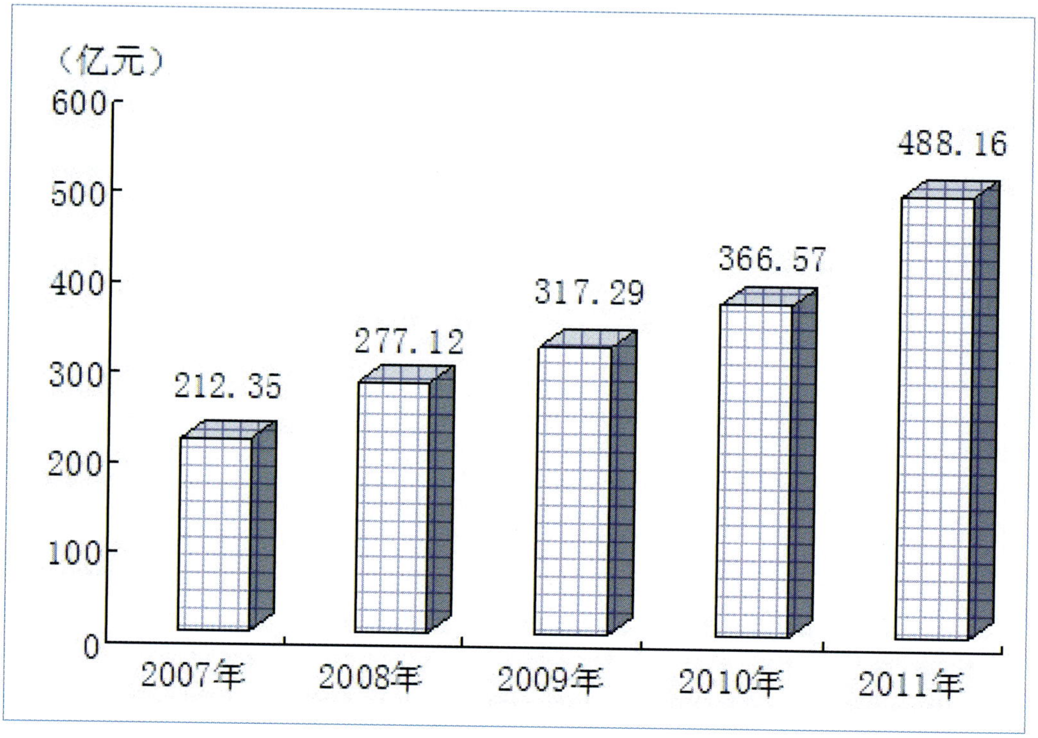

图2-3 2007—2011年全省地方公共财政支出教育经费支出

(3)科技支撑作用明显增强。一是创新队伍日益庞大,结构不断优化。2011年,我省科技活动人员达到31.02万人,比2007年增长57%;其中研究与试验发展人员(英文简称R&D人员,下同)16.64万人,比2007年增长144%。

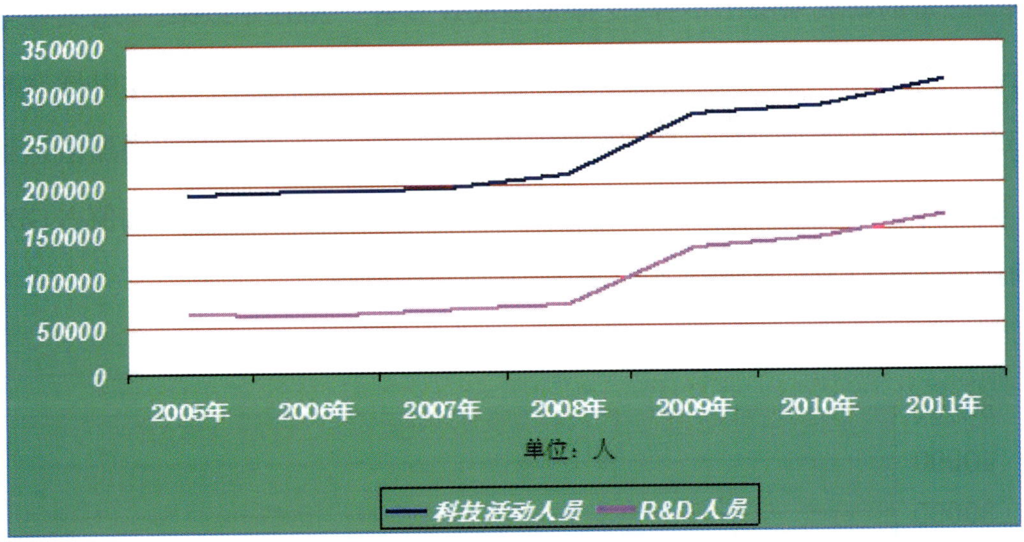

图2-4　全省科技人员增长变化情况

二是创新经费大幅增长，投入强度稳步提高。2011年全省共投入R&D总经费323亿元，比2007年增长1.87倍。R&D经费与当年国内生产总值(GDP)之比为1.65%，比2007年提高了4个百分点。

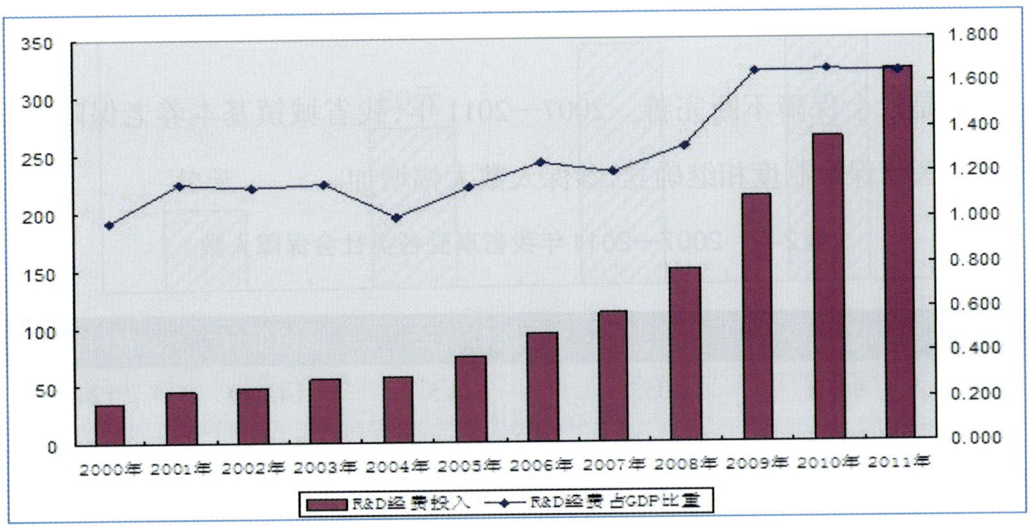

图2-5　全省R&D经费投入变化情况

现在以下几个方面：

（1）2001年武汉市东湖国家自主创新区成为“中国光谷”，为新型城镇化发展提供了信息技术支持。

（2）2004年3月，“中部地区崛起”的重要战略构想正式提出并得到快速长足的发展；2010年3月，武汉被国务院确认为中部地区中心城市。

（3）2007年12月，武汉城市圈成为第四批“国家综合改革实验区”，为新型城镇化发展提供平台。

（4）2009年10月，国内首个生态经济协作区——“武陵山经济协作区”成立，生态优势有助于新型城镇化战略的实施。

（5）2012年2月，湘赣鄂正式签订《加快构建长江中游城市集群战略合作框架协议》，联动打造中三角以成为中国经济增长第四极。

（三）湖北省新型城镇化发展过程中存在的主要问题

1.区态趋势：中部地区经济板块不完整，崛起战略支点路径迷茫

近年来，随着中部各省纷纷崛起赶超，湖北的领先优势受到挑战；当前中部各省以“发挥地缘优势、开放对接沿海”作为各自的区域战略，湖北缺乏安徽、湖南、江西等紧邻沿海的优势，在沿海向内陆的梯度转移中竞争力较弱。

2.产业动力：整体竞争力不强，结构失衡影响城镇化进程

十一五期间，产业综合实力实现突破，产值较高但整体的竞争力不强，主要原因有以下几方面：①盲目追求经济的高速增长，由此必然导致产业结构严重失衡。②“十五”以来，我省工业发展在越来越大的程度上依靠科技进步，但粗放的经济方式并没有根本改变。③工业增长主要依靠投资，导致投资率的提高和消费率的下降。④在区域经济发展战略方面，“先富带后富”的战略思想加剧了三次产业之间的不平衡发展。

3.城镇特征:"强弱弱强"特征明显,县城集聚态势初显

湖北省各县城集聚态势初显。县(市)域中心城市分为两类:

Ⅰ类包括丹江口、松滋、石首、监利、洪湖等一系列城市。根据其当地资源条件、城市自身经济发展水平及城市发展战略定位等,选择最符合实际、最有特色的部分产业进行重点培植,使之成为更大区域范围内都有影响的优势支柱产业。

Ⅱ类包括阳新、郧县、郧西、竹山、竹溪等。相对而言,这些县(市)经济基础尚不雄厚,资本稀缺,而劳动力资源丰富,应大力发展劳动密集型产业。

4.空间特征:分区发展差异显著,国家空间轴线亟待解决

湖北省以丹江口—远安—宜昌—宜都一线为界,以西的国土面积占40.8%,总人口占18.8%,GDP占14.7%,只有6个设市城市;东部集中了湖北36个设市城市中的30个,占83%,湖北唯一的一个特大城市和4个大城市中的3个都分布在东部,呈现出分布东密西疏的格局。

表2-3 湖北省城镇空间分布东西差异一览表(1999)

地区	国土面积(万 m^2)	总人口(万人)	人口密度(人/km^2)	非农业人口(万人)	城镇化水平(%)	GDP(亿元)	人均GDP(元)	财政收入(亿元)
合计	18.59	5 938.03	319.42	1 645.80	33.6	3 857.99	6 497.09	194.44
西部	7.59	1 118.53	147.39	238.35	25.6	566.14	5 061.46	17.15
东部	11.00	4 819.50	438.09	1 407.45	35.30	3 291.85	6 830.27	177.29

5.交通建设:"九省通衢"相对态势下降,交通与城镇空间组织不相匹配

湖北省作为九省通衢,由于城市大部分为整县改市而来,多呈小城区、大郊区格局,以致城区与城区实际距离相去甚远,城镇空间集聚度整体不高。

6.发展方式：国家生态安全格局中地位突出，现有发展方式面临风险

湖北省在全国可持续发展过程中地位突出，当前发展方式面临风险，主要表现在：①湖北省在国家粮食与生态安全格局中承担重要责任；②东部发展环境不可复制，湖北在严峻资源环境保护压力下亟待转型；③生态环境优势明显，但在城乡发展中尚未得到充分发挥。

二、湖北省投资增长对城镇化发展的贡献

（一）湖北省投资需求对促进新型城镇化发展的分析

1.湖北省历年投资需求情况分析

1）投资需求的资金来源结构分析

湖北省投资需求资金来源情况如表2-4：

表2-4　湖北省2001—2011年固定资产投资资金来源情况表

单位：亿元

年份	国家预算内资金	国内贷款	利用外资	自筹投资	其他投资
2001	174.03	241.96	29.89	874.60	231.27
2002	200.95	280.11	63.22	717.24	433.71
2003	150.20	291.60	57.41	786.40	597.98
2004	200.87	397.15	74.88	1 290.6	347.24
2005	221.91	474.91	72.69	1 618.4	341.27
2006	295.33	681.67	69.34	2 055.8	475.91
2007	414.75	776.41	83.51	2 737.7	681.55
2008	481.29	826.87	50.84	3 920.6	571.15
2009	689.31	1 339.6	71.04	5 395.8	1 040.6
2010	794.26	1 699.4	156.18	7 263.2	1 361.8
2011	633.18	1 707.5	189.26	8 800.6	1 574.5

从表2-4可以看出，2001—2011年湖北省投资的各资金来源规模明显提高，其中最为显著的当为自筹资金一项，已成为湖北省投资的主要动力，除自筹资金外其他各项资金来源的比重多呈下降态势。以上说明渠道有待进一步拓宽。

2）投资需求的主体结构分析

湖北省各经济主体固定资产投资情况及占总投资的比例如下：

表2-5 湖北省2001—2011年固定资产投资主体结构情况表

单位：亿元

年份	国有经济	集体经济	个体私营经济	其他
2001	918.21	126.41	249.59	193.83
2002	963.18	121.42	263.00	263.66
2003	888.72	109.05	303.90	467.97
2004	927.94	334.58	434.58	703.67
2005	997.21	389.36	542.76	884.20
2006	1 306.32	142.35	798.13	1 332.35
2007	1 650.71	199.76	1 154.73	1 527.95
2008	2 110.31	318.34	1 539.17	1 837.96
2009	2 851.44	487.7	2 207.48	2 668.57
2010	3 394.83	634.47	3 001.37	4 029.14
2011	3 764.22	660.59	3 307.47	5 202.74

从表2-5可以看出，各投资主体的投资规模均有大幅提升，除集体经济外现阶段其他主要经济主体每年的投资规模都在1 000亿元以上；湖北省投资主体结构变化显著，2001年国有经济投资在湖北省投资中占绝对主导地位，但目前个体私营经济投资已成为湖北省投资的主要主体之一。

3)投资需求的产业结构分析

湖北省“十五”以来三次产业固定资产投资情况如表2-6：

表2-6　湖北省2001—2011年三次产业固定资产投资情况表

单位：亿元

年份	第一产业	第二产业	第三产业
2001	112.01	572.19	867.55
2002	80.08	648.81	966.33
2003	88.80	714.81	1 079.98
2004	77.55	912.93	1 365.90
2005	92.88	1 086.34	1 655.53
2006	107.43	1 317.12	2 147.93
2007	149.43	1 710.59	2 674.00
2008	231.25	2 344.36	3 220.99
2009	321.59	3 097.68	4 792.58
2010	393.00	4 169.92	3 239.77
2011	440.91	5 526.40	6 967.71

湖北省的产业投资存在如下特点：

首先，第一产业投资规模较小。湖北省在第一产业上的投资要远远小于第二、三产业的投资，在2002年、2003年、2004年还出现了负增长。近几年第一产业的投资规模虽有所上升，但比重并无明显提升，只有3.6%左右。

其次，2001—2010年10年间，第二产业投资所占比重在38%附近呈震荡波浪形变化，但一直以来是湖北省经济发展的重要推动力。

再次，第三产业成为湖北省投资的主要对象。从2005年开始湖北省第三产业每年投资增加额都在500亿元以上，第三产业将发展成为湖北省的支柱产业。

2.湖北省历年城镇化进展情况分析

湖北省的城镇化进程大体上可以以1978年为界，前后两个阶段有着各自不同的特点。在改革开放之前，湖北省的城镇化发展较为缓慢，并且出现过反复，波动比较大。1958—1978年的20年中，全省的城镇化率总共才提高0.8%。1978年之后的30多年来，湖北城镇化水平以年均0.67%的速度递增。湖北现有的建制城市中，有83%是1978年以后设立的。

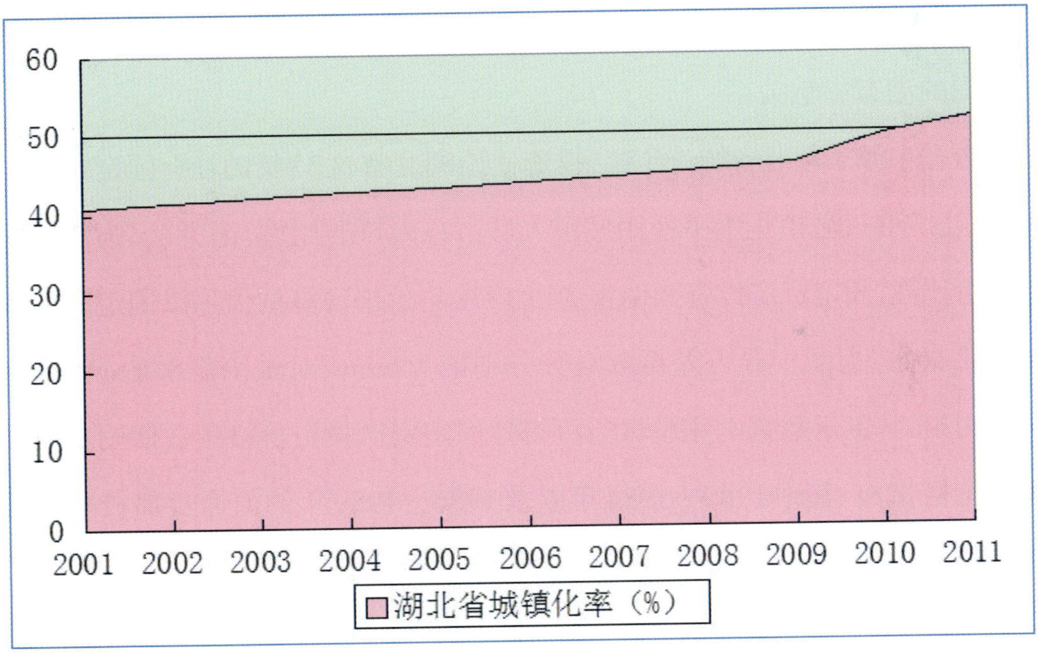

图2-9　湖北省2001—2011年城镇化率变化趋势

在2001年，全省共设市36个，建制城市数量比1978年增加30个，增长了5倍；建制镇734个，是1977年的7倍多。到2012年，湖北有1个副省级城市，12个地级市，24个县级市，1个自治州，3个省直管市，38个市辖区，40个县。

目前湖北省有733个镇，210个乡，出现了“镇比乡多”的现象。湖北省“十二五”规划纲要指出，全省城镇化率提高到52%以上。

（二）湖北省城镇化与投资之间的动态影响模型分析

1.研究方法与数据来源

本文采用湖北省1978—2011年的年度时间序列数据利用Eviews6.0软件使用向误差修正VEC模型的相关理论在变量的平稳性检验和Granger因果检验基础上利用向量自回归模型对投资需求与城镇化水平之间进行了脉冲响应分析。对投资需求与城镇化水平之间进行了脉冲响应分析和方差分解最后在协整检验基础上建立了向量误差修正模型来研究城镇化水平与投资需求之间的动态影响关系。

数据来源于湖北省统计年鉴，投资使用湖北省这33年的社会固定资产投资额，记为inv，城镇化水平使用城镇人口占总人口的比重，记为u。为使数据具有可比性，固定资产投资额调整为以1978年价格计算的值除以固定资产投资价格指数，为减少异方差再取对数分别记为lninv，对城镇化水平u也取对数记为lnu。鉴于数据的完整性与可得性固定资产投资价格指数使用工业品出厂价格指数，其中1980—1984年以及1986—1989年的值通过加权平均方法获得。

2.实证分析与结果检验

1）变量的平稳性检验

使用Eviews6.0软件对序列lninvlnu及其一阶差分序列dlninvdlnu进行平稳性检验使用ADF检验法检验，结果见表2-7：

表2-7 ADF单位根检验

	原始数据	一阶差分	原始数据	一阶差分
数据类型	lninv	dlninv	lnu	dlnu
ADF—t统计量	−2.488 361	−4.717 26	−2.345 774	−6.089 180
5%的临界值	−3.562 8	−3.580 62	−2.991 878	−3.622 033
Prob.	0.331 1	0.004 0	0.166 8	0.000 3
平稳性检验结果	不平稳	平稳	不平稳	平稳

从检验结果可以看出lninvlnu两序列的ADF−t统计量的值都大于5%的临界值，相应概率都大于5%的水平，它们都是不平稳的，而lninv、lnu的一阶差分后序列ADF−t统计量的值都小于5%的临界值，相应概率都小于5%的水平，它们都是平稳的，所以lninv、lnu是一阶单整的变量。

2)利用VAR向量自回归模型确定滞后阶数

因为inv、lnu是一阶单整的变量，可以建立dlninv与du之间的向量误差修正模型。为了确定滞后阶数，先利用VAR向量自回归模型在模拟dlninv与du之间的向量自回归模型中滞后阶数的确定。依据AIC信息标准检验结果显示滞后阶数是4，所以建立dlnv与du之间的向量自回归的VAR(4)阶模型。从模型结果来看各参数的t检验结果由于解释变量与其滞后变量之间的多重共线性，两方程所估计系数的t统计值大部分在统计上都是不显著的。向量自回归模型主要是用于预测从而不影响我们的理论分析。对以上向量自回归VAR模型的平稳性检验结果表明：该模型是稳定的，回归动态模型的结论都是有效的检验结果。

3)Granger因果检验

对inv和u做滞后四期的Granger因果检验，从检验结果可以看出在5%的显著性水平下u滞后四期是inv的格兰杰原因，而inv却不是u的格兰杰原因。

4）脉冲响应分析

脉冲响应和方差分解能说明变量之间相互影响的方向、作用力度及时滞。利用上述VAR模型，对变量dlninv及du进行脉冲相应分析，结果如图2–10所示：

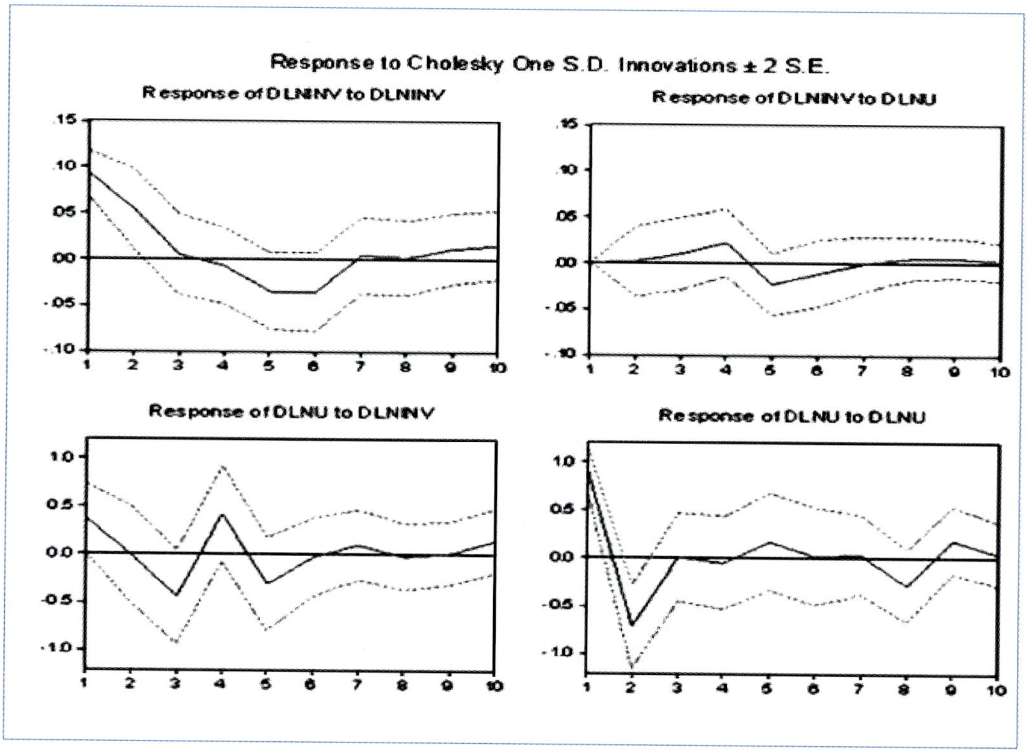

图2–10　dlninv及du脉冲分析图

由图2–10可以看出，对投资一个标准差的正冲击，投资对自身冲击的响应在开始时波动最剧烈，一开始就达到最高点0.093。以后下降，第三期降为0，再继续下降为负，在第六期达到最低–0.036，然后再增加，增加速度减慢，最后对冲击的响应减为0。

对城镇化施加一个标准差的正冲击，投资对其冲击的响应在开始时波动缓慢，程度也很低。以后逐渐增强，到第四期达到最大0.023，之后相对快速下降，到第五期达到最低点-0.028，之后再上升，上升速度减慢，到第七期为0，之后再缓慢上升，最后对冲击的响应减为0。

对投资施加一个标准差的正冲，城镇化对它的响应在开始时波动剧烈，持续正负交替波动，到第六期后，波动减缓，但还是出现缓慢正负交替波动，最后对冲击的响应在0附近正负波动。

对城镇化施加一个标准差的正冲击对城镇化对自身冲击的响应在开始时波动相应剧烈，一开始就达到最大0.89，快速下降，到第二期达到最低-0.76，之后开始相对缓慢增加，到第三期为0，之后相对缓慢，在0附近波动，而在第七到九期的相应波动有稍微变大，最后对冲击的响应趋近为0。

5）方差分解

基于VAR(4)模型对dlninv和du两个变量进行方差分解。从分解结果我们可以得出dlninv的波动在第一期只受自身波动的影响，城镇化进程的波动对dlninv的波动冲击在第二期才显现出来，城镇化进程的波动对dlninv的波动冲击影响表现为由小逐渐增大，影响从0增加到0.023%，再逐渐增大，最后稳定在8.26%到8.4%之间的水平。

城镇化水平的波动从第一期开始不仅受到自身波动的影响，也受dlninv波动的影响，但主要受自身的影响，其自身影响的第一期占到85.12%，第二期增加到90.34%，以后逐渐减弱，直到最后稳定在69.5%到70.2%。受dlninv波动的影响在第一期占到14.78%，第二期减少到9.66%，以后逐渐增强，直到最后稳定在29.77%到30.47%之间的水平，方差分解与脉冲响应函数分析的结果基本一致。

6）协整检验

前面已经检验dlninv和du两序列是同阶单整序列，对lninv和lnu进行协整检验结果显示只有一个迹统计量和一个最大特征根检验统计量大于5%显著水平的临界值，也就是说在5%的显著水平下dlninv和du两个变量之间存在唯一的协整关系，即投资与城镇化率存在一种相互影响关系。

3.结论阐述

研究发现：城镇化水平的提高会带来投资的增长，而且平均城镇化水平提高1%会带来投资约10.2%的增长；随着城镇化的发展，投资拉动作用越来越突出。

湖北省城镇化投资的主要问题：① 城镇化投融资主体比较单一。对具有经营性质的城镇基础设施来说，考虑其投资规模大、建设周期长、资金回收慢、维护成本高等特点，民营资本应该成为基础设施建设的重要力量。② 城镇化投融资平台建设亟待规范。首先，湖北省当前地方政府投融资平台数量过多、定位过宽和资金分散，应该着手对地方政府投融资平台进行规范化、透明化和市场化改革。

三、湖北省新型城镇化发展战略

（一）新型城镇化模式内涵

新型城镇化要全面遵循生态文明的理念和原则，其重要任务是有序推进农业转移人口市民化，在不断提高城镇化质量的过程中，走集约、智能、绿色、低碳的新型城镇化道路。

（二）国内新型城镇化模式

近年来在全国先后出现过各种新型城镇化的改革尝试，主要有五种模式,包括天津模式、成都模式、广东模式以及江苏模式和浙江模式:①成都模式——大城市带大郊区。②天津模式——以宅基地换房集中居住。③广东模式——通过产业集聚带动人口集聚。④苏南模式——以乡镇政府为主组织资源。⑤温州模式——以个体私营企业为主体。

(三)湖北省新型城镇化发展战略

1.省域总体定位

根据国家的宏观要求及对湖北的期望,结合湖北自身的发展优势基础,湖北省域总体发展定位为——"中部地区崛起的重要战略支点"。

2.湖北省新型城镇化总体目标

立足湖北独特区位优势和资源禀赋,引领和打造中部地区国家增长极,实现湖北跨越式发展,开创一条具有湖北特色的新型城镇化路径。

3.湖北省新型城镇化发展指标

(1)总人口规模。2020年全省户籍总人口达到6 300万左右,常住人口达到5 850万左右;2030年全省户籍总人口达到6 400万左右,常住人口达到6 100万左右。

表2-8 湖北总人口预测综合结果

单位:万人

预测方法	2015		2020		2025		2030	
	户籍	常住	户籍	常住	户籍	常住	户籍	常住
经验增长率法	6 200	5 741	6 327	5 854	6 385	5 964	6 495	6 133
Logistic模型	6 175	5 756	6 299	5 866	6 345	5 994	6 417	6 142
曲线拟合法	6 202	5 727	6 301	5 835	6 354	5 930	6 420	5 970
综合预测规模	6 200	5 730	6 300	5 850	6 360	5 970	6 400	6 100

(2)城镇化水平。湖北城镇化率每年提升0.8–1.2个百分点,规划预测湖

北省城镇化水平2015年达53%，2020年达58%，2030年达到66%，城镇化水平增速分别为年均1.2个百分点、1个百分点和0.8个百分点。

(3)城镇化发展指标体系见表2-9。

表2-9 湖北城镇化发展指标体系

目标层	要素层	单位	现状值	指标值		
			2008	2015	2020	2030
城镇化	城镇化水平	%	45.2	52	58	65
经济发展	GDP增长率	——	13.7	12.7%	11.5%	10%
设施条件	人均道路面积	㎡/人	13.03	20	35	50
	万人国际互联网用户数	人	266.79	450	820	1 100
	万人公共汽车数	辆	11.89	30	50	75
	千人拥有医生数	人	1.54	10	30	70
社会进步	城镇保障覆盖率	%	——	≥90%	≥95%	≥100%
生态建设	单位GDP能耗	万吨标煤	1.31	1	0.75	0.6

四、湖北省新型城镇化对投资发展的新要求

(一)投资体制改革

1.投资渠道

湖北省的投资渠道主要有民间集资、基金、房地产、股票、外汇、期货、定存、黄金等。

2.投资来源

主要融资渠道有：财政资金、信贷融资、股票融资、债券融资、信托融资、新兴产业投资基金、风险投资等。

3.投资方式

注重实体经济与虚拟经济的协调发展，在保持实体经济主体地位的同时，适度发展虚拟经济，防止虚拟经济过度膨胀对实体经济造成的损害，减少经济增长的水分，要保持投资的合理增长。湖北固定资产投资的总体规模一直保持着上升趋势，如图2-11所示。

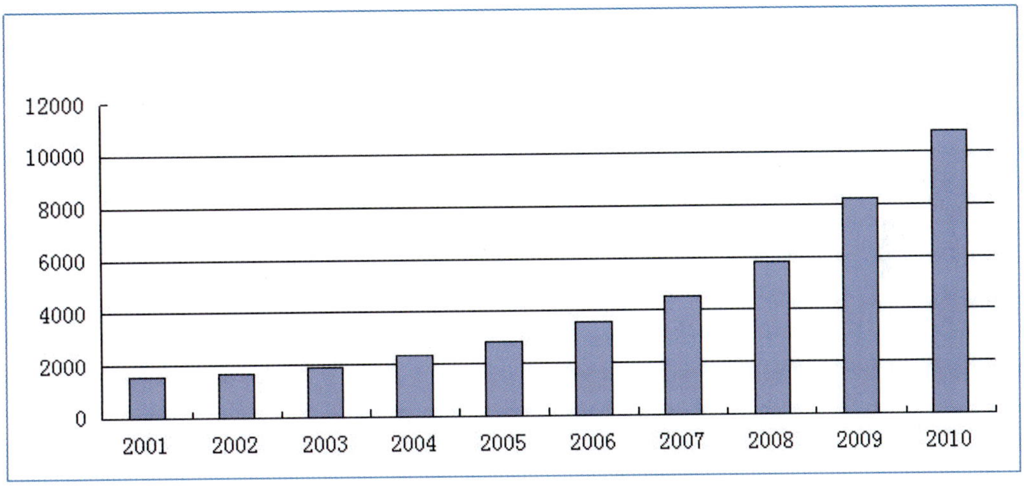

图2-11　2001—2010年湖北省固定资产投资趋势

4.投资机制

由过去以政府为投资主体、高度集权并由政府负责投资决策、实施和调控全过程的投资机制逐步向以市场为主导的投资机制转化的深入阶段。

(二)产业投资重点领域

1.着力改造提升传统支柱产业

以信息化、高端化、服务化、品牌化为主攻方向，大力开展传统产业技术改造，促进制造业由一般加工向高端制造提升、由产品竞争向品牌竞争提升。

2.突破性发展高技术产业和战略性新兴产业

以提高自主创新能力、科技成果转化能力和规模化应用水平为主攻方向，促进高技术产业和战略性新兴产业发展。

3.加快发展服务业

以市场化、产业化、社会化为主攻方向，突破性发展金融、物流、信息、中介服务等生产性服务业，积极推进商贸、旅游、文化、家政、餐饮等消费性服务业转型升级，培育壮大动漫、通用航空、创意设计、服务外包、会展、社区服务等新兴服务业。

4.大力发展现代农业

以提高现代农业的设施装备水平、提高科技对农业发展的贡献率、构建现代农业产业体系，提高农业水利化、机械化和信息化水平，提高农业素质、效益和竞争力。

5.积极发展循环经济和低碳产业

进一步深化循环经济示范试点和汽车零部件再制造试点，支持一批循环经济重点项目建设，着力发展工业循环经济，大幅减少资源、能源消耗。

6.强力推进节能减排和淘汰落后产能

进一步完善节能减排管理机制和体系，落实《湖北省节能中长期专项规划》和节能行动计划，狠抓重点行业和重点企业节能管理。

7.加快有利于产业结构调整的新型城镇化进程

加快发展县城、中心镇、统筹城乡基础设施和公共服务设施建设，加快培育城镇支柱产业，提高城镇综合承载能力。

（三）区域投资重点

1.武汉城市圈

1）全社会固定资产投资

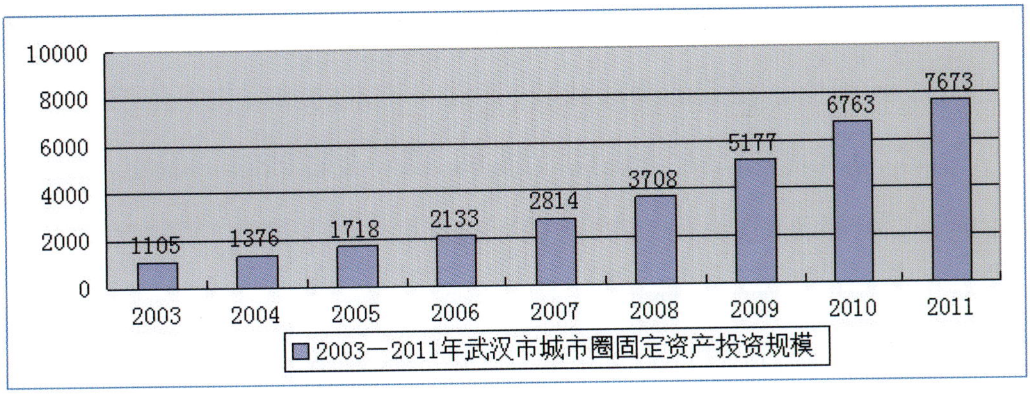

图2-12　2003—2011年武汉市城市圈固定资产投资规模

2000—2011年武汉城市圈固定资产投资规模如图2-12所示，增幅呈现开始平稳后期大幅增加的态势；从2000年的807亿元增长到2011年的7 673亿元，稳居湖北省主体地位，如2008年共完成城镇规模以上固定资产投资总额3 708亿元，占全省的65.1%，比上年增长33.4%，高于全省城镇规模以上固定资产投资平均增幅4.3个百分点。

2)城镇化率

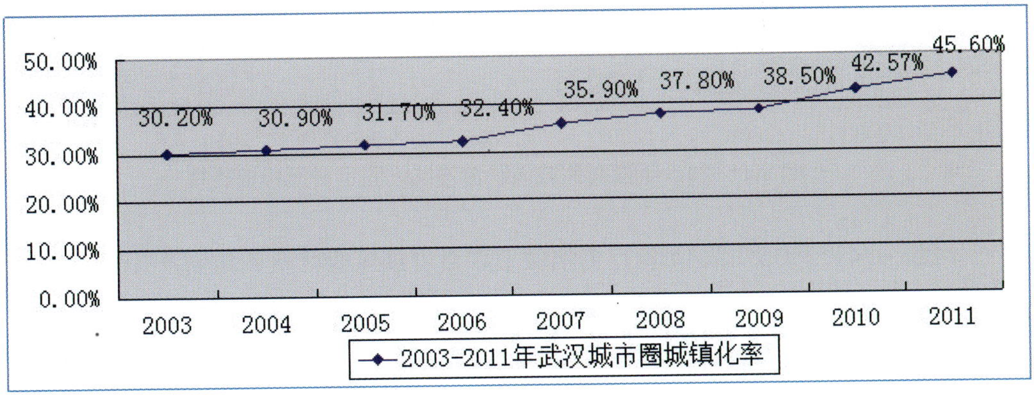

图2-13　2003—2011年武汉市城市圈城镇化率

由图2-13可以看出，2003—2006年武汉城市圈城市化进程缓慢，相应时期对武汉城市圈的固定资产投资也比较低。虽然2006—2009年固定资产投资大幅上升，但由于投资的滞后效应，武汉城市圈的城市化率依旧比较低；2009年，武汉城市圈城市化率也仅为38.5%，低于全省0.8个百分点。圈内九城市中，武汉(64.7%)、黄石(50.5%)两市的城市化水平稍高，其余7个城市都低于城市圈城市化率的总体水平，其中孝感、黄冈、咸宁、仙桃等4个市的城市化率均不足30%，最低的孝感市仅21.8%；2009年以后，武汉城市圈固定资产投资带动城镇化水平的效果开始显现，城市化率从2009年的38.5%上升到2010年的42.57%，直至2011年的45.6%。

2.宜荆荆城镇联合发展区

1)全社会固定资产投资

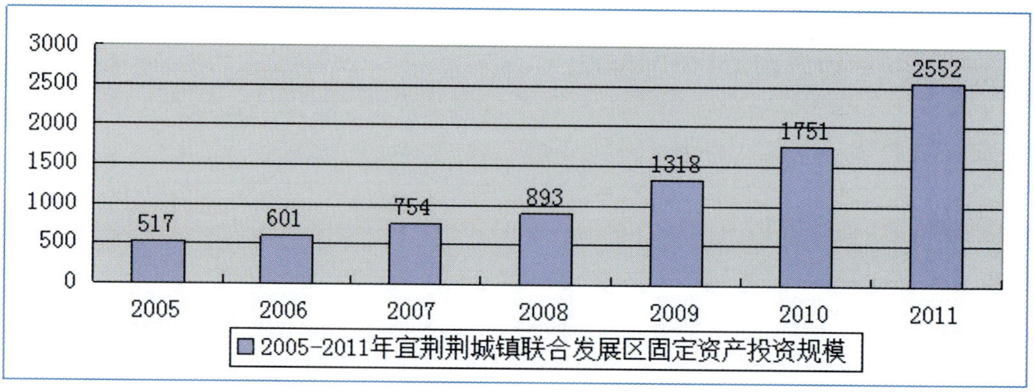

图2–14　2005—2011年宜荆荆城镇联合发展区全社会固定资产投资

2005—2011年宜荆荆城镇联合发展区固定资产投资规模如图2–14，宜荆荆从2005年的517亿元增长到2011年的2 552亿元，2005—2007年增幅比较平稳，2008—2011年增幅巨大。

2)城镇化率

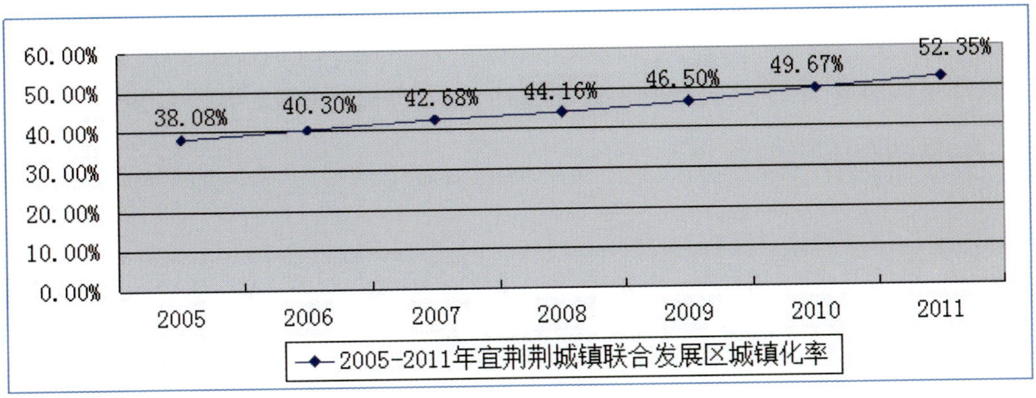

图2-15　2005—2011年宜荆荆城镇联合发展区城镇化率

由图2-15可以看出，2005-2011年宜荆荆城镇联合发展区的城镇化率经历了先平稳后高速增长的时期，特别是2008—2011年期间这三个地区农村人口从农村转移到城市的数量增加，城镇化率从2008年的44.16%增长到2011年的52.35%。

3.襄十随城镇联合发展区

1)全社会固定资产投资

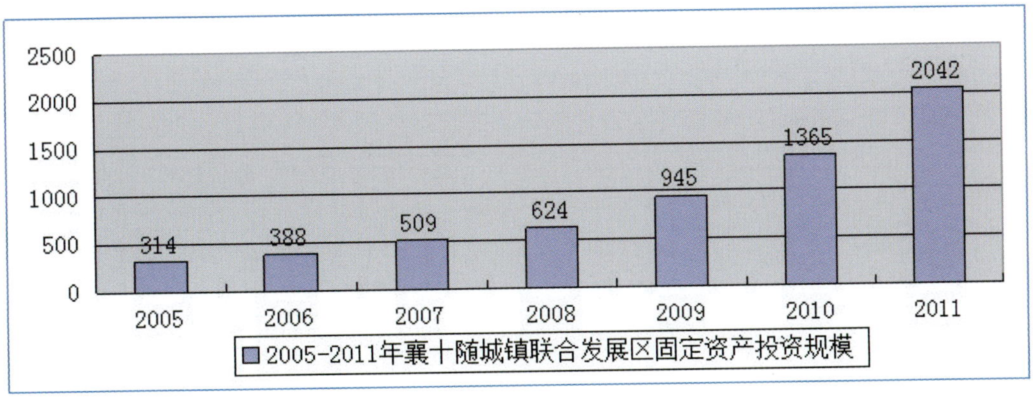

图2-16　2005—2011年襄十随城镇联合发展区全社会固定资产投资

由图2-16可以看出，2005—2011年襄十随城镇联合发展区全社会固定资产投资也是先平稳后增长的态势，先是从2005年的314亿元平稳增长到2008年的624亿元，然后从2009年的945亿元增长到2011年的2 042亿元。

2）城镇化率

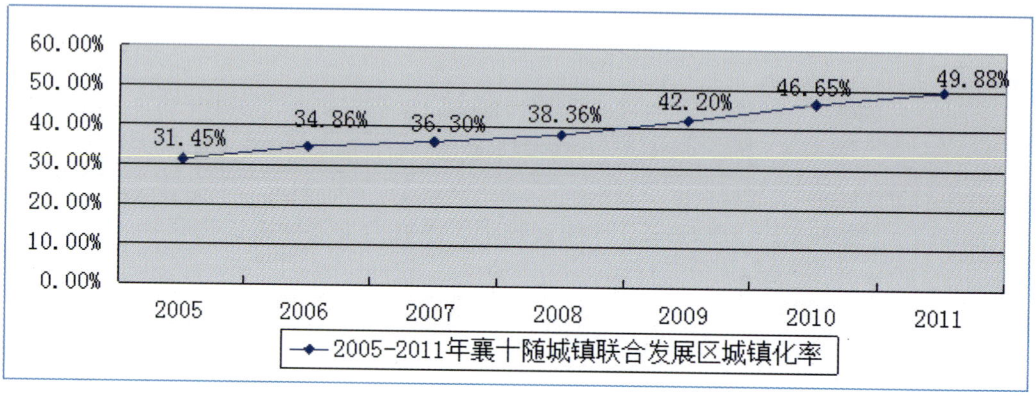

图2–17　2005—2011年襄十随城镇联合发展区城镇化率

由图2–17可知，2005—2011年襄十随城镇联合发展区的城镇化率一直稳步推进，从2005年的31.45%增长到2011年的49.88%，一直保持强势增长。

4.中小城镇

1）全社会固定资产投资

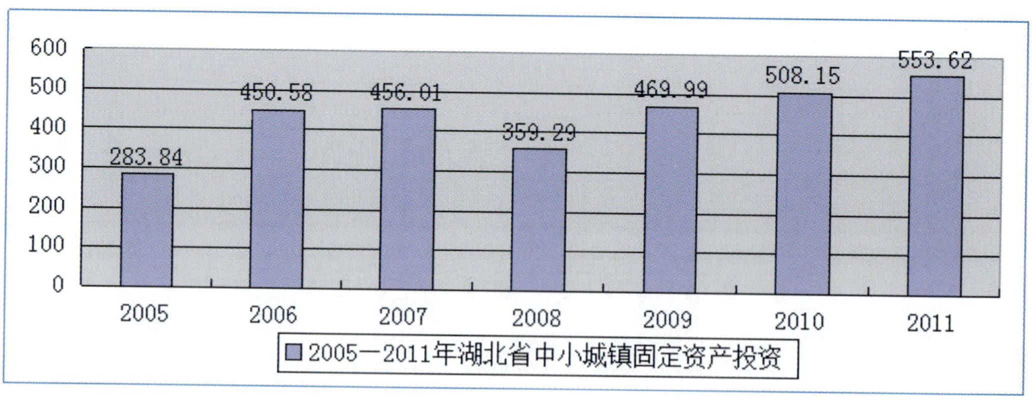

图2–18　2005—2011年湖北省中小城镇固定资产投资

湖北省中小城镇2005年为283.84亿元，2008年甚至比2007年还有降低，为359.29亿元。

2)城镇化率

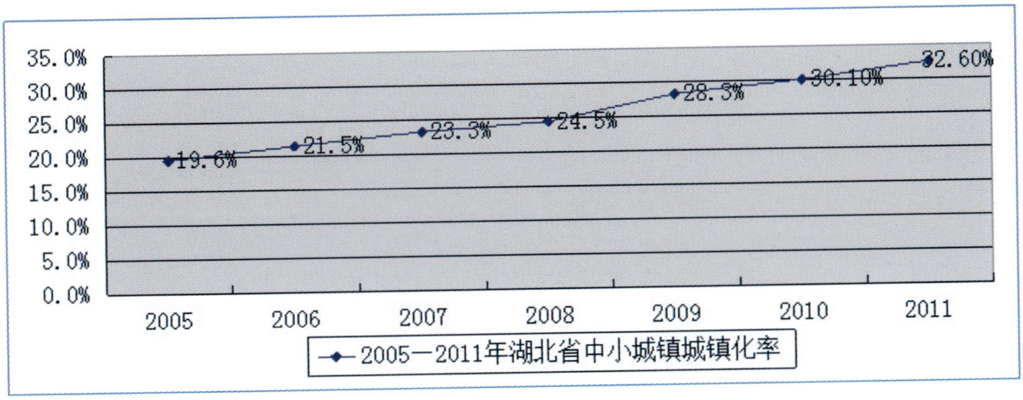

图2-19　2005—2011年湖北省中小城镇城镇化率

由图2-19可知，2005—2011年湖北省中小城镇的城镇化率虽然远远低于全省平均水平，但是依然保持强劲增长势头，从2005年的19.6%增长到2011年的32.60%。

五、湖北省新型城镇化投资总需求与投资分布预测

(一)预测方法

1.预测思路

本文使用《湖北省统计年鉴》中1985—2011年共15年的全省固定资产投资额、城镇常住人口、城镇人口、各重点建设领域的时间序列数据，结合该时间序列的散点图进行综合分析，包括趋势判断、增长速度、拟合形式等方面。采用修正指数曲线模型对城镇化投资需求进行趋势外推预测，结果比较合理，预测精度较高。

2.预测指标

表2-10　主要预测指标

主要指标	指标说明
全省固定资产投资	湖北省一定时期建造和购置固定资产的经济活动进行的投资
城镇常住人口	指在城镇居住半年以上的人口
城镇人口总数	指从事的产业为非农业生产性产业为主的人口数
交通运输领域投资	在交通运输领域进行的固定资产投资
市政公用设施投资	在市政公用设施上进行的固定资产投资
卫生保障领域投资	在卫生保障领域进行的固定资产投资
教育环境领域投资	在教育环境领域进行的固定资产投资
房地产业领域投资	在房地产业领域进行的固定资产投资

（二）湖北省新型城镇化与投资需求预测

1.湖北省新型城镇化进展趋势预测

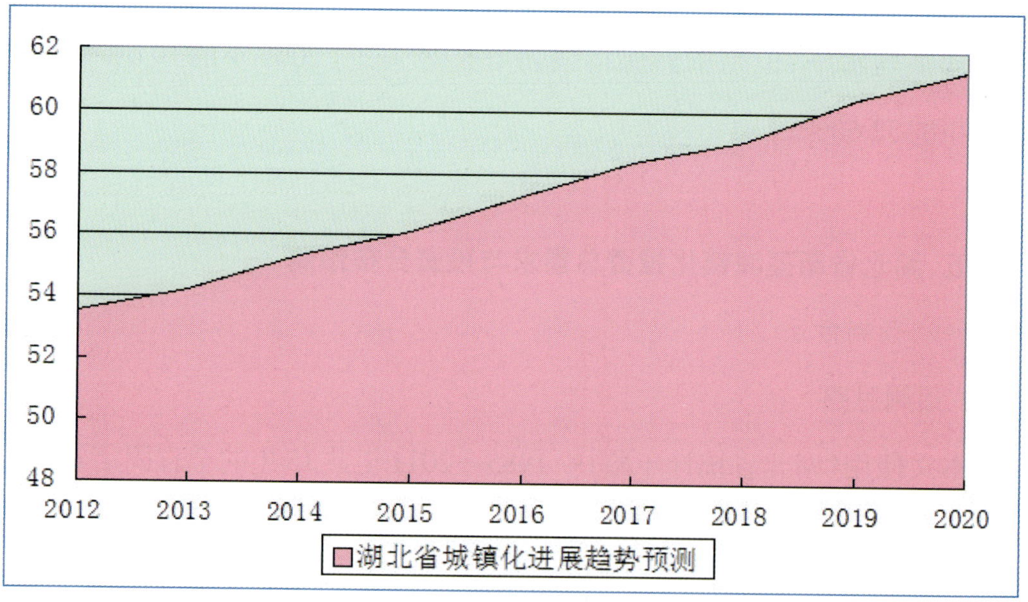

图2-20　湖北省城镇化进展趋势预测

由图2-20可知，我省“十二五”开始城镇化率稳定保持在50%以上，到“十二五”末预测达到56.1%。随着新型城镇化发展的推进，到2020年我省城镇化率有望超过60%。

2.湖北省新型城镇化投资需求预测

根据我们前面对城镇化与投资需求的互动影响研究结果可以知道，城镇化率每提高1%，固定资产投资需求就会提高10.2%，由此我们可以预测出我省投资需求，结果如图2-21所示：

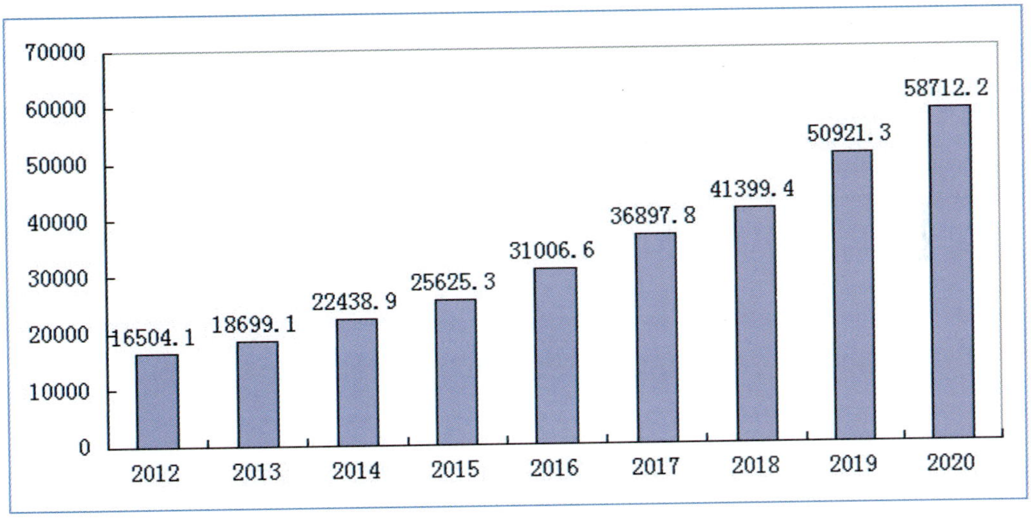

图2-21　2012—2020年湖北省投资需求预测

（三）湖北省新型城镇化重点建设领域投资需求预测

1.交通运输领域投资需求预测

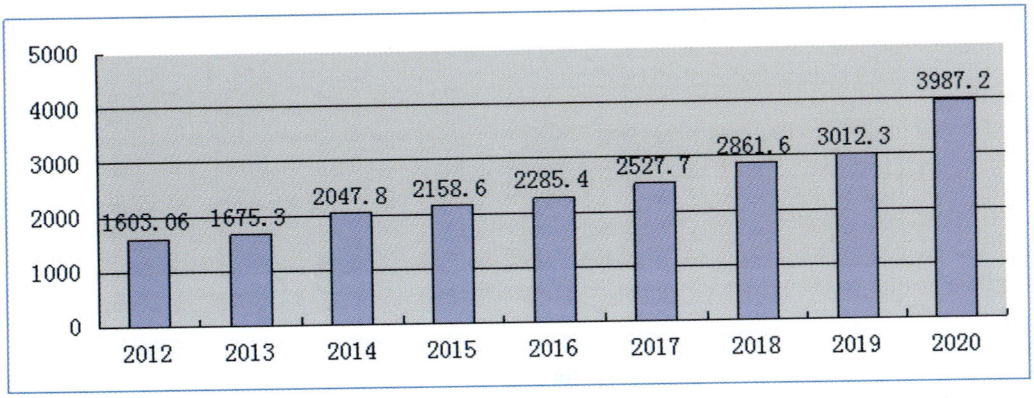

图2-22　2012—2020年湖北省交通运输领域投资需求预测

由图2-22可知，2012—2013年、2014—2019年湖北省交通运输领域投资需求小幅稳定增长，2014、2020年增幅较大。交通运输领域在城镇化投资中占比较大，且有不断增长的态势。

2.市政公用设施投资需求预测

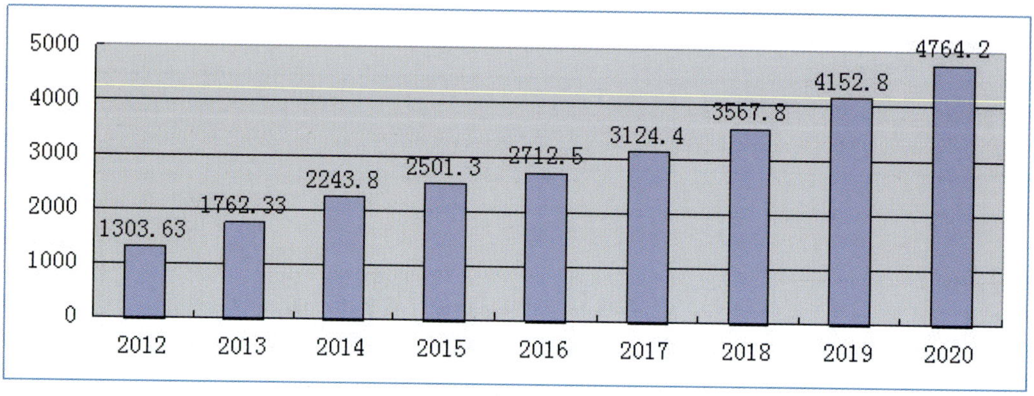

图2-23　2012—2020年湖北省市政公用设施投资需求预测

由图2-23可知，2012—2020年湖北省市政公用设施投资稳步高速增长，从2012年的1 303.63亿元增长到2020年的4 764.2亿元，翻了4倍。

3.卫生保障领域投资需求预测

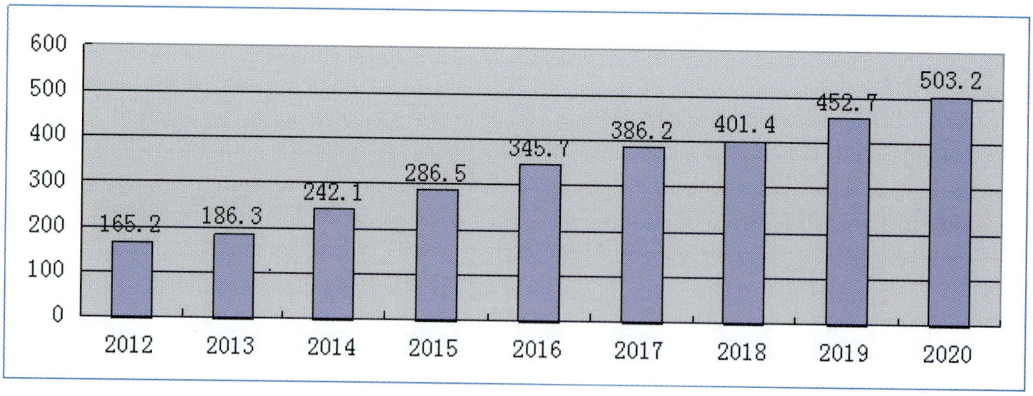

图2-24　2012—2020年湖北省卫生保障领域投资需求预测

由图2-24可知，2012—2020年湖北省卫生保障领域投资虽然总量不大，但稳步增长，且增量差不多，每年均为50亿元左右。

4.教育环境领域投资需求预测

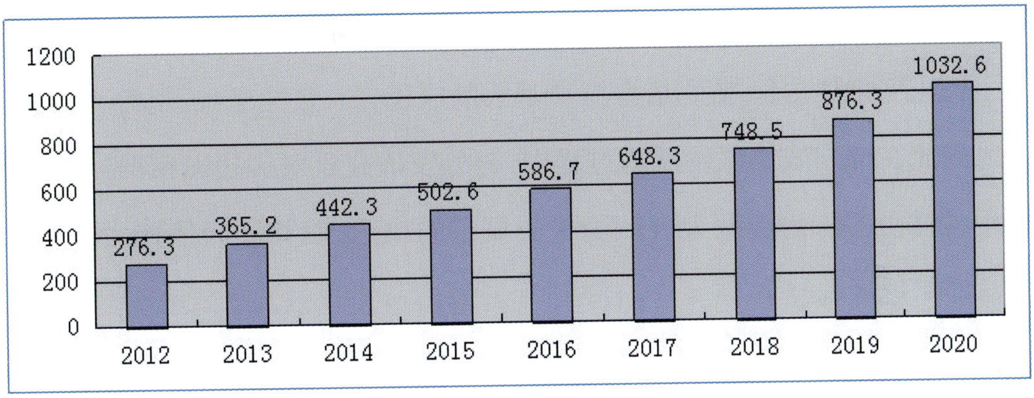

图2-25　2012—2020年湖北省教育环境领域投资需求预测

2012—2020年湖北省卫生保障领域投资虽然基量很小，2012年预测只有276.3亿元，但增幅很大，一直增长到2020年的1 032亿元。

5.房地产业领域投资需求预测

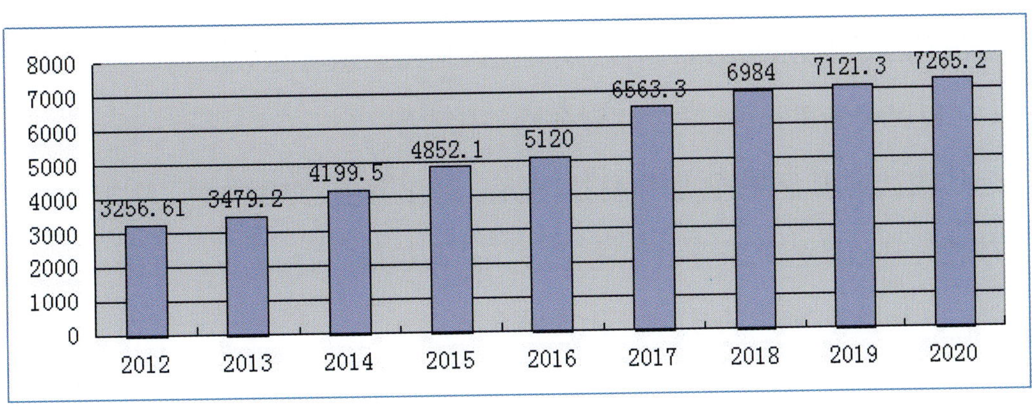

图2-26　2012—2020年湖北省房地产业领域投资需求预测

2012—2020年湖北省房地产业领域投资依旧占据湖北省固定资产投资的重要地位，将从2012年的3 265.61亿元增长到2018年的6 894亿元。

六、湖北省发展新型城镇化投资需求的互动发展策略

（一）湖北新型城镇化与投资互动发展策略的新思路

1.以经济为根本，精心培育城市基因的成长

湖北在推进城镇化发展的过程中，充分发挥武汉对周边城市的经济辐射作用，发挥宜昌、襄樊两大省域副中心城市的作用，以长江为依托，加快发展长江沿岸地区的经济。

2.以产业为支撑，大力促进生产要素的聚集

首先，要发展技术密集型、资金密集型产业，以提高城市竞争力。其次，要注意发展劳动密集型产业，兼顾城镇劳动就业和社会稳定。最后，注重推进产业结构城镇化，使城镇化全面、协调发展。

3.以改革为动力，积极推行体制机制创新

首先，打破传统城乡二元社会结构，实现城乡一体化发展。其次，对户籍管理、劳动就业、社会保障、文化教育、医疗卫生等组成城乡一体化的制度进行全方位的改革创新。最后，变“发展型政府”为“服务型政府”。

4.以民生为重点，提升公共服务均等化水平

加快社会事业发展，加强科技、教育、医疗卫生、文化体育、人口计生、社会福利等基础性公共服务设施建设。

5.以县城为基础，夯实城镇化的城乡节点

县城在整个基层治理中处于承上启下的作用，也是城镇体系中的城乡节点。在城镇化发展中，必须把着眼点和着力点放在县域社会生产力的培育发

展上。

6.以统筹为基点，形成“三化”同步协调发展机制

新型城镇化建设不仅仅是就城镇化而建设城镇化，它是一个与工业化、现代农业发展相互协调发展的过程。

7.以文化为根基，保护和传承文化，突出城镇特色

湖北省在快速的城镇化和现代化过程中，必须切实保护和传承本土文化，形成城镇的品位和特色。

(二)湖北省新型城镇化投资的重点方向

全省城镇化率每年递增1个百分点左右，到“十二五”期末达到56%以上。优化全省城市空间结构，建立完善以“一主两副”为龙头、区域中心城市为支撑、县城和中心镇为节点的三级城镇体系。到2015年，特大城市和大城市达到15个左右，中小城市达到50个左右，3万人口以上的建制镇达到100个左右。

1.抓龙头，做强武汉城市圈

武汉城市圈GDP总量要实现年均增长15%，经济发展和就业增长的良性循环。到2015年，率先在湖北省和中部地区实现工业化、城镇化和基本现代化。

2.强两翼，做大“宜、襄”城市群

“宜荆荆”、“襄十随”城市群以宜昌、襄樊两个省域副中心城市为核心，带动区域发展，2015年前形成大城市规模。

3.壮主干，加快县城和中等城市发展

加快县城和中等城市发展就成为新型城镇化发展的重要载体，要大力推动中心城市发展，造就特色城市，发挥中心城市区域引领和辐射作用。

2013年上半年湖北固定资产投资运行特征及全年展望

湖北省统计局

上半年，全省固定资产投资呈平稳增长态势，固定资产投资累计完成9 776.75亿元，增长27.9%，与1-5月和一季度增幅持平，比上年同期增幅回落0.2个百分点。

一、固定资产投资运行主要特征

（一）三次产业投资呈“一降、一平、一升”增长格局

1-6月，全省第一产业完成投资218.52亿元，增长28.5%，比1-5月增幅回落2.7个百分点，比一季度增幅低13.6个百分点，占全省固定资产投资比重为2.2%，与上年持平；第二产业完成投资4 547.83亿元，增长26.0%，与1-5月增幅持平，比一季度增幅高3.1个百分点，占全省固定资产投资比重为46.5%，同比下降0.7个百分点；第三产业完成投资5 010.40亿元，增长29.7%，分别比1-5月和一季度增幅高0.2和回落2.4个百分点，占全省固定资产投资比重为51.2%，同比提高0.7个百分点。

（二）民间投资有所减缓，但仍保持较高增速，总量进一步扩大

1-6月，全省民间累计完成投资6 639.88亿元，增长33.1%，比1-5月增幅回落1.1个百分点，比上年同期增幅低0.7个百分点，占全省固定资产投资比重67.9%，同比提高2.6个百分点，其中：集体经济完成投资622.98亿元；私人

个体完成投资5 004.21亿元，增长30.2%。

(三)省重点项目投资进度较快，超额完成上半年工作目标

上半年，全省已有532个重点项目有施工进度，占重点项目个数的86.4%，完成投资1 534.30亿元，占年度计划的58.5%，其中：先进制造业有施工进展项目275个，占项目个数的90.2%，完成投资596.92亿元，占年度计划的58.0%；现代服务业有施工进展项目118个，占项目个数的88.7%，完成投资385.45亿元，占年度计划的72.7%；基础设施有施工进展99个，占项目个数的82.5%，完成投资491.78亿元，占年度计划的53.8%；生态环境及农业水利有施工进展项目15个，占项目个数的75.0%，完成投资21.49亿元，占年度计划的43.7%；社会发展有施工进展项目25个，占项目个数的65.8%，完成投资38.65亿元，占年度计划的39.5%。

(四)高新技术产业投资增速趋缓，但仍高于全省投资增速

1–6月，全省高新技术产业完成投资401.60亿元，增长31.5%，比1–5月增幅回落3.5个百分点，低于上年同期增幅32.7个百分点，但高于全省投资增幅3.6个百分点，占全省固定资产投资比重为4.1%，同比提高0.1个百分点，其中：医药制造业完成投资128.88亿元，增长32.6%，比1–5月增幅回落6.8个百分点，低于上年同期增幅34.7个百分点，高于全省投资增幅4.7个百分点；电子及通信设备制造业完成投资181.54亿元，增长52.4%，比1–5月增幅提高3.2个百分点，低于上年同期增幅26.6个百分点，高于全省投资增幅24.5个百分点。

(五)基础设施投资呈逐月走高增长态势

1–6月，全省基础设施完成投资2 309.73亿元，增长33.8%，分别比1–5月和一季度增幅高4.6和7.9个百分点，高于上年同期增幅22.5个百分点，占全

省固定资产投资比重为23.6%，同比提高1.0个百分点，其中：城市基础设施完成投资846.41亿元，增长45.4%，比1–5月增幅回落1.6个百分点，高于上年同期增幅36.3个百分点。

（六）内涵效益型投资增长趋于好转

近两年来，全省反映技术进步和产品升级换代的内涵型投资增长缓慢，处低位徘徊增长状态，今年以来虽低于投资增速，但表现出回暖趋势，1–6月，全省改建及技术改造完成投资1 449.11亿元，增长24.8%，低于全省投资平均增长水平3.1个百分点，比1–5月增幅低0.2个百分点，高于一季度和上年同期3.5和4.4个百分点。

（七）亿元以上新开工项目仍保持一定增幅

1–6月，全省亿元以上新开工项目2 275个，比上年同期增加647个，增长39.7%，占新开工项目比重为19.4%，同比提高5.1个百分点，完成投资2 315.72亿元，增长26.7%，其中：第一产业61个，比上年同期增加17个，增长38.6%，完成投资42.83亿元，增长19.4%；第二产业1 453个，比上年同期增加487个，增长50.3%，完成投资1 504.87亿元，增长35.5%；第三产业761个，比上年同期增加143个，增长23.1%，完成投资768.02亿元，增长12.7%。

二、房地产开发投资主要特点

（一）房地产开发投资继续保持回升态势

1–6月，全省房地产开发完成投资1 472.16亿元，增长26.9%，比1–5月增幅上升0.3个百分点，比一季度增幅高1.2个百分点，其中：住宅完成投资1 002.76亿元，增长32.0%；办公楼完成投资77.66亿元，增长17.8%；商业营业用房完成投资221.44亿元，增长45.0%；其他完成投资170.30亿元，下降

6.2%。

(二)房地产商品房现房销售额上升，期房销售额下滑

1–6月，全省商品房销售额1 045.41亿元，增长41.1%，比1–5月增幅回落3.9个百分点，比一季度增幅高4.6个百分点，其中：现房销售额287.41亿元，增长104.8%，分别比1–5月和一季度增幅高16.7和67.6个百分点；期房销售额758.00亿元，增长26.2%，分别比1–5月和一季度增幅低8.1和10.1个百分点。住宅销售额893.23亿元，增长39.3%，比1–5月增幅回落3.1个百分点，比一季度增幅高7.7个百分点，其中：住宅现房销售额221.78亿元，增长87.8%，分别比1–5月和一季度增幅高13.1和52.0个百分点；住宅期房销售额671.45亿元，增长28.3%，分别比1–5月和一季度增幅低6.6和2.3个百分点。

(三)房地产商品房销售面积平稳上升

1–6月，全省商品房销售面积1 980.62万平方米，增长35.6%，比1–5月和一季度增幅高2.1和13.8个百分点，其中：现房销售面积639.22万平方米，增长68.2%，分别比1–5月和一季度增幅高11.4和35.1个百分点；期房销售面积1 341.40万平方米，增长24.1%，比1–5月增幅低1.2个百分点，比一季度增幅高6.3个百分点。住宅销售面积1 806.21万平方米，增长34.1%，分别比1–5月和一季度增幅高1.7和13.2个百分点，其中：住宅现房销售面积563.20万平方米，增长62.5%，分别比1–5月和一季度增幅高8.1和27.4个百分点；住宅期房销售面积1 243.01万平方米，增长24.3%，分别比1–5月和一季度增幅低0.6和高6.8个百分点。

三、上半年全省固定资产投资存在的主要问题

(一)全省投资资金到位增速持续低于投资增速，易造成投资项目资金短

缺,投资进度难以加快。

今年以来,全省各月投资资金到位增幅始终低于投资增速,从1–2月增幅相差11.2个百分点,到1–6月增幅相差5.9个百分点,不难看出全省投资资金供给明显不足,难以支撑投资进一步增长走势,对此,应引起各级主管部门的高度重视。1–6月,全省投资资金到位10 704.13亿元,增长22.0%,比1–5月增幅低4.8个百分点,并且低于全省投资增速5.9个百分点,其中:国家预算内资金512.77亿元,增长11.6%,比1–5月增幅低8.4个百分点,占资金到位比重为4.8%,同比下降0.4个百分点;国内贷款1 401.79亿元,增长35.9%,比1–5月增幅低7.3个百分点,占资金到位比重为13.1%,同比提高1.3个百分点;利用外资38.93亿元,下降43.6%,比1–5月增幅高3.0个百分点,占资金到位比重为0.4%,同比下降0.4个百分点;自筹资金7 650.49亿元,增长19.4%,是近几年首次跌破20%以下,比1–5月增幅低4.1个百分点,占资金到位比重为71.5%,同比下降1.5个百分点;其他资金到位1 093.05亿元,增长35.7%,比1–5月增幅低2.7个百分点,占资金到位比重为10.2%,同比提高1.0个百分点。

(二)新开工项目增加明显不足,支撑作用下降

1–6月,全省新开工项目11 705个,比上年同期增加320个,增长2.8%,比1–5月增幅低7.5个百分点,完成投资4 129.51亿元,增长15.3%,比1–5月增幅低0.3个百分点,占全省固定资产投资比重为42.2%,同比下降4.7个百分点,其中:第一产业626个,比上年同期减少36个,下降5.4%,完成投资135.18亿元,增长3.5%;第二产业5 444个,比上年同期减少13个,下降0.2%,完成投资2 432.51亿元,增长18.9%;第三产业5 635个,比上年同期增加369个,增长7.0%,完成投资1 561.82亿元,增长11.1%。全省新开工项目增量明

显少于往年,投资增长主要靠续建项目支撑,没有大量的新开工项目作保障,势必影响下半年投资增速及全年投资工作目标的完成。

四、对策及建议

(一)发挥好政府职能作用,促进投资平稳较快增长

发挥好政府职能和调控作用,以"重大项目建设年"专项活动为契机,充分发挥好中部区位优势。要保持全省国民经济快速发展,投资就要有一个合理稳定较快的增长速度,尤其我省经济增长模式仍属于投资拉动型,投资在经济增长中的作用不可小视,做到统筹规划、合理布局、体现特色,避免一哄而上,重复建设,坚持在发展中顺应调控,在调控中谋求发展。省委、省政府要协调好各级政府职能部门的作用,大力争取国家在项目、资金等方面对我省的支持。更多地吸引境内、境外、省外的各种可利用资金,同时,各部门提高办事效率和服务水平,充分显示出政府宏观调控的作用,积极策划汉江流域综合开发,建设汉江经济带,尽快形成"两圈两带"互动发展格局,培育新的经济增长极。

(二)注重大项目建设,加强项目储备

投资要保持稳定增长必须要有新的项目开工予以支持,尤其是重点大项目。因此,做好新开工一批重点大项目和项目储备是保障投资增长的根本。当前,要从我省实际出发,充分发挥我省的区域优势和东西桥梁纽带作用。强化部门联动,各市、州政府部门要狠抓投资项目推进工作,严格执行新开工项目有关规定(先入库后统计原则),加快项目审批、核准和备案工作,为符合条件的投资项目尽快开工提供便利条件。

(三)坚持投资结构优化,实现投资增长方式的根本转变

投资结构是否合理，在很大程度上决定着经济结构的演变趋势和投资的使用效益。在固定资产投资中，又分为新建和改扩建，即外延式扩大再生产投资和内涵式扩大再生产投资等。随着国民经济的发展，一个地区用于更新改造投资的比重应逐渐增加扩大，用于新建项目的比重逐渐下降，要树立"结构调整也是生产力"的观念，先行搞好投资结构调整。按照"农业提升、工业优化、服务业跨越"的发展思路，持之以恒地做好我省投资结构调整工作，把调控投资与优化产业投资结构、促进经济协调发展结合起来，加大改建和技术改造投资力度，加快产业升级，促进工业集聚、集约、集群式发展，不断增强我省经济发展的内生动力。

（四）坚持优化产业布局，加快区域经济和谐发展

合理的产业布局是提高投资效益的基础。长期以来，我省产业结构初级化、重型化、雷同化问题依然存在，没有一个清晰的区域格局。工业投资结构极为相似，比较优势、特色优势难以充分发挥，区域特色不明显。必须加强产业政策研究。首先，要进行总体规划和统筹协调，着力解决固定资产投资在区域、城乡、行业、产业等方面的不平衡现象，避免产业雷同。其次，依托我省区域优势，培育一批创新能力强、特色突出、集聚发展的战略性新兴产业示范基地和园区，形成新的增长极，产业结构科学布局，辐射带动全省经济发展。另外，加强地区合作，优势互补，扬长避短。各地要根据资源优势、市场优势、产业优势错位发展。通过优化产业生产力布局，提高投资效益。

（五）着力改善投资环境，加大投资建设资金的筹措力度

今年要保持全省投资的稳步增长，各级政府应进一步采取措施，在改善投资环境方面下工夫，良好的投资环境可以吸引外资和国内外资本。一是进一步加快全省投资软环境建设，为投资创造更加宽松的环境，吸纳省外具有

一定实力的企业到湖北开发投资。二是争取国家预算内和中央建设资金支持,同时加强政银企的沟通协调,争取金融机构更多信贷支持。三是进一步拓宽市场融资渠道,要充分利用我省金融机构比较集中的优势,组合运用多种金融工具,加大市场融资力度,形成多渠道市场融资格局。四是要为企业和金融机构牵线搭桥,为企业提供融资担保,充分发挥国债与民间资本作用,进一步拓宽投资资金来源渠道。

湖北房地产在四化同步中竞进提质

湖北省统计局

2013年，面对错综复杂的内外部环境，经过全省上下共同努力，全省新开工保障性住房、棚户区改造住房26.5万套，占目标任务的103.6%；完成农村危房改造9.1万户，占目标任务的101%，均超额完成了国家下达的全年目标任务，新建住房销售均价得到阶段性控制，房地产市场呈现规模扩大、保障提速、结构改善、后劲和活力增强的良好态势。

一、全省房地产已站在新的起点上

（一）规模实力增强

2013年，全省房地产开发投资达到3 286.02亿元，占全省投资比重16.3%，总量和比重均取得历史性突破。其中，开发投资过百亿的地市由2012年的3个（武汉、宜昌、襄阳）增加到7个（除“一主两副”外，又增加了十堰、孝感、黄冈和咸宁），竞相发展、多点支撑的格局逐渐形成。第二集团方阵的持续壮大，不仅有利于现阶段我省开发投资规模不断扩大，从长远看更有利于我省投资稳定增长。

（二）保障扩面提速

省委、省政府高度重视住房保障工作，连续几年，都把住房保障工作作为每年为民要办的10件实事予以承诺。实物配租步伐加快。2013年全省新增廉租住房11 252套，近3年新增高达6.7万套，配租总量创历史新高。覆盖范围逐步扩大。2013年，我省已基本建成各类保障性安居工程19.76万套，货币补贴31 180户，基本做到了“应保尽保、随到随保”。有条件的地区，积极试点“三房并轨、租补分离”的住房保障新模式，住房保障覆盖面进一步扩大，保障标准进一步提高。

（三）结构调整优化

从供给结构看，突出“两个为主”，房地产民生保障作用凸显。2013年，在全省商品房供给中，住宅供给占比83.8%，突出以住宅为主；在住宅供给中，普通商品住房供给占比90.0%，突出以中低价位、中小户型普通商品住房为主。从区域结构看，鄂西圈地区乘势而上，区域均衡发展迈出新步伐。2013年鄂西圈地区开发投资增长38.5%，比武汉圈开发投资高12.0个百分点；占开发投资总量的26.1%，比上年提高了1.7个百分点。

（四）后劲活力增强

民间投资异军突起。2013年全省房地产各类市场主体迅速壮大，民营企业蓬勃发展，民间投资占开发投资总量的比重提高到78.9%，支撑起了大半壁江山。新型城镇化纵深推进。2013年全省城镇化率达到54.51%，据测算，到2020年，新增城镇人口的住房刚需年均为1 920万平方米，而2013年全省商品房住宅销售面积为4 765.68万平方米，城镇化仍将给房地产行业带来坚实的需求支撑。

二、当前房地产运行需要处理好几个关系

当前湖北正处于“四化同步”加快发展的重要战略机遇期，科学把握湖北经济发展阶段性特征，推动全省房地产在新起点上更好服务于“建成支点、走

在前列”，需处理好四大关系。

（一）坚持保障房政府主抓、商品房市场主导，正确处理好政府和市场的关系

充分发挥市场机制的作用，激发市场活力，扩大市场供给，满足多层次住房需求。同时，考虑到中低收入住房困难家庭无法通过市场解决住房问题，政府应提供公共服务，建立健全符合省情、符合现阶段发展特征的住房模式，加大廉租住房、公共租赁房等保障性住房建设和供给，弥补市场机制的不足和失灵。

（二）着眼于满足基本居住需求，正确处理好供给和需求的关系

住房供给由于土地的稀缺性，在某种程度上来说是有限的，在此基础上，必须要着眼于满足基本需求，同时限制投资性需求、遏制投机性需求。要着眼于“保基本”，加大建筑面积90平方米以下的中小户型、中低价位住房建设力度。通过限购、限贷等手段限制非基本需求，引导居民梯度消费，良性循环。

（三）立足于竞进提质，正确处理好数量和质量的关系

量是质的基础，首先要做大蛋糕。2011年、2012年和2013年我省保障性安居工程分别建成35.35、33.53和27.86万套（户），建设规模之大、数量之多史无前例。质是量的新阶段，重在提质。住房质量关系万千民生、关乎社会稳定，是“牛鼻子”。要科学合理设计户型，满足居住安全要求，按照质量过硬、功能完善、宜居宜业的标准建设合格的保障房。

（四）着力于升级增效，正确处理好规模和结构的关系

抢抓四化，同步深入推进契机，着力推动二、三线中小城市房地产稳步发展。2013年，宜昌、襄阳两个副中心城市开发投资总量占全省的比重超过

15%,其余二、三线城市占比突破26%,全省房地产开发投资正在向"三个三分之一"的地区格局迈进。抢抓"两圈两带"战略发展机遇,结合区域优势,实现特色发展。宜昌、襄阳均是鄂西重要城市和省域副中心城市,要以休闲度假、商务酒店等房地产板块带动经济腾飞,逐渐辐射到西南、西北其他市州。

三、2014年房地产走势初步判断

2014年,全省房地产挑战与机遇并存,有利因素与不利因素交织。

从有利因素看:一是政策优势。习近平总书记明确指出,要加快构建符合国情的住房保障和供应体系。二是区域优势。湖北具有良好的区位条件、资源禀赋和产业基础,蕴藏着巨大发展潜力。三是发展县域经济和推进新型城镇化的机遇。"十二五"时期乃至2020年以前或更长一段时间,仍是我省房地产业发展的重要机遇期。四是房地产业仍处于蓬勃发展期。我省房地产业在发展规模、结构速度、市场需求、人均开发投资和区域均衡发展等方面,与中部邻省和全国还有不小差距,有着广阔的发展空间。

从不利因素看:一是国内外形势依然错综复杂。世界范围内的发展环境、要素成本、体制机制竞争更加激烈;国内经济回升的基础仍不稳固。二是城镇资源、环境条件制约。人口红利、要素成本低的优势日益衰减,新的发展优势在短期内难以形成。三是随着城镇化提速,更多流动人口涌入城市,解决他们的居住问题仍面临较大压力。四是宏观调控政策仍然偏紧。五是土地供需将仍然存在缺口。

综合以上分析,预测2014年房地产开发市场仍将呈现稳中有进、稳中向好态势,但内外部环境影响尚无法估量,向好基础仍不稳固。要密切关注市场动向,科学研判市场走势,多方调研综合施策。

（一）关于开发投资

2013年度湖北房地产开发投资持续高位运行。受投资惯性影响，2014年上半年可能继续保持较高增速。但受调控政策影响，2014年企业的资金到位状况仍不容乐观，估计对全年开发投资增速会有一定程度影响。

（二）关于资金状况

2013年度湖北房地产到位资金状况受信贷政策紧缩影响，资金到位增幅持续低于开发投资增幅。2014年中央经济工作会议提出，继续实施积极的财政政策和稳健的货币政策，增强金融服务实体经济的能力。这或许能缓解流动性结构性不足，但房地产业仍将是调控重点，资金状况不容乐观，企业仍须及早拓宽融资渠道，积极应对市场变化。

（三）关于房屋销售

2013年度商品房销售市场量价均现小幅增长，但下半年同比增速明显回落；待售面积创历史新高，库存压力巨大。尽管房地产市场低迷对地方社会经济发展影响较大，但2014年房地产调控大方向不变，总体基调是调控不放松，以地方政府执行既有政策为主，分城市实行差别化控制。鉴此，2014年上半年商品房销售市场仍存在不确定性，下半年销售预计会有一定程度回升。

四、对策建议

根据当前的房地产运行状况和2014年走势判断，应当坚持“加强保障、稳定市场、促进发展”的工作思路，在加强保障中促进市场稳定，在稳定市场中促进行业发展，三者有机结合既符合中央精神，又符合湖北实际。

（一）在加强保障中促进市场稳定，关键是制定实施差别化的需求政策

重点支持中低收入家庭提高住房销售支付能力，稳定市场成交量。一要

加快解决中低收入家庭住房困难，加快廉租房的建设，加强管理，做到公平配租、销售。二要鼓励自主型和改善型普通住房销售，通过降低住房交易税费，降低住房公积金首付比例、放宽最高贷款额度、延长贷款期限，促进居民合理住房消费。三是适度控制信贷规模。做到区别对待，有保有压，要保自住型、改善型需求，要支持普通居民解决住房和改善住房条件。要严控投资型需求，防范信贷风险。引导信贷投向实体经济。

（二）在稳定市场中促进行业发展，当前主要是帮助房地产开发企业"保稳促调"

稳定市场，防范风险，重点保障企业正常的资金链，加快实现产业转型升级。适度增加普通商品住房用地的供给，均衡供地，掌握供地节奏；加强政策引导，督促土地尽快开发，有效利用存量土地。对于房地产行业来说，更要眼睛向内苦练内功，加快转型升级，提高核心竞争力。要理性开发、理性销售、合理定价。要加快调整产品结构，鼓励企业联合重组，大力推进科技创新，加强企业品牌建设。

（三）加强保障、稳定市场、促进发展，当前关键是保持信心、稳定预期

进一步加强和改进房地产调控，着力优化环境，促进市场健康发展和社会和谐稳定。加强市场跟踪监测，认真研判新形势、新情况和新问题。加强房地产市场信息化建设，及时公布相关政策、土地、住房供应、销售等信息，提高市场信息透明度，促进住房价格的合理形成。注重房地产市场的基本制度建设和着力解决体制、机制问题，建立促进房地产市场稳定健康发展的长效机制。着手研究房产税开征所产生的连锁效应；完善住房保障制度，扩大覆盖范围。

楼市调控成效显现
调控效应尤须关注

湖北省统计局

2013年以来，国家针对楼市的宏观调控政策并未放松，调控成效明显。上半年，全省房地产开发投资稳中有进，多重效应引发市场销售热潮，到位资金明显好转。但代表现实供给的竣工面积和预示未来供给的新开工面积、本年土地购置面积增速回落，未来不确定性因素仍在增加，形势不容乐观。

一、市场运行主要特点：总体平稳，稳中有优

（一）开发投资稳中有进

新型城镇化建设深入推进，刚性需求集中释放，不断催生房地产开发积极性。上半年，全省房地产开发完成投资1 472.16亿元，同比增长26.9%，增速同比回升2.8个百分点，比今年一季度提高1.2个百分点。开发投资经历了2012年上半年的低位增长和下半年增速波动徘徊后，目前增长较为平稳，稳中有升。

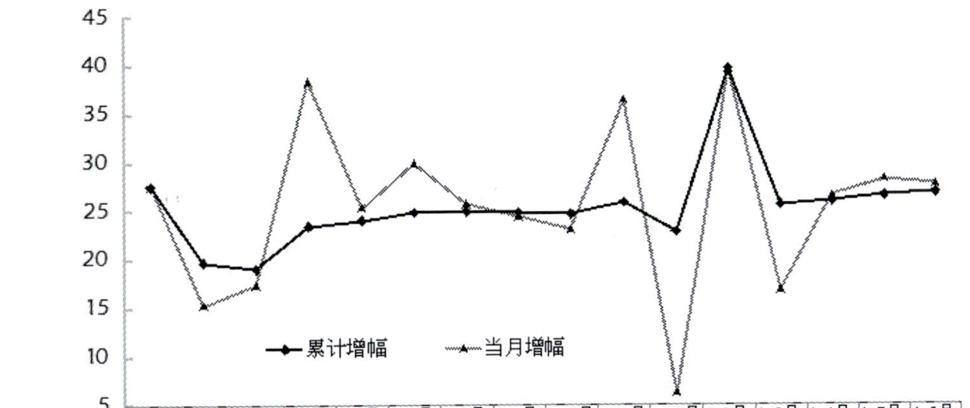

	1-2月	1-3月	1-4月	1-5月	1-6月	1-7月	1-8月	1-9月	1-10月	1-11月	1-12月	1-2月	1-3月	1-4月	1-5月	1-6月
累计增幅	27.6	19.8	19.1	23.5	24.1	24.9	25.0	24.9	24.7	25.9	22.9	39.7	25.7	26.0	26.6	26.9
当月增幅	27.6	15.3	17.4	38.4	25.4	29.9	25.8	24.4	23.2	36.5	6.3	39.7	16.9	26.6	28.3	27.7

图2-27 2012年以来房地产开发投资增长速度

分房屋类型看,住宅投资增长明显。上半年,全省住宅投资达1 002.76亿元,同比增长32.0%,增速较去年同期提高3.0个百分点,高于同期开发投资增速5.1个百分点。

分基本构成看,建安投资占比不断提高。上半年,全省建安投资1 107.29亿元,占全部开发投资比重75.2%,较去年同期提高1.8个百分点。

分保障性质看,安居工程建设提速。受"时间过半、任务过半"要求影响,安居工程建设步伐明显加快。上半年,湖北保障性安居工程建设完成投资95.34亿元,在建32.52万套,规模达2 723万平方米。

与全国和中部六省比较来看,高于中部和全国,好于去年。上半年,湖北房地产开发投资增速分别比全国和中部平均水平高6.6、6.1个百分点,居全国第13位、中部第2位。房地产开发投资占全国的比重为4.0%,较上年同期高0.2个百分点。

（二）商品房热销态势不减

湖北楼市延续上年四季度以来企稳态势，先后经历“金三银四”和“新政效应”，商品房热销态势不减。上半年，全省商品房销售面积为1 980.62万平方米，同比增长35.6%，增速分别比上年同期、今年一季度回升44.6和13.8个百分点。

分销售类型看，中小户型住宅成为销售主体。上半年，中小户型住宅销售面积达1 626.33万平方米，同比增长26.4%，占全部销售面积比重为82.1%。

分区域看，二、三线城市逐渐成为楼市新亮点。全省各地受调控政策影响程度不一，二、三线城市抗风险能力较强。上半年，鄂西圈商品房销售同比增长37.2%，较全省增幅高1.6个百分点；占全省销售面积比重达32.7%，较去年同期提高0.4个百分点。数据显示，鄂西圈房地产发展幅度快、比重日渐提高，正在迎头赶上。

与全国和中部六省比较来看，高于全国平均水平。上半年，我省商品房销售面积增速高于全国平均水平6.9个百分点、中部6.5个百分点，居全国第12位、中部第3位，商品房销售面积占全国的比重为3.9%，同比提高0.2个百分点。

（三）资金结构现积极变化

受市场流动性过剩和商品房销售回暖双重利好影响，资金到位明显好转。上半年，房地产开发到位资金1 998.82亿元，增长29.1%，高于一季度10.3个百分点,高于同期房地产开发投资增幅2.2个百分点，资金来源增速已连续3个月高于开发投资增速。

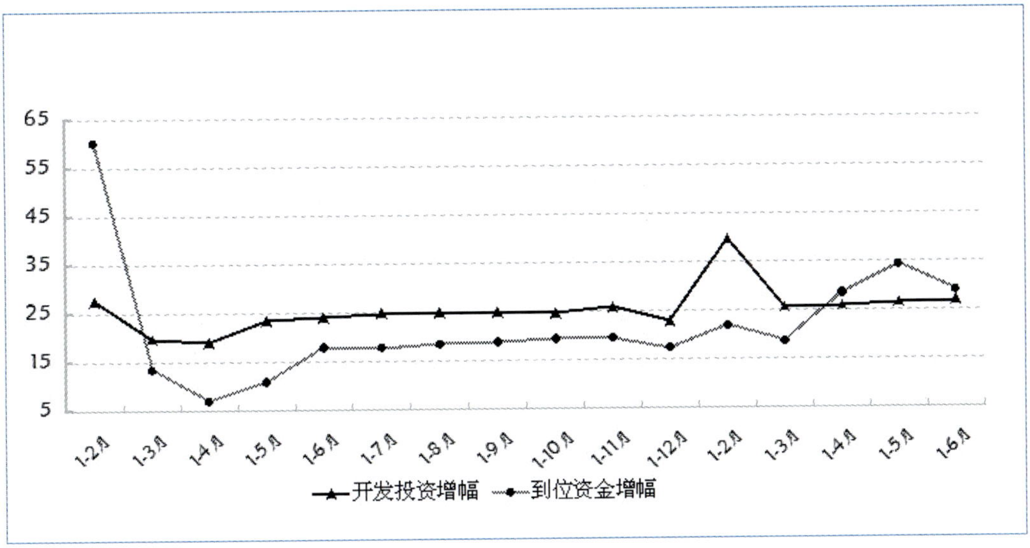

图2-28　2012年以来资金到位与开发投资增幅对比图

资金到位明显好转的同时，资金结构也进一步优化，来源渠道逐渐多元化。

一是国内贷款增长强劲。上半年国内贷款432.70亿元，同比增长65.9%，增幅分别比一季度和去年同期高21.4、62.2个百分点，尤其是非银行金融机构贷款，1–4月增长达到2.14倍，大型房地产开发公司运用信托和债券等融资手段，缓解企业资金压力。

二是以定金预付款和个人按揭贷款为主的其他资金来源增幅明显，占比提高。上半年，其他资金到位764.29亿元，同比增长31.1%，增幅分别较一季度和去年同期提高18.3、17.1个百分点，占全部到位资金比重38.2%，较一季度提高3.8个百分点。

综合来看，国内贷款和个人按揭贷款的大幅增长，预示银行金融业对房地产市场前景看好，房地产开发资金保障依然可持续。定金和预收款的继续增长，显现出当前全省较好的市场销售形势，利于开发企业迅速回笼资金再投入，为后续扩大规模、增加供给提供保障。

二、主要问题及成因分析：警惕三个压力

（一）警惕库存消化压力

1.从现实来看，待售面积居高不下

商品房库存持续增加。截至6月底，全省待售商品房面积2 003.13万平方米，同比增长56.6%。其中，待售1-3年面积占待售面积的56.5%，待售3年以上面积占待售面积的3.5%。从绝对量来看，目前我省商品房库存量仍处于高位。

待售面积涨幅创27个月以来新高。待售面积增幅分别高于去年和今年一季度29.5、10.6个百分点，创自2010年4月以来连续27个月新高。待售面积居高不下，现实来看，市场去库存化压力较大。

2.从未来来看，施工竣工比值创历史新高

施工面积与竣工面积的比值，用来反映未来1-2年的库存情况，一般以4倍为合理值。

上半年，全省施工面积16 683.29万平方米，同比增长22.6%，环比增幅有逐步扩大趋势；全省竣工面积1 343.63万平方米，同比增长6.9%，同比增幅依然回落。

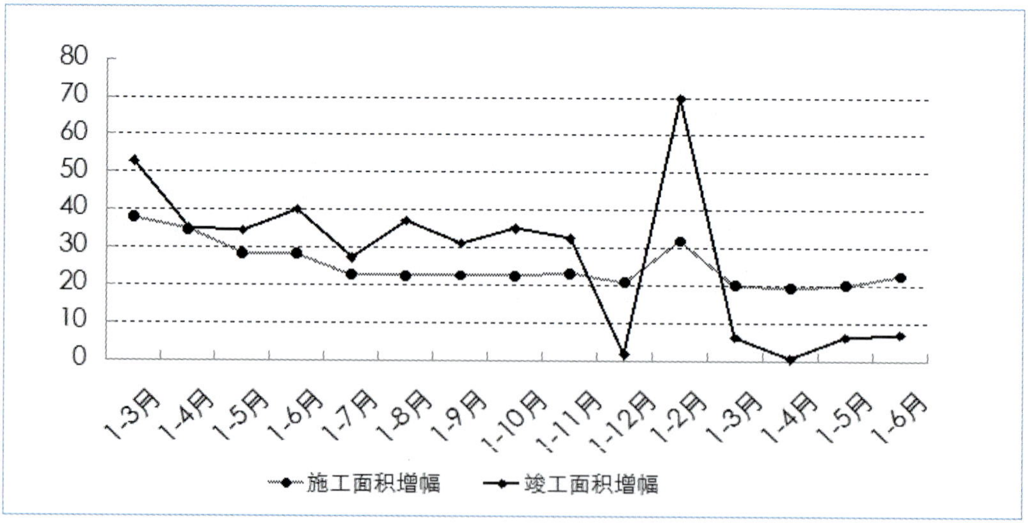

图2-29　2012年以来施工面积和竣工面积增幅对比图

综合来看，今年以来，竣工面积增幅回落明显，且连续4个月低于施工面积增幅，施工竣工比值进一步扩大，尤其是上半年，施工竣工比值达12.4倍，如果未来消费市场无法进一步扩容的话，消化压力在明后两年依然持续。

(二)警惕供需矛盾加剧

从总量看，全省住宅商品房供不应求；从有效性看，供给结构不合理导致供需错位 。在新型城镇化背景下，目前我省商品房供需矛盾明显，且有加剧趋势。

1.代表现实供给的竣工面积同比增幅明显回落

今年以来，受政策调控影响，全省住房建设规模持续减少，住房竣工面积明显回落。上半年，全省商品房竣工面积1 343.63万平方米，同比增长6.9%，较去年同期回落33.2个百分点。

数据显示，一方面开发商施工进度放缓，观望气氛浓厚；另一方面现实供给减少，加剧供需矛盾，进而抑制住房消费，影响后市健康发展。

2.预示未来供给的先行指标继续走弱

中央控制土地供应数量、限购、限贷等宏观调控手段，对房地产市场的影响得以显现，湖北房地产先行指标持续走弱，后劲不足堪忧。

从反映远期供应的指标来看，上半年，全省土地购置面积和待开发土地面积降幅分别为1.2%和6.5%，这是自一季度以来连续4个月呈下降态势。

从反映中期供应的指标来看，上半年，全省商品房新开工面积同比增长10.7%，较去年同期和今年一季度分别回落6.9、2.3个百分点。

(三)警惕房价反弹压力

今年以来，全省楼市成交呈淡季不淡、房价反弹态势，土地供应依然供不应求，两重因素催生房价“碎步”持续微涨，房价上涨动力依然强劲。

从全国来看，70个大中城市中，同比上涨的有69个，最高涨幅达16.7%；环比持平或上涨的有65个，最高涨幅达2.4%，楼市上半年“涨”成主基调。

从湖北来看，全省房屋销售均价从去年同期的5 072元/平方米上涨到今年上半年的5 278元/平方米，上涨4.1%，具体到不同市州涨幅更加明显。

三、蝴蝶效应：楼市对全省经济影响分析

房地产产业链长、关联度大，在整个国民经济中既是基础性产业，也是消费终端产业，与投资和消费密切相关，对全省经济影响举足轻重。在房地产调控政策的持续影响下，房地产业对经济的贡献度总体上在逐步增强，但消极影响不容忽视。

（一）楼市前景不明朗直接影响财政收入平稳增长

1.房地产业税收增速放缓

上半年，受全省楼市销售额呈回落态势影响，上半年房地产营业税增幅较1–5月、1–4月分别回落14.6和19.8个百分点，环比呈现萎缩。总体看，房地产税收作为地方财源的支柱，商品房销售环比回落致房地产业税收萎缩。

2.土地出让收入环比回落

土地使用权出让金是地方基金预算收入的主要来源，一般占比达80%以上。据省财政厅数据显示，由于未来市场不确定性因素依然存在，土地出让收入增幅有所回落。上半年，全省土地使用权出让金收入为681亿元，同比增长33.0%，较今年一季度回落10.0个百分点。

（二）占固定资产投资的比重下滑

上半年，全省开发投资占固定资产投资比重为15.1%，较去年全年和今年一季度占比分别降低0.7和1.6个百分点，低于全国上半年占比水平5.2个

百分点。

（三）与房地产相关的行业拉动工业增加值下行

从增加值来看，上半年，全省黑色金属冶炼及压延加工业增加值同比下降9.1%，较去年同期回落16.2个百分点；有色金属冶炼及压延加工业增加值同比增长10.6%，较去年同期回落14.3个百分点；金属制品业增加值同比增长14.6%，较去年同期回落2.3个百分点；家具制造业增加值同比增长15.9%，较去年同期回落29.2个百分点。上述行业贡献率为负数，一定程度上拉动全省工业增加值下行。

（四）房地产业创造就业机会受到抑制

房地产开发市场的发展带动着房地产中介服务、物业管理和其他房地产业发展，也影响建筑业市场，在调控政策背景下，房地产业本身吸纳就业能力受限。6月末，房地产开发业全部从业9.95万人，同比增长14.6%，较去年同期仅增0.5个百分点。资质以上建筑业从业人员同比增长9.2%，较去年同期下降19.0个百分点。

（五）加剧未来CPI上行压力

尽管商品房价格未计入CPI指数，与CPI不直接相关，但并非毫无关联：商品房价格上涨会通过居住类权数和自有住房类价格指数传导至CPI，同时对其他商品和服务的消费有挤出效应。

从传导效应来看，商品房价格与居住类权数和自有住房类价格指数呈正相关性。当前全省商品房价格持续微涨，且有反弹的空间和可能，相应带动租房成本上升，推动租房价格上涨；商品房成交活跃，会带动建房和装修材料价格上涨，影响居住价格上涨。同时也会带动人工成本刚性上涨，助推CPI上行压力。

从挤出效应来看，楼市调控政策并未松动，加上限购、限贷以及房产税扩大试点影响，观望气氛依然笼罩，受此影响，房地产市场中的流动性货币撤资后流向其他领域，会造成其他商品和服务的消费增加，进而推高CPI。

四、后期发展趋势预判：宏观向好，微观隐忧

总体来看，2013年上半年全省房地产市场增长平稳、需求活跃，全年将呈现出稳中有升的格局，但面对较为复杂的国内外经济环境，憧憬房地产调控有大幅放松或调整并不现实，影响市场前景的不确定性因素仍在增加，形势仍不容乐观。

（一）全省房地产开发投资总量不高、供给不足，发展空间较大

从开发投资总量看，上半年，全省完成房地产开发投资1 472.16亿元，仅占全国的4.0%，全省房地产开发投资占全省固定资产投资比重仅为15.1%，低于全国5.2个百分点。

从供给规模来看，根据我国2020年城镇人均居住面积35平方米小康目标和2020年湖北城镇人口规划3 650万估算，2011—2020年，年均新增供给应达到3 570万平方米。截至上半年，全省新增住房供给面积1 343.63万平方米，未达年均水平的一半，我省房地产业市场潜力和发展空间较大。同时，三、四季度，全省保障性安居工程将加速推进，将在一定程度上带动房地产投资增长。

（二）刚性需求逐步释放

在宏观调控政策的作用下，2012年，全省房地产销售市场逐步趋冷，刚性需求受到抑制。首先，按照房地产运行的一般规律，刚性需求在抑制半年至一年后会逐步释放，逐步带动房地产销售市场回暖。其次，随着中心城市

规模不断扩大、产业结构升级、城际交通逐渐完善以及湖北得天独厚的教育资源，在新型城镇化建设浪潮中，必将吸引越来越多的周边地区居民和各地毕业生来工作、学习和居住。再者，“房价或将上涨”的舆论导向致购房者心理预期改变。以上三重因素仍将继续推动湖北楼市功能升级、产销两旺。

但因限购、限贷的政策依然存在，且不会松动，加之扩大房产税试点范围的影响，投资性需求、改善型需求都将保持谨慎，而刚性需求之前已得到一定程度的释放，就难以再次大规模释放，市场需求难以有效扩大，从全年来看，销售增幅好于去年，但涨幅会逐步收窄。

（三）部分先行指标走弱和隐现的流动性瓶颈，将制约后市发展

首先，先行指标逐步走弱。土地购置面积和待开发土地面积由增转降，商品房新开工面积同比回落明显。其次，流动性瓶颈隐现。由于国际经济形势变化和银行信贷中的中长期贷款比重偏高，银行贷款将进行必要的结构调整，减少中长期贷款比重，提高信贷资金流动性，势必减少房地产开发贷款和个人住房按揭贷款的发放力度，从而对房地产市场的供给和需求形成制约。

从先行指标、资金来源与房地产开发投资的关系看，全省土地供应、新开工面积、资金来源增速变动对开发投资增速的影响存在一定的时滞，受先行指标逐步走弱和流动性瓶颈隐现制约，全年房地产建设规模虽仍将维持长期、稳定发展局面，但涨幅将有放缓可能。

基于供求关系反思房地产价格变化

湖北省统计局

自1998年起至今，我国城市人均住宅建筑面积从18.66平方米增加到2012年底的32.9平方米。尽管城镇居民居住条件日益改善，但我国商品房价格却节节攀高，甚至达到大多数普通城镇居民无法承受的程度。由供求关系原理可知，商品的需求量与价格成反比。但对于房地产而言，随着价格一路高涨，市场成交量也不断扩大，这种现象不得不引起思考。

一、现状分析：供求活跃与房价上涨并存

（一）供给现状

据测算，2002—2012年，湖北房地产开发投资年均增长31.2%，增幅较同期固定资产投资年均增幅高6.5个百分点，其中住宅完成投资占全部开发投资比重一直维持在64%以上。与此同时，十年间，湖北商品房竣工面积年均增长12.6%。纵观全省房地产投资和竣工面积数据，供给一直处于增长态势。

（二）需求现状

首先，据测算，1982—2012年，湖北城镇化率年均提高1.2个百分点。截至2012年，湖北城镇化率达53.5%，根据规划，到2020年将达到61%左右。届时，湖北城镇人口将在现在的基础上新增约558万人，达到3 650万人。国际经验表明，城镇化程度在30%—60%时，房地产市场进入高速发展时期，市

场需求持续上升。由此，湖北城镇化深入推进，必然客观上刺激、拉动房地产业强劲增长，从发展趋势上有着强大的内在需求。

其次，国际经验表明，人均GDP跨过800美元之后，居民住房面积持续增长、居住质量快速提高；在人均住房建筑面积达到35平方米、人均GDP达3 000美元之前的相当长一段时期，都是住房面积提高和住房质量改善的阶段。数据显示，2009年湖北人均GDP超3 000美元，2011年人均住房面积达33平方米，湖北住宅建设潜力巨大，住房需求将持续高涨。

（三）房地产价格水平现状

从2002年以来湖北城镇新建商品住宅销售均价和城镇人均可支配收入的变化情况看，2012年全省城镇人均可支配收入为2002年的3.1倍，城镇新建商品住宅销售均价为2002年的3.6倍，房价增幅明显高于收入增幅。

从房价收入比（是指一套住宅的平均销售总价与城镇居民家庭年均总收入之比）来看，2012年湖北城镇房价收入比为8.4倍（据《2013湖北领导干部手册》，2012年湖北城镇户均人口按2.89人测算，套均面积按100平方米计算），高于2008年的6.9倍，参照国际标准“4至6倍”的合理区间，房价处于较高水平。

从当前房价情况看，房价上涨势头仍在继续。据国家统计局发布的数据显示，2013年5月，全国70个大中城市中，69个城市新建商品住宅价格同比继续上涨，65个环比上涨，虽然环比涨幅放缓，但房价上涨成为普遍趋势，全年来看，房价易涨难跌。

二、商品房供求失衡：从总量和有效性来看，供求矛盾加剧

（一）从供求总量看，供不应求

2020年，全国城镇人均居住面积小康目标为35平方米，湖北城镇人口规

划目标为3 650万人，据测算，2020年全省城镇住宅需求面积高达12.78亿平方米。据省住建厅数据显示，截至2011年末，全省现有住宅面积约为6亿平方米，也就是说，2012—2020年，全省应新增住宅供给6.78亿平方米，年均应新增供给7 533万平方米。但2012年数据显示，全省商品房供给面积仅为3 273.71万平方米，远低于年均新增水平，总体来看，不能完全满足现有市场住房需求。根据经济学中的供求原理，供不应求，且在短期内仍不能达到平衡，房地产价格必然上涨。

(二)从供求有效性来看，有效供给和有效需求均显不足

在房地产市场上，有效需求即为促进房地产开发良性运行并能满足民生改善的需求；有效供给则为开发商提供的真正能满足消费者需求并为消费者所能承受的供给。从当下供给和需求的有效性来看，有效供给和有效需求明显失衡。

1.有效需求不足

当下房地产市场，占主体的中低收入者买不起房。这至少说明几个问题：一是收入差距拉大，大多数财富集中在少数人手里。2012年我国基尼系数0.474，高于0.44的国际平均水平；二是房价上涨过快，如上所述，房价增幅高于收入增幅；三是住宅供给结构不合理，与市场真正需求之间存在错位，这点后面具体论述；四是真正解决中低收入家庭住房困难的保障性安居工程建设，和市场上庞大的需求相比，仍显杯水车薪。按照规划，“十二五”期间，湖北将建设100万套保障房，仅覆盖全省城镇家庭总户数的20%左右。

分析显示，真正有购房需求的中低收入者买不起房，而集中了大多数财富的少数群体频频投资楼市以资产保值增值，制造了房地产市场交易的表面繁荣，助推房价上涨。

2.有效供给不足,主要体现在供给结构不合理上

满足中低收入家庭的中小户型住房、经济适用住房在市场中比例实则较小,2012年,全省90平方米以下住宅施工面积2 790万平方米,占全部住宅比重21.4%,比重较2009年下降4.9个百分点;2012年,全省90平方米以下住宅竣工面积553万平方米,占全部住宅比重19.8%,比重较2009年下降9.3个百分点。数据显示,普通住房、中小户型住宅供给比例不仅不足,还呈逐年下降趋势,难以形成有效需求。

由以上分析可知,从总量看,商品房住宅供不应求;从有效性看,供给结构不合理,导致供需之间存在错位,市场供求的这种不均衡状态,在城镇化背景下,当下对商品房的需求处于增长阶段与供给不足并存,房价必然一路走高。

三、土地供应瓶颈:制约住宅供应增加

按照一般经济学原理,价格上涨,供给必然增加,继而价格逐渐趋于合理,然而房地产行业却不尽然。如此大量的资金进入开发领域,不仅不见供求关系缓和,反倒越显紧张,反倒只见房价上涨,这种特殊性的根源就在于土地供应。

(一)对土地的需求日益强劲

市场对土地的需求,主要取决于消费者对商品房的需求。当下市场成交量的活跃状态,必然导致市场对土地的需求日益强劲。2012年,湖北在建商品房施工面积16 819.71万平方米,按照全省房地产项目平均容积率2.3计算,全年房地产所需用地为7 312.92万平方米。

(二)土地供应受政策所限,制约市场土地供应弹性

土地供应受政策作用明显。政府会基于耕地保护、宏观调控、经济增长、

财政收入等多重目标进行权衡取舍，土地供应弹性相应受限，土地供应数量不会随着市场需求量的增加而同比例增加，从而带来住房供应的大幅度增加。

土地供给受限，严重制约房地产开发步伐。对土地的需求日益强劲，但土地供应的“政策市”会极大制约土地供应弹性，土地供求矛盾加剧。据国土资源厅数据显示，2012年全省房地产实际供地63.53平方千米，与上述测算的实际需求73.33平方千米相比，存在较大差距。

由此，土地供需失衡、矛盾加剧，必将导致两个后果：一方面是加剧商品房供需矛盾，推高房价。由于土地供应受限，市场中住宅供应也势必放缓，商品房供需矛盾加剧，客观上刺激房价上涨；二是刺激地价上涨，进而传导到房价，造成恶性循环。大量开发资金入市，土地需求高涨，但土地供应受限，供地不确定性预期增加，加剧土地投机和囤地预期，地王频现，进而传导到房价，加固了“高房价—高地价—高房价”螺旋式上升链条，虽然短期来看，由于调控从紧，房价会短暂走低，但长远来看，这种恶性循环难以缓解。

四、对策建议：实现供求均衡，促房价合理回归

（一）土地政策细化：用好增量、盘活存量

（1）应将土地供应信息按季或按月提前公布。土地供应的不确定性预期和半模糊状态，造成市场主体集体“短视”，疯狂争抢，地王频现。土地供应信息透明化，使得投资者、开发企业、中介机构等决策者对未来土地供应市场和开发市场有理性预期，能根据企业开发周期和市场态势理性购置土地，消除盲目性恐慌。

（2）增加土地供给，提高居住用地供应比例。根据市场变化情况，适时调整土地供应总量、结构、供应方式、供应节奏及供应时间，适当增加土地供给，

特别是保障性安居工程用地,确保住房用地总体满足需求。适当提高居住用地比例,着重增加中低价位普通商品住房和经济适用住房建设用地供应量。

(3)限制土地开发周期,严厉打击囤积或倒卖土地行为。限制出让土地开发周期,部分土地的开发建设时限原则上不得超过3年;超过一定期间仍未开发的,无偿收回已出让土地,严厉打击囤地或倒卖土地行为。

(二)有效供给模式强化:市场+保障

土地供应毕竟有限,满足市场中低收入家庭住房需求重在通过"市场化+政府保障"两条线,增加商品房中低价位、中小户型住房供给。

(1)通过市场,增加有效供给,特别是普通商品住房特别是中低价位、中小套型商品住房建设供给。以调整供应结构为重点,调控房地产项目立项和土地供应,从源头控制高档商品住房开发,引导和增加中低价位、中小户型普通住宅的供给,满足居住合理需求。继续控制高档商品住房和政府机关办公楼等非住宅开发,控制其投资过快增长。

(2)通过政府,深入推进住房保障建设工作。积极落实土地供应、资金支持和税费优惠政策,探索创新保障性住房建设模式,多渠道筹集保障性住房房源;强化目标责任考核和督查通报,加强住房保障后续监督管理,促进分配公开、公平、公正。

(三)引导合理消费:区分自住和投资、投机

由于土地稀缺性及供应"政策市"的影响,住房供给一定程度上也是有限的,满足有效需求的关键在于鼓励和引导合理住房需求,规范投资需求,坚决遏制投机需求,保证最大限度的"居者有其屋"。

(1)针对自住性购房需求,继续鼓励和引导。合理引导住房消费,鼓励居民正常的住房消费需求;适时公开房源、价格、地段等真实信息,增强市场透

明度，引导市场理性发展，避免恐慌性入市；银行信贷对于自住需求应给予相应的信贷支持。

（2）针对投资、投机性需求，规范投资需求，遏制投机需求。继续执行差别化信贷政策和限购政策，坚决抑制投机投资住房贷款要求，对炒买炒卖商品房的行为坚决予以整治，积极研究开征物业税的可行性和可操作性，条件成熟则适时开征。

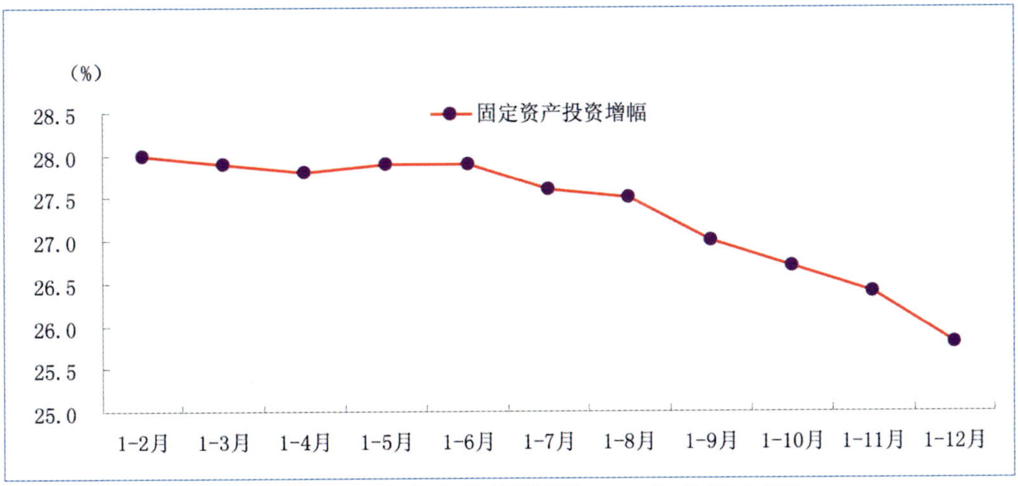

图2-30 固定资产投资增幅(2013年分月走势)

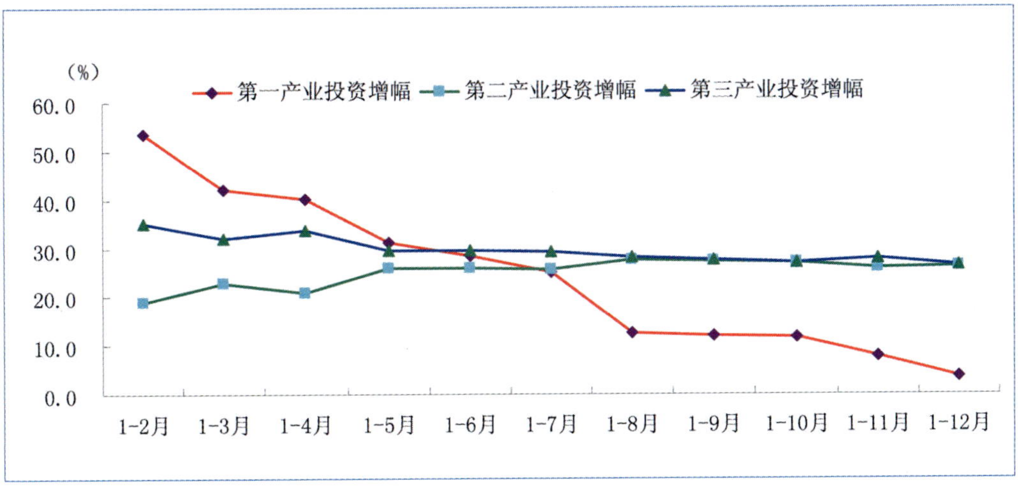

图2-31 三次产业投资增幅(2013年分月走势)

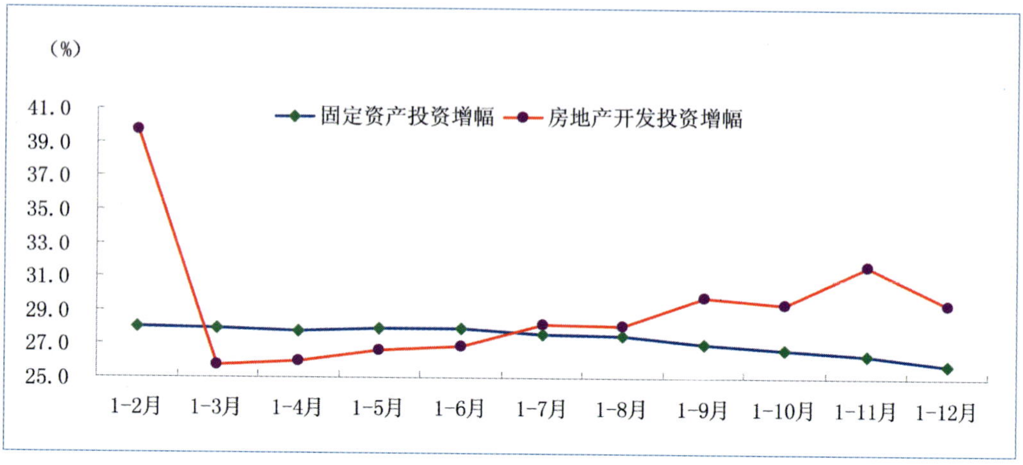

图2-32　投资增幅与房地产开发投资增幅对比(2013年分月走势)

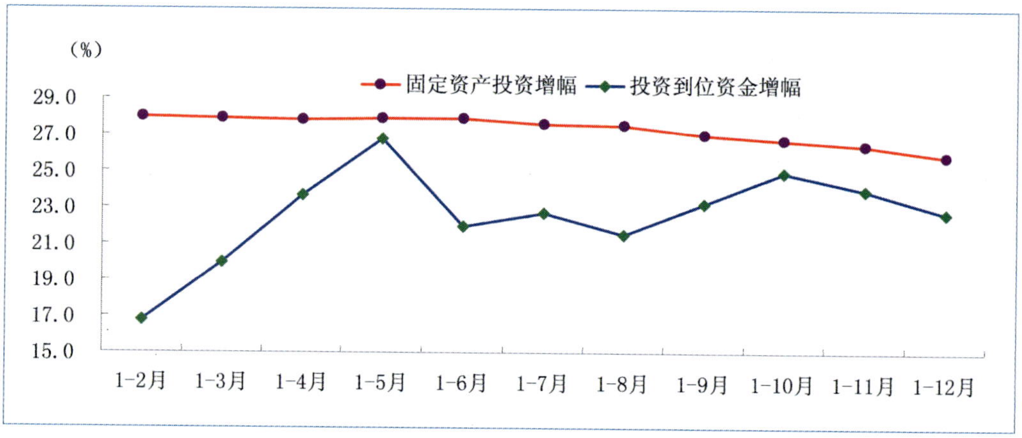

图2-33　投资增幅与到位资金增幅对比(2013年分月走势)

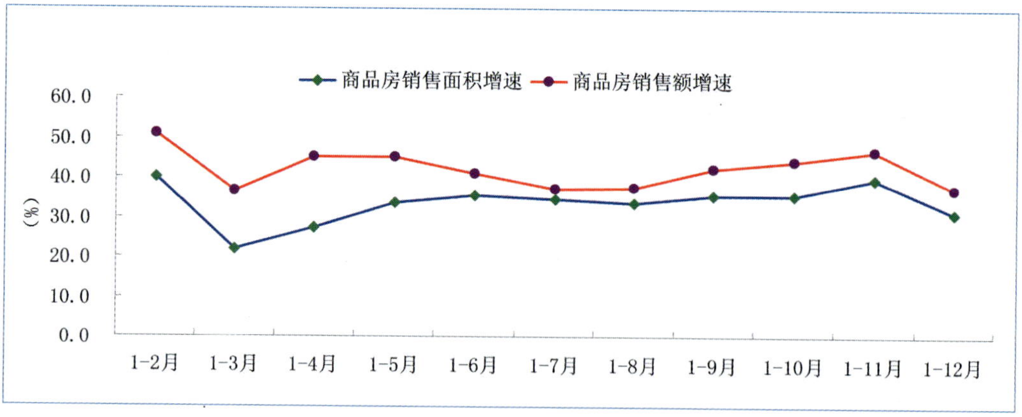

图2-34　商品房销售面积与销售额增幅对比(2013年分月走势)

DIQU

地区篇

共完成工业投资2 258.07亿元，同比增长32.8%，占全市投资总额的比重为37.6%，比上年同期提高3.8个百分点。在15个副省级城市中，我市工业投资总量位于南京、青岛之后，排名第三，相比2012年前进两位；增幅排在西安、哈尔滨之后，列第三位。

在我市工业投资中，装备制造、汽车及零部件、电子信息和日用轻工四大行业撑起了半壁江山，投资占比分别为28.1%、21.26%、11.67%和9.92%。相比2012年，电子信息、汽车及零部件、能源环保行业的投资占比分别上升了4.92、3.29和1.81个百分点；由于80万吨乙烯及炼油扩产项目的完工，石油化工行业投资占比下降了7.58个百分点。投资结构趋向合理。

（三）民间投资占比提高

2013年，我市完成民间投资3 501.97亿元，比上年增长35.6%，高于全市平均增幅16.3个百分点；占全市投资总额的比重为58.3%，比上年提高7.0个百分点，拉动全市投资增长18.3个百分点，对全市投资增长的贡献率为94.8%。民间投资额最大的两个行业是工业（投资额1 512.04亿元，占全市民间投资的43.2%）和房地产业（投资额1 499.63亿元，占全市民间投资的42.8%）；增幅最高的两个行业是居民服务和其他服务业（投资额26.44亿元，增长3.3倍）和教育行业（投资额1.91亿元，增长2.3倍）。

（四）房地产开发投资增长较快

2013年，我市完成房地产开发投资1 905.60亿元，比上年增长21.0%，占全市投资总额的31.7%，占比较上年提高0.4个百分点。其中，住宅投资1 250.78亿元，增长26.2%；商业营业用房投资274.26亿元，增长36.1%；办公楼投资123.68亿元，下降2.2%；其他房地产投资256.88亿元，增长0.6%。按登记注册类型划分，有限责任公司、私营企业、股份有限公司和国有企业共完成房地产投资1 695.19亿元，占全市房地产投资近九成；港澳台和外商完成投资149.65亿元，占全市房地产投资的7.9%。全市房屋施工面积8 545.13万平方米，增长24.5%；商品房销售面积1 995.36万平方米，增长26.6%。

（五）基础设施项目建设进展顺利

2013年，我市完成基础设施（包括交通运输、仓储、邮政业）投资1 301.14亿元，同比增长6.7%，占全市投资总额的比重为21.7%。其中，武汉铁路局完成投资32.3亿元，武汉水务局（集团系统）完成投资38.9亿元，武汉地铁集团完成投资163.7亿元。武咸城际铁路，地铁四号线一期顺利建成投入运营；武汉地铁三号线、四号线二期、六号线、七号线、八号线均进入施工阶段；天河机场第三航站楼、天河机场交通中心、天河机场第二通道、长江大道（范湖至中南路）、二环线西段、杨泗港快速通道、武汉四环线高速公路、鹦鹉洲长江大桥、江汉六桥、武深高速公路等计划投资过25亿元的重大城市基础设施项目有力支撑了全年投资增长。

二、当前我市投资运行中出现的主要问题

（一）建设资金保障度下降

2013年，我市固定资产投资保持平稳增长态势，但建设资金到位不足、资金保障度下降的问题依然持续，并呈逐季下降的趋势，需引起高度关注。2013年，我市共筹措项目建设资金7 086.50亿元，同比增长12.7%，比前11个月回落1.4个百分点。从建设资金保障度看，全年项目建设资金保障度为1.18∶1，较一季度（建设资金保障度1.86∶1）、二季度（建设资金保障度1.33∶1）、三季度（建设资金保障度1.24∶1）都有所下降。建设资金保障度下降对我

市下步投资增长将产生不利影响。虽然我市基础设施投资在地方政府的推动下增速较高,但今年是融资平台债务偿还高峰期,且受征地拆迁和融资困难等因素影响,资金供应并不支持投资持续高速增长。

(二)投资效益下降制约了投资拉动作用的发挥

虽然投资对我市经济增长功不可没,但值得关注的是,近年来随着我市投资规模扩大以及个别行业投资过热,导致了投资效益开始下降。

增量资本产出率是投资量与GDP增量之比,用以衡量每增加1个单位的GDP所需的投资量,是反映投资效益的重要指标。2000—2003年,我市增量资本产出率保持在4左右,随后逐步上升。从2009年开始,增量资本产出率接近6,而同期北京、上海的水平不到4。增量资本产出率的上升,表明我市投资效益在下降。以2000年和2012年数据为例,2000年我市增量资本产出率为4.55,2012年为6.39,这意味着要增加1个单位的GDP,2012年需比2000年多增加1.84个单位的投资。

投资弹性系数是投资增速与GDP增速的比值,反映了投资拉动经济增长作用的强弱。从表3-1中可以看出,2000—2003年,我市投资弹性系数一直处于高位。但从2004年开始,虽然我市固定资产投资开始加大,但对经济增长的拉动作用却未能同步于投资增长速度。以2000年为例,该年份的投资弹性系数为0.93,这意味着投资每增长1个百分点,将带动GDP增长0.93个百分点。而到了2012年,投资弹性系数下降为0.59。初步测算,2013年投资弹性系数为0.57,即投资增长1个百分点仅能拉动GDP增长0.57个百分点,投资拉动作用明显减弱。

表3-1　2000—2013年我市投资弹性系数

年份	投资弹性系数	年份	投资弹性系数
2000	0.93	2007	0.53
2001	1.18	2008	0.51
2002	0.99	2009	0.41
2003	0.98	2010	0.52
2004	0.39	2011	0.56
2005	0.55	2012	0.59
2006	0.61	2013	0.57

三、2014年我市固定资产投资增长因素分析及趋势判断

(一)投资规模达到高水平时投资增速回调是基本规律

按投资增长的一般性规律,一个城市的固定资产投资额达到4 000~5 000亿元的水平时,已经积累了很高基数,增幅都会有一个调整回落期。从我市情况看,从2004年到2012年,我市投资已连续9年保持在20%以上的速度,平均增速达27%。2011—2013年,我市固定资产投资连续突破4 000亿元,5 000亿元,6 000亿元大关,连年累积的高基数使得我市投资保持快速增长的难度越来越大。随着我市投资基数的不断抬高和“工业倍增”、“城建攻坚”计划的逐步推进,结合北京、上海等直辖市及成都、沈阳等同类城市完成投资达4 000~5 000亿元以后投资增速放缓的情况,我市已基本逼近投资持续快速增长的拐点。如上海在2007年固定资产投资为4 458亿元,增长13.6%,2008—2010年增速分别为8.3%、9.2%、0.8%,2011年增速仅为0.3%,2012年为3.7%。北京2009年固定资产投资为4 858亿元,增长26.3%,2010年、2011年、2012年增速分别为13.1%、13.3%、9.3%,比2009年分别回调13.1、12.9和

17个百分点。成都2013年完成全社会固定资产投资6 500亿元，2014年奋斗目标为6 800亿元，同比仅增长4.6%。沈阳2013年固定资产投资完成6 470亿元，增长15%，2014年固定资产投资增长目标为15%。有鉴于此，适当下调我市投资增幅，有利于调结构，稳增长，避免地方债务进一步加大。

（二）新的执政理念更加注重经济增长质量效益，将抑制投资冲动

新一届党中央领导集体提出的追求经济实实在在、没有水分的经济增长，就是要改进政绩考核方法，淡化GDP和投资考核，把民生改善、收入提高、社会进步、生态效益等指标和实绩作为重要考核内容。考核指标体系的改变和优化具有导向作用，有利于改变地方政府"政绩观"，有利于减轻基层考核压力，减轻基层工作压力，抑制投资冲动，提高投资效益。

（三）国家统计制度改革及数据评估力度加大将使我市投资增长难度加大

近年来，国家统计局和湖北省统计局投资协调性评估方案先后出台，对各地投资统计数据的评估及检查力度不断加大，全国投资增幅下降趋势明显。其中，投资增速与建安营业税增速、投资额占GDP的比重、财政收入和银行中长期贷款增速、水泥产量增速与建安工程投资增速等的协调性和匹配性均成为评估各地投资实际增速的重要依据。国家统计局在投资统计方面将于2015年推出一系列重大改革，改革的核心是实现"两个转变"，即由现行的"项目统计"向"法人统计"转变；由"形象进度法"向"财务支出法"转变。据全国投资统计制度改革试点地区测算，按新方法计算，投资额将在现有水平上下降约1/3。为此，我市在投资总量及增幅上都要提前预判，适当控制，避免因统计方法变更，调整幅度过大。

（四）当前投资增长的有利条件及不利影响

从有利条件看：一是国家继续实施“稳增长、调结构”的宏观政策，连续出台多项改革措施，并提出稳步推进城镇化和全面实施棚户区改造的发展路径，将对投资增长产生有利影响。二是我市重大项目快速推进，特别是通用汽车、东风雷诺、轨道交通、天河机场三期等特大建设项目的加快推进，以及科聚新材料（63亿元）、东风格特拉克变速箱（60亿元）、武桥桥梁与海工装备（50亿元）、华中汽车产业物流园（40亿元）等已签约项目的开工建设，将为我市2014年投资持续增长提供一定支撑。但与我市2014年投资净增1 000亿元的目标相比，大项目偏少，投资支撑不足的矛盾仍很突出。三是服务业升级步入“快车道”，“一港、六园、八中心”等物流项目和武汉中央文化区、“汉阳造”广告创意示范园、电影文化主题公园等重点项目将在2014年加快实施，为投资提供新的增长点。四是随着国家、省、市鼓励和支持民间投资快速发展的政策措施不断落实，将继续推出面向民间资本的重大项目，不断激发市场活力，为投资增长注入新的动力。

从不利影响看：一是经济增长速度下降，投资增长将呈现阶段性放缓的趋势。二是企业投资压力较大，多重经济周期影响交织叠加，企业投资意愿相对不足。三是要素制约依然存在，如征地拆迁困难和资金保障程度下降，对投资增长产生较大压力。四是中央进一步加强对地方政府性债务监管，基础设施融资压力大。五是房屋空置面积增加，新开工面积相对不足，房地产投资增长存在不确定性。

（五）2014年预期增长目标

根据以上分析判断，结合全省固定资产投资计划安排和我市实际，2014年我市全社会固定资产投资增长目标7 000亿元，增长16%以上。

四、主要任务和发展重点

从当前国内外宏观经济形势和国家调控政策趋势来看，虽然我市投资增长的外部环境比较复杂，投资和项目工作依然面临较大的压力，但投资稳定增长的基础仍然比较坚实，我市2014年主要任务和发展重点如下：

（一）狠抓支撑行业，着力提高投资强度

一是深入推进“工业倍增”计划，切实加大重大项目推进力度，着力调整优化工业投资结构，力争在2014年建成全部210平方千米的“工业倍增”发展区，为工业投资增长提供新动力。二是积极推进“服务业升级计划”，坚持生产性服务业和生活性服务业并举，大力发展现代物流、金融、会展、研发设计和信息服务业，推动总部经济、高端服务业集聚发展。三是坚定不移推进“城建攻坚计划”。创新城建投融资机制，全年城市基础设施投资力争突破1 500亿元，实现城市空间结构、综合交通枢纽功能、城市交通基础设施功能、水生态环境、园林绿化、工程设计和建筑品质等大提升。

（二）狠抓重大项目，努力夯实增长基础

一是积极推动服务业提档升级，加快“一港、六园、八中心”及物流交易所、大宗商品交易所建设；加快推进汉正街文化旅游商务区等八大服务业聚集区和武汉中心书城、新档案馆、武汉客厅、华中影视文化基地、汉秀剧场等重点项目建设。二是继续保持城建基础设施投资规模，全力推进天河机场三期、武黄、汉孝城际铁路、阳逻港三期、武深高速武汉段等重点项目建设；轨道交通在建线路达到10条左右，实现21号线、27号线如期开工，1号线延长线、4号线二期建成运营；确保二环线主线贯通，四环线全线开工。加快重大项目相关支撑文件的报批工作进度，确保青山长江大桥和第三轮轨道交通规划等尽快获得国家批复。三是加快工业结构调整优化，推进工业高端化、低碳化发展，培育发展大企业、大集团、大产业，重点推进通用汽车、北车修造基地、东风雷诺、东本三厂、科聚新材料、武桥海工装备园、长飞产业园等项目建设，不断提高产业整体素质。

(三)狠抓民间投资，全力增强增长动力

一是深入落实鼓励和支持民间投资的各项政策措施，重点破解民间投资准入难、融资难、落地难等问题。二是大力激发民间投资活力。通过政府购买服务等多种方式积极引导民间投资进入基础设施、基础产业、金融服务和教育、医疗卫生、养老、健康等领域，继续推出面向民间资本的重大项目目录，不断壮大民间投资规模。

五、下步工作措施

2014年是我市深入贯彻十八届三中全会精神、开启新征程的起步之年，是实施“十二五”规划的攻坚之年，更是加快建设国家中心城市和确保GDP迈入万亿元的关键一年，我们将重点做好以下工作：

(一)加强投资调度

一是加强投资动态监测和投资形势分析，做到早预测、早预警、早落实。坚持月通报，及时公布各区、开发区投资完成情况排名。二是认真开展投资工作调研，加强投资目标的督查考核。三是继续开展市领导联系重点企业、重点项目工作和“千名干部进千企”活动，不断加强全市投资及重大项目统筹协调力度。

(二)抢抓政策机遇

抢抓国家加快推进新型城镇化和加强城镇化基础设施融资能力的政策机遇，加快推进保障性住房建设和棚户区改造，加大城市基础设施、三旧改造的投资力度，大力发展楼宇经济，着力提高城镇化质量。

（三）加快重大项目推进工作

在确保质量、安全和合理工期的前提下，进一步加强绩效目标考核，强化责任，加快项目建设进度，确保完成2014年重大项目推进工作任务。

（四）加大招商引资力度

每个新城区、开发区要重点策划引进至少1个50亿元以上的重大产业项目，其中，东湖开发区和经济开发区各引进2个；每个中心城区要至少策划引进1个30亿元以上的服务业项目。

（五）深化投资体制改革

一是根据国家、省新颁布的政府核准的投资项目目录，抓紧研究修订我市新的投资项目目录，最大限度缩小核准范围，充分发挥市场在资源配置中的决定性作用。二是加强政府投资项目管理。健全决策机制，统筹计划管理，落实并联审批，严格控制概算，建立项目信息管理系统，加大项目监管力度，切实发挥政府投资效益。

黄石市2013年投资发展报告及2014年展望

黄石市发展和改革委员会　黄石市统计局

2013年,黄石市全社会固定资产投资完成963.51亿元,增长28.3%。其中500万元以上项目完成投资863.01亿元,增长26.8%,房地产投资完成84.68亿元,增长51.1%,农村私人投资完成15.82亿元,同比增长9.6%,固定资产投资实现了持续稳定增长。投资总量居全省第9位,与上年持平,比居于第8位的咸宁相差5.31亿元,占全省固定资产投资的比重达到4.7%,比去年同期增长0.1个百分点。投资增速较去年同期增长3.5个百分点,居全省第11位,比去年前进5位。

一、2013年全市投资运行特征

(一)施工项目个数稳步增长,项目投资质量提高

2013年黄石市在建项目1 433个,比去年同期增加65个,同比增长4.8%,其中:亿元及以上项目421个,比去年同期增加167个,同比增长65.7%;当年新开工项目1 084个,比去年同期减少38个,同比下降3.4%,亿元及以上新开工项目278个,比去年同期增加103个,同比增长58.9%;竣工投产项目984个,比去年同期增加2个,同比增长0.2%,亿元及以上竣工项目195个,比去年同期增加91个,同比增长87.5%。

(二)一、三产业投资占比提高,产业结构更趋合理

2013年我市一、三产业投资快速增长，投资占比提高。第一产业完成投资49.07亿元，同比增长55.6%；第二产业完成投资500.19亿元，同比增长19.7%；第三产业完成投资414.25亿元，同比增长37.5%。一、三产业投资增幅继续超过二产业的增长，三次产业投资占比由去年的4.2:55.7:40.1调整为5.1:51.9:43。其中工业投资完成475.8亿元，同比增长15.6%，工业投资占固定资产投资的比重达49.4%，增速低于固定资产投资增幅12.7个百分点。

（三）基础设施投入加大，投资总量增速快速增长

2013年黄石市基础设施投资完成173.51亿元，同比增长34.7%，增速比固定资产投资高出6.4个百分点。其中水利、环境和公共设施管理业完成投资84.15亿元，同比增长58.7%；交通运输业完成投资39.71亿元，同比增长57.2%；信息传输、计算机服务和软件业完成投资16.21亿元，同比增长9.6倍；文化、体育和娱乐业完成投资6.28亿元，同比增长81.8%。

（四）投资主体多元化，民间投资成为主体

从投资主体来看呈多元化趋势，民间投资保持较快增长。2013年黄石市民间投资完成729.72亿元，同比增长31.2%，增幅比固定资产投资高出2.9个百分点，占固定资产投资的比重为75.7%，增速比去年同期提高1.6个百分点。从行业分布来看，民间投资在国民经济各个行业都有分布，尤其是农林牧渔业、制造业、房地产、批发零售、住宿餐饮等行业占有较大份额。

（五）重点投资项目进度加快，投资占比提高

2013年黄石市在建亿元项目完成投资617.24亿元，增长46%。其中10亿元以下项目391个，同比增加155个，完成投资493.83亿元，增长43.6%；10亿元以上项目30个，同比增加12个，完成投资123.41亿元，增长56.3%。10亿元以上项目完成投资占固定资产投资的比重由去年的10.5%提高到

12.8%，提高2.3个百分点。今年29个省级重点项目已有28个项目开工，开工率为96.6%，完成投资90.97亿元，完成当年投资进度的107.4%，重点项目投资进展顺利。

（六）商品房投资快速增长，建设规模扩大

2013年我市房地产开发投资完成84.68亿元，同比增长51.1%，高出投资增幅22.8个百分点。其中住宅完成投资64.78亿元，同比增长59.9%。商品房施工面积673.8万平方米，增长12.8%，其中住宅施工面积566.78万平方米，同比增长14.4%。商品房竣工面积146.92万平方米，同比增长73.1%，住宅竣工面积130.02万平方米，同比增长80.9%。从销售情况来看，2013年全市商品房销售面积187.14万平方米，同比增长18.3%，其中住宅销售面积168.17万平方米，同比增长12.2%。

二、2014年预期增长目标

2014年，按照做大总量、优化结构、提高质量、拓宽渠道的要求，保持投资合理增长，力争2014年全市全社会固定资产投资计划目标增长25%，工作目标增长28%，达到1 234亿元以上。

三、主要任务和发展重点

我们继续以“重大项目建设年”专题活动为主抓手，实现投资的平稳较快增长。围绕实现2014年全市全社会固定资产投资增长25%以上的目标任务，主要抓好以下重点工作：

（一）确保投资目标，优化投资结构

深化投资体制改革，发挥投资对结构调整的引领作用，发挥政府投资对社会投资的带动作用,引导投资重点投向先进制造业、现代服务业、高新技术产业、战略性新兴产业、重大能源交通基础设施、节能环保及生态建设等重点领域,确保2014年投资增幅超25%,工业和服务业占全社会固定资产投资比重70%以上,民间投资占全社会固定资产投资比重提高到70%以上。

(二)突出项目协调,推进项目建设

进一步完善项目协调推进机制,以投资导向性计划为抓手,着力推进亿元以上重大项目450个,力争2014年完成投资620亿元,占全市固定资产投资计划的一半。确保23个省级重点项目年内全部开工并完成年度投资计划任务,为全市投资项目建设起到示范带动作用。

(三)抓好对上争取,做好要素保障

认真研究和把握国家宏观调控政策动态,及时跟踪国家及省投资动向和资金安排重点,加强项目申报争取工作,争取国家和省里有更多的政策、资金、土地指标对黄石的项目建设进行支持。

(四)做好项目储备,形成梯次接续

结合"十二五"规划中期评估,对"十二五"重大项目库进行充实和调整,确保完工项目、在建项目、前期项目和策划项目之间每年按1 000亿元的规模流转,并启动"十三五"项目建设研究,形成"策划一批、推进一批、实施一批、建成一批"的梯次接续格局。

四、工作措施

(一)科学调度,加强引导,努力保持投资较快增长

一是科学编制投资计划。按照市委市政府的工作要求,科学编制我市2014年全社会固定资产投资计划,合理确定并分解下达投资计划目标及工

作目标到各县(市)区(开发区)。充实完善2014年投资导向性计划,并组织实施,强化计划的导向作用。二是加强重大项目策划储备和招商引资。积极策划储备一批符合投向、有利于争取中央、省支持的重大项目。实施“重大项目接续计划”,加强重大项目策划储备和推进实施,加强项目前期工作,对全市“十二五”规划项目库进行及时更新和动态管理。加大招商引资,重点加大十大产业链的招商,大力引进终端产品项目。三是推进重大项目建设。按照《2014年投资导向性计划》,重点协调推进总投资100亿元的浙江永康五金机电城、总投资60亿元的新兴铸管升级改造项目等320个列入2014年开工计划的重大项目,抓紧完成各项开工前期工作,确保这些项目60%在上半年开工建设;协调推进总投资1 176亿元的396个在建项目的建设步伐,特别是总投资200亿元的正威电子、总投资55亿元的万达广场等过10亿元重大项目的实施进度,确保项目尽快建成投产。

(二)积极争取项目政策资金

把握国家宏观政策调控动向,积极向上争取资金支持。根据国家投资主要投向保障性安居工程、“三农”建设、重大基础设施、社会事业和社会治理、节能环保、生态建设以及科技创新等重点领域,会同委机关业务科室和各县(市)、区(开发区)发改部门,加大“两型”综改、长江经济带开发等各类专项项目的策划、申报和争取力度,积极做好中央、省预算内项目资金的争取工作。确保每个专业领域对上争取资金不低于全省平均份额、不低于上年水平。力争2014年争取资金6亿元以上。

(三)积极做好省重点项目的争取工作

一是积极做好省重点项目的申报、调整、充实等工作,确保我市省重点项目个数在全省的占比不低于全省平均份额;二是会同相关部门积极做好省重

质勘查业、住宿和餐饮业、水利环境和公共设施管理业、文化体育和娱乐业、教育、卫生社会保障和社会福利业分别增长417.7%、160.0%、133.9%、100.1%、66.1%、63.2%、60.4%，占投资比重同比分别提升0.6、0.1、0.6、4.3、0.4、0.3、0.1个百分点。

二、十堰市固定资产运行特点

（一）地方投资主体地位持续增强，对全市投资增长的拉动力不断提升

2013年，中央完成投资13.0亿元，比去年同期下降19.7%，占全市投资比重为1.5%，比去年同期下降0.8个百分点；市县属完成投资790.9亿元，比去年同期增长34.2%，占全市投资比重为92.7%，比去年同期提升2.4个百分点，对全市投资增长的贡献率为109.0%，拉动全市固定资产投资33.2个百分点。

（二）民间投资保持较快增长，对全市投资增长的贡献率稳步提高

2013年全市民间投资365.3亿元，比上年同期增长34.3%，高于全市投资增速3.8个百分点，占全市固定资产投资的比重为42.8%，比去年同期提高1.2个百分点，对全市投资增长的贡献率达46.8%，拉动固定资产投资增长14.3个百分点。在民间投资中，项目民间投资为288.0亿元，增长31.6%，占民间投资总量的78.8%；房地产开发民间投资77.3亿元，增长45.3%，占民间投资总量的21.2%。从民间投资的产业看，一、二、三产业分别完成投资14.5亿元、160.1亿元、190.7亿元，同比分别增长65.4%、16.9%、51.0%，分别占民间投资总量的4.0%、43.8%、52.2%。从民间投资的行业投向看，民间投资主要集中在工业和房地产业，工业投资156.2亿元，增长16.7%，占民间投资的比重为42.8%；房地产业投资89.2亿元，增长27.7%，占民间投资的比重为24.4%。二者合计占民间投资的比重达到67.2%。

（三）在建项目计划总规模继续扩大，亿元项目完成投资快速增长，亿元项目对全市投资增长支撑作用不断增强

2013年，全市在建施工项目达1 499个，同比增加119个，增长8.6%，计划总投资2 813.1亿元，同比增长32.1%，高于全市投资增速1.6个百分点，其中，全市亿元以上项目达465个，同比增加135个，增长40.9%，计划总投资2 094.1亿元，比去年同期增长37.9%，高于全部在建项目计划总投资增速5.8个百分点，亿元及以上项目投资规模继续保持快速扩张势头，全年完成投资501.8亿元，比去年同期增长44.2%，高于全市投资增速13.7个百分点，占全市完成投资总量的58.8%，比去年同期提高5.6个百分点，对全市投资增长的贡献率达到83.9%，拉动全市固定资产投资增长25.6个百分点，成为全市投资增长的主动力。

（四）产业开发区建设快速推进，载体带动作用进一步彰显

2013年全市9个产业开发区在建项目602个，占全市在建项目个数的40.2%，其中，新开工项目337个，占全市新开工项目个数的36.6%。亿元以上项目239个，占全市亿元以上项目个数的51.4%。全市9个产业开发区完成投资324.7亿元，同比增长36.8%，高出全市投资增速6.3个百分点，占全市投资的比重为38.0%，对全市投资增长的贡献率达到43.8%，拉动全市投资增长13.4个百分点，其中：亿元以上项目完成投资211.6亿元，增长36.8%，占产业开发区投资的比重为65.2%。在产业开发区中，工业投资增长14.8%，占产业开发区投资的比重为34.7%，对产业开发区投资增长的贡献率达到16.6%；基础设施投资增长45.6%，高于全市基础设施投资增速8.0个百分点，占产业开发区投资的比重为42.3%。

（五）基础设施投资平稳增长

2013年，全市完成基础设施投资321.5亿元，同比增长37.6%，比去年同期回落0.7个百分点，占全市投资的比重为37.7%，比去年同期回落0.8个百分点，其中，电力燃气及水的生产和供应业、交通运输仓储和邮政业、信息传输和信息技术服务业、水利环境和公共设施管理业分别完成投资32.3亿元、175.4亿元、4.5亿元、109.2亿元，比去年同期分别增长2.0%、21.5%、49.3%、100.1%。

（六）房地产开发投资在波动中继续保持较快增长

2013年，全市房地产开发投资101.1亿元，同比增长31.9%，高于全市投资增速1.4个百分点，增速比去年同期回落15.5个百分点，占全市投资的比重为11.8%，同比提高0.1个百分点。房地产开发投资中，住宅类投资增速较快，从房屋用途看，全市住宅投资69.6亿元，同比增长38.7%，占房地产开发投资的比重达到68.8%，同比提高3.3个百分点。

在房地产开发投资增长的同时，销售市场有所回升。2013年，全市商品房销售面积177.9万平方米，比去年同期增长16.7%，比去年同期回升27.7个百分点，其中：现房销售面积37.8万平方米，增长18.6%，期房销售面积140.0万平方米，增长16.2%。住宅商品房销售面积增长25.1%，其中住宅现房销售面积增长62.6%，住宅期房销售面积增长18.2%。全年实现商品房销售额60.5亿元，增长8.0%，其中：现房销售额9.7亿元，下降18.0%，期房销售额74.1亿元，增长22.4%。住宅商品房销售额增长31.9%，其中：住宅现房销售额增长92.6%，住宅期房销售额增长25.6%。

三、需关注的问题

总体来看，今年以来全市固定资产投资实现了平稳较快增长。但也应看到，全市工业投资意愿不强，新开工项目投资规模和完成投资回升较慢，特别是亿元以上新开工项目投资下滑，重点项目推进速度迟缓等，需予以关注。

(一)关注工业投资变化

2013年，全市完成工业投资226.9亿元，比去年同期增长17.1%，占全市固定资产投资的比重为26.6%，比去年同期下降7.2个百分点，对全市投资增长的贡献率仅为16.6%，拉动全市固定资产投资5.1个百分点，特别是作为我市主导产业的汽车制造业的投资增长相对较慢且动力不足，全年完成投资93.2亿元，比去年同期下降2.3%，增速比去年回升2.3个百分点。

(二)关注重点项目建设

2013年，在全市263个重点项目中，部分项目推进迟缓，有176个市级重点项目纳入了“三上”企业统计报表数据库，有77个未纳入统计，其中：未开工项目17个，70个项目未入库纳入统计范畴；263个重点项目全年计划总投资554.1亿元，已入库项目全年累计完成投资360.8亿元，占2013年计划总投资的65.1%。在全市开展的重大项目“四个一批”和一季度集中开工的158个项目活动中，有5个项目未开工，有64个项目未入库纳入统计范畴。158个集中开工项目全年计划总投资205.0亿元，入库项目全年累计完成投资72.3亿元，占2013年计划总投资的35.3%。2013年，亿元以上新开工项目202个，同比增加15个，年度计划总投资705.8亿元，比去年同期下降12.6%，完成投资177.2亿元，比去年同期下降3.4%，仅占年度计划总投资的25.1%。

(三)关注房地产开发投资，确保房地产市场健康发展

2013年，全市房地产开发投资在波动中保持快速增长，但作为先行指标的房屋新开工面积增速则持续低位徘徊，增幅为14.5%，同比回落12.4个百分点。在房地产销售市场，自2012年末以来，全市商品房待售面积规模居高

不下，2012年全市商品房销售面积达152.4万平方米，比2011年下降11.0%，待售面积达51.8万平方米，比2011年下降20.0%；2013年全市商品房销售面积达177.9万平方米，比2012年增长16.7%，待售面积达95.1万平方米，比2012年增长83.5%，房源长时间无法销售造成库存增加，同时，后续房地产市场调控政策不确定，市场前景不明朗，加上房地产市场自身存在的问题，房地产开发后期走势仍存在较大不确定性，将影响全市投资的平稳较快增长。

（四）关注技术改造投资

2013年，在全市固定资产投资中，以改建和技术改造为主的内涵效益型投资完成102.4亿元，同比增长14.4%，比去年同期回落29.1个百分点，占全市固定资产投资的比重为12.0%，比去年同期下降1.6个百分点。

四、2014年预期增长目标

2014年我市预期增长目标为：增速保持在25%以上，总量实现1 100亿元。

由于我市投资连续5年保持30%以上高速增长，基数越来越高，部分县市区投资已远超GDP，全市投资也已接近GDP。同时，移民安置、水电开发、基础设施等一批重大项目建设已近尾声，新开工大项目不多，给今年投资和项目工作带来压力。但随着东风公司与沃尔沃合作、南水北调后续工程建设、秦巴山片区扶贫攻坚以及新型城镇化的加快实施，将给十堰发展带来重大机遇。据此判断，我市今年投资高速增长的难度很大，将呈现逐渐回落趋势，但有望在25%–30%区间保持平稳较快增长。

五、主要任务和发展重点

1.深入推进投资体制改革

根据《湖北省政府核准的投资项目目录(2014年本)》,完善我市相关配套制度。进一步清理行政审批权力,落实"三集中、三到位"和"四减五制六公开"制度,实施流程再造,提高服务效率。

2.扎实开展宏观投资管理

加强全市投资运行监测与分析,实施高频率的督办、通报和现场会,做好项目建设服务和协调工作,加强项目建设要素保障,积极争取金融支持,促进投资增长。

3.扎实开展"重大项目建设年"活动

按照"重大项目建设年"活动部署,制定具体活动方案,抓好"重大项目开工周"、"重大项目汇报衔接月"等本地活动的组织和实施,确保"重大项目建设年"活动务求实效。

4.加大资金争取力度

紧紧抓住国家城镇化建设、保障性安居工程、丹江口库区水污染防治和水土保持、秦巴山片区扶贫攻坚等机遇,发挥本地资源优势和项目特色,加大资金政策项目争取力度,力争2014年项目资金再上新台阶。

5.做好项目策划与落地

密切关注中央宏观政策的新动向、新措施,策划一大批符合投向、有利于争取中央、省支持的重大项目。加大项目用地、环评、审批等前期工作协调力度,促进项目早落地。

6.加强项目实施与监管

认真做好保障性安居工程、政法基础设施、楼堂馆所、供水管网、基础设施建设等项目的检查和督办工作,重点做好楼堂馆所清理和整改工作,确保项目按照中央建设要求实施。

六、工作措施

1.扎实开展“五个一批”活动

按照省发改委“重大项目建设年”关于“五个一批”活动部署，以更大力度推进建设一批项目，改造升级一批项目，引进争取一批项目，竣工验收一批项目，谋划储备一批项目。

2.加大项目协调服务力度

以“重大项目建设年”活动为抓手，实施市领导“首席服务官”、委领导“项目包联责任制”等制度，提供资金、用地、规划、审批、环评等优质服务，落实工业企业投资零收费制度，切实解决重点项目建设中的问题，确保重大项目成为投资增长的有力抓手。

3.狠抓项目策划储备工作

在全市开展“双十双百”活动：针对机关科室和委属二级单位实施“双十”活动，即每年策划10个向上争取的项目，策划10个招商引资的项目，力争有30%的项目可在年内立项或纳入明年投资计划。针对各县市区发改局实施“双百”活动，即每年策划100个向上争取的项目，策划100个招商引资的项目，力争有50%左右的项目可在年内立项，有30%的项目可纳入明年国家、省投资计划。

4.提高统计数据质量

按照中央“增长必须是实实在在和没有水分的增长”的新要求，加强部门合作，确保投资统计“应统尽统、统全统实”。

5.加大项目稽查力度

严把项目质量关，加大稽查力度，加强项目监督和管理，确保项目按要求推进。

6.完善年终考评制度

综合考虑各地项目策划、资金争取、重点项目建设、信息宣传、投资完成情况及增幅等工作情况，完善考评指标，变“事后奖励”为“事前激励”，确保各地投资工作后发有力。

宜昌市2013年投资发展报告及2014年展望

宜昌市发展和改革委员会　宜昌市统计局

2013年，宜昌市共完成全社会固定资产投资额2 106.96亿元，同比增长30%。投资总量（不含农户投资）在湖北省省域副中心城市中率先突破2 000亿大关，在全省投资中的比重也超过10%。

一、2013年全市投资运行特征

（一）三大产业中，第三产业项目投资表现“抢眼”，基础设施投资成为宜昌投资另一大重点方向

1.第一产业投资增幅波动较大，已现颓势

2013年，宜昌市第一产业完成投资130亿元，增长速度从年初的下降46.2%，到4月累计增长25.5%后，增速开始逐月下滑，至年末同比上升15.5%。全年波动幅度达到71.7个百分点。

2.第二产业投资比重加大，速度加快

2013年，全市第二产业完成投资1 019.36亿元，增长速度从年初的1.5%提升到28.2%，占全部投资比重从年初的45.3%提高到48.38%。其中工业项目投资增速进一步加快，增长速度从年初的5.7%提升到目前的28.3%，占全部投资比重也从年初的45.1%提高到48.3%。

制造业仍然是工业项目的助推器。虽然年初制造业项目总体增长乏力，

同比增幅仅1.2%,远低于第二产业平均增速。但至年底,制造业完成投资达到875.3亿元,占二产业投资的85.9%;增速提高到33.9%,高于第二产业平均增速5.7个百分点。其中,专用设备制造业、酒、饮料和精制茶制造业和非金属矿物制品业投资绝对额与增长速度都较快,三大行业完成总投资344.8亿元,分别比同期增长1.45倍、1.47倍和40%。

3.基础设施支撑第三产业投资高速增长,宜昌投资硬件环境持续优化完善

今年以来,第三产业项目投资连续7个月增速超过50.0%,占投资比重也是连续4个月居于各产业占比首位。虽增长速度逐步减缓,但仍然高于全市平均增速。2013年,第三产业完成投资957.6亿元,同比增长34.3%,高于全市平均增速4.29个百分点,占全部投资比重45.4%,是拉动全年投资增长的主力军。

从项目行业分类看,基础设施投资有力地支撑了第三产业投资的高速增长,同时也意味着宜昌的投资硬件环境正持续优化完善中。

2013年,基础设施完成投资561.7亿元,同比增长44.2%。分别比全市投资平均增速和三产业投资增速高14个百分点和9.9个百分点。占第三产业投资的比重高达58.7%,占全市投资的比重达26.7%。

从行业分类看基础设施投资力度最大主要集中在两个方向上:①城市基础设施投资,共完成投资201.2亿元,同比增长41.7%;②交通运输、仓储物流和邮政业投资,共完成投资207.9亿元,同比增长57.3%。

(二)项目施工个数增长较快,新开工项目比重增大

2013年,宜昌市共有施工项目2 414个,比去年同期增加140个。其中,市县属项目共有2 368个,比去年同期增加141个。

新开工项目增多，比重大。宜昌市新开工项目达到1 757个，比去年同期增加54个，占本年施工项目的比重为72.8%。其中市县属投资项目1 730个，比去年同期增加59个，占本年施工项目的比重为73.1%。

（三）亿元以上项目拉动投资快速增长，但新开工项目投资力度不够

2013年，宜昌市共有计划投资额过亿元项目862个，比同期增加287个，实际完成投资额1 324.4亿元，同比增长44%。

亿元项目主要集中在“非金属矿物制品业”、“交通运输、仓储和邮政业”、“公共设施管理业”、“房地产业”、“专用设备制造业”。五个行业共有项目345个，比同期增加141个。

2013年，亿元项目投资快速增长的同时，新开工项目投资力度不大，也在一定程度上制约着投资继续快速前行。宜昌市计划投资过亿元项目中新开工项目528个，比同期增加156个，不足全部亿元以上同比增加项目个数的一半。完成投资741.2亿元，同比仅增长8.5%。

分区域看，新开工项目投资分布不平衡。亿元新开工项目主要集中在投资规模较大的东四县，山区县及市区分布较少。东四县亿元新开工项目360个，占新增项目个数的68.2%。

分产业看，亿元项目中新开工项目主要集中在少数行业。非金属矿物制品业、水利、环境和公共设施管理业、交通运输、仓储和邮政业、专用设备制造业和房地产业这五个行业共有项目230个，占新开工项目的43.6%。

二、2014年主要工作目标

紧紧围绕改革、攻坚和重要之年，坚持把投资和项目建设贯穿于经济社会发展各个领域、各个环节，坚持把扩大投资作为一切工作的重中之重，以投

资促市场活力，以投资促创新发展，以投资促改善民生，确保全市全社会固定资产投资完成2 634亿元，增长25%；力争达到2 844亿元，增长35%。

三、主要工作任务

（1）重大项目建设。充分把握时间节点，加快在建项目早投产、新开工项目早开工。全年施工项目力争达到2 800个以上，其中投资亿元以上项目达到1 100个以上；省市重点项目开工率和投资完成率均达到100%。

（2）投资体制改革。认真落实《政府核准的投资项目目录（2013年本）》，切实把取消和下放的企业投资项目核准事项落实到位。尽快出台《宜昌市政府投资项目管理办法》，把政府投资项目管理纳入法制轨道。不断完善专家评议和论证制度，从源头上把好项目投资规模关、效益关。落实好民间投资36条及42项实施细则，营造公平透明的政策环境，促进民间投资增长。

（3）投资结构优化。不断促进产业投资特别是工业投资快速增长，进一步提高工业投资的比重。积极推进服务业集聚区建设，推进服务业发展提速、比重提高、水平提升，实现投资增幅达40%以上。抓紧谋划和实施好一批项目，着力打造“沿江万亿经济走廊”，为打造长江经济带升级版提供强劲支撑。

（4）项目策划储备。抓紧谋划一批带动力强和支撑作用突出的重大项目向上汇报衔接，力争全年争取上级项目资金25亿元以上。谋划储备一批技术领先的先进制造业和战略性新兴产业项目、一批产业结构升级的现代服务业项目、一批“打基础管长远”的重大基础设施项目，不断充实完善省市重大项目库，确保项目库项目总投资保持在3万亿元以上。

四、主要工作措施

（一）抓好投资调度分析

一是抓好投资亿元以上项目的调度，做到一月一统计，一月一分析。二是对全市固定资产投资目标按照35%增幅进行分解，并作为各县市区年终综合目标考核的重要依据。三是坚持以最高的工作效率、最短的工作时间，尽快办理项目审批、核准、用地、环评、林地征用、规划选址、施工设计、开工许可等各种手续，主动指导、帮助项目业主完善开工条件，促进项目尽早开工。

（二）完善项目推进机制

一是坚持把省、市、县三级重点项目全部分解落实到市、县级领导包抓。二是建立市级领导联系重点项目“首席服务官”制度，及时研究解决项目推进中的困难和问题。三是建立一抓到底的“直通车”督查机制，做到重点项目跟踪督办。四是坚持挂牌问责制度，对重点项目完成时限和标准，挂牌公示到项目建设现场，推动项目有效实施。确保列入省市管理的新开工重大项目上半年全部开工；续建项目要9月底前完成当年投资计划。

（三）扎实开展项目年活动

一是制定宜昌市“重大项目建设年”专题活动方案及具体活动计划，明确任务，落实责任。二是切实组织好重大项目开工周、重大项目开工月、重大项目衔接争取月、重大项目单位与金融机构对接会等一系列活动。三是会同市直有关部门督促各地按照“重大项目建设年”专题活动的部署和要求，抓好本地、本部门活动的组织和实施。

（四）提高招商引资质量

一是依托宜昌高新区、宜昌新区、宜昌旅游新区和三峡枢纽港四大投资平台，大力开展招商引资，确保今年的招商引资额不低于去年。二是注意引进一批重大产业项目，促进产业投资特别是工业投资快速增长。今年每个县市区都要明确1~2个投资100亿元、50亿元以上在谈的重大项目信息源，力争今年各地都有1~2个投资10亿元以上重大项目签约落地。

（五）强化要素服务保障

一是加强银政企对接，建立合作联席会议制度，引导银行信贷资金向重点项目倾斜，解决项目资金来源不足的问题。二是积极主动向省争取指标，积极开展低丘缓坡土地综合开发利用，工矿废弃地垦复调整试点，城乡建设用地增减挂钩试点，解决供地难的问题。三是组织强有力的专门力量开展征地拆迁，解决征地拆迁矛盾突出的问题。

（六）做好投资统计工作

一是及早研究国家统计制度由现行的"项目统计"向"法人统计"转变及由"形象进度法"向"财务支出法"转变带来的影响，做好提前预判，避免因统计方式改变造成工作的被动。二是督促各相关部门主动上门服务，帮助项目单位尽快办齐各种前期手续，达到统计申报要求，确保已有投资的项目做到"应统尽统、统全统实"。

襄阳市2013年投资发展报告及2014年展望

襄阳市发展和改革委员会　襄阳市统计局

2013年，襄阳市狠抓招商引资和项目落实，全年固定资产投资保持快速增长，投资总量突破2 000亿大关，为全市经济社会又好又快发展增添了后劲。

一、投资结构及特点

（一）投资为经济发展增添后劲

2013年，全市完成全社会固定资产投资2 086.6亿元，同比增长30.4%，全社会投资总量居全省第三位，增幅居全省第二位，其中，500万元以上项目完成投资1 696.6亿元，同比增长25.5%，房地产开发投资完成301.9亿元，同比增长62.2%。全市固定资产投资占全省投资的比重为10.05%，同比提高0.36个百分点。投资规模不断扩大，为全市经济增长增添了发展后劲，2013年全市实现地区生产总值为2 814亿元，同比增长11.4 %，全市投资贡献率达74.1%，投资仍然是拉动全市经济增长的重要因素。

（二）制造业投资仍占据主体地位

2013年，全市完成工业投资1 043.7亿元，同比增长23.2%，其中，制造业投资完成990.3亿元，同比增长27.7%，制造业投资占工业投资的比重94.9%，占全社会固定资产投资的比重47.5%。从细分行业投资情况看，农副产品加工业完成投资124.2亿元，同比增长76.7%，纺织业完成投资100.2亿元，同比增长46.4%，化学原料及化学制品制造业完成投资74.9亿元，同比增长13.9%，电气机械和器材制造业完成投资86.1亿元，同比增长45%，计算机、通信和其他电子设备制造业完成投资53.6亿元，同比增长73.4%。一大批工业项目竣工投产，形成了生产能力，为调整和优化工业结构奠定了基础，如：襄阳汽车轴承集团公司投资28亿元的三环襄轴工业园项目、湖北同济堂医药科技有限公司投资30亿元的新建项目、襄阳领航者精密机械加工公司投资10亿元的精密加工项目、楚凯冶金有限公司投资10亿元的再生资源回收利用项目等，这些项目的建设将为全市工业经济发展注入新的活力。

（三）第三产业投资迅猛增长

2013年，全市第一产业完成投资52.9亿元，同比下降5.0%，第二产业完成投资1 044.41亿元，同比增长23.2%，全市第三产业投资完成901.3亿元，同比增长41.9%，第三产业投资总量占固定资产投资的比重为43.2%，第三产业投资占比重同比提高3.5个百分点。从行业投资情况看，投资增长较快的行业有住宿和餐饮业完成投资25.6亿元，同比增长79.5%，信息传输、软件和信息技术服务业完成投资3.6亿元，同比增长112.3%，房地产业（含房地产开发投资）完成投资414.8亿元，同比增长78.2%，文化、体育和娱乐业完成投资22.2亿元，同比增长103.8%。从项目建设情况看，东津大桥、卧龙大桥、唐白河大桥、胜利街立交桥建成通车，襄州五洲国际商贸城有限公司投资85亿元的五洲国际博览城项目、湖北奥星粮油工业有限公司投资50亿元的奥星农产品加工物流项目等一批现代物流项目正在积极推进。第三产业投资的快速增长，基础设施建设得到加强，提高了城市承载能力，改善了居民生活环境和条件。

(四)民间投资力度加大

2013年,全市民间投资完成1 612.7亿元,同比增长37.1%,民间投资总量占全社会固定资产投资的比重为77.3%,民间投资占比重同比提高3.8个百分点,民间投资拉动全市固定资产投资增长27.3个百分点,其中,食品制造业完成投资37.8亿元,同比增长143.2%,橡胶和塑料制品业完成投资20.2亿元,同比增长106.3%,文化、体育和娱乐业完成投资20.5亿元,同比增长136.8%,水利、环境和公共设施管理业完成投资49.4亿元,同比增长70.4%。

(五)重点项目进展顺利

2013年,全市开工投资项目2 008个,同比增加153个,增长8.2%,亿元以上投资项目为899个,同比增加270个,增长42.9%,亿元以上项目完成投资1 388.4亿元,同比增长36.8%。全市10亿元以上项目98个,完成投资392.4亿元,全市50亿元以上项目9个,完成投资51亿元。全市182个省、市重点项目完成投资638.6亿元,占年度计划总投资的比重为90.9%。楚凯再生资源循环利用项目、天润—东莞工业园项目等一批重点项目超额完成年度计划投资,骨干项目建设进展顺利,为全市投资快速增长起到了较强支撑作用。

二、存在的主要问题

(一)中央省属投资减少

2013年,中央、省属项目累计完成投资38.02亿元,同比下降43.8%,投资总量占全社会固定资产投资的比重为1.8%。

(二)新开工项目不足

2013年,全市新开工投资项目1 338个,同比减少25个,下降1.8%,新开工项目完成投资962.1亿元,同比增长13.2%,新开工项目完成投资增幅比全市投资增幅低17.2个百分点。

三、襄阳市2014年投资预期目标

2014年，全市投资按照做大总量、做优结构、做强质量、做宽渠道的总体要求，保持投资持续较快增长，全年全社会投资预期目标增长25%，完成投资2 600亿元；工作目标增长30%，完成投资2 700亿元。

四、主要任务和发展重点

2014年，继续以强化投资拉动经济增量提质，努力实现预期投资目标，着力抓好以下重点工作：

（一）着力提高招商引资质量

进一步创新招商引资方式，深入推进专业招商、产业链招商，培育壮大产业集群；大力引进跨国公司地区总部、财务公司、研发中心等功能性机构，积极引进新兴服务产业。力争全年招商引资到位资金突破1 450亿元，引进投资过5亿元的项目100个、过10亿元的65个、过50亿元的10个、过100亿元的5个。

（二）强力推进项目建设提速增效

全年实施900个亿元以上项目，投资过100亿元、50亿元的项目分别达到10个、15个，力争有200个亿元以上项目竣工。突出抓好英菲尼迪国产化、东风零部件产业园、东风井关农机装备产业园、际华襄阳纺织工业园等525个亿元以上工业项目建设，力争有170个项目竣工投产，工业投资占全市固定资产投资的比重达到60%以上。加快区域性综合交通枢纽建设，确保襄阳机场新航站楼主体工程开工、停机坪扩建完工，争取蒙西至华中铁路煤运通道和武襄十城际铁路襄阳段开工，促进谷竹高速襄阳段建成通车，续建新建15条一、二级公路，加快建设襄阳新港，扎实做好郑万高铁、雅口航运枢纽等一批重大项目前期工作。加快重大能源项目建设，开工建设新集水电、大唐热电、华润安能热电等项目，加快华电三期、老河口电厂等项目前期工作。

（三）全力争取国家政策和投资支持

抢抓国家推进重点领域改革的重大机遇，力争一批改革试点落户襄阳先行先试；抢抓国家建设长江经济带的机遇，争取将汉江经济带融入其中；抢抓国家支持军民融合发展的机遇，依托国家军民结合产业基地，争取军工企业总部将更多的项目布局襄阳；抢抓国家投资政策调整的机遇，积极策划争取一批国家和省投资项目，努力在争取外国政府贷款上实现更大突破。

五、工作措施

（一）强化组织领导

一是按照全省拟开展的“重大项目建设突破年”活动统一部署，在全市开展“重大项目建设建设年”活动，成立市级层面领导小组，高位推进投资和项目建设。二是继续实施重点项目领导包保责任制和项目秘书制。每个重点项目都要配备一名包保领导和一名项目秘书，为项目建设提供全方位、全过程的服务，帮助企业解决项目落地和建设过程中遇到的困难和问题。三是分层组织重点项目推进。市“四大家”领导主要包保市直、跨区域重点项目，各县（市、区）的重点项目由县（市、区）领导和项目秘书包保协调，形成重点项目组织协调工作的全覆盖。

（二）强化推进机制

一是继续实施重大项目投资路线图管理。全市900个亿元项目都要下达投资路线图，明确时间节点，加快项目建设。二是实行重点项目大督查制。由市委督查室、市政府政务督查室、市发改委、市经信委等多部门组成重点项目建设联合督办小组，实行联合检查，现场督办重点项目进度，对推进不力、进展缓慢的项目及时进行通报，督促整改。三是实行重大项目集中开、竣工制。确保实现项目建设推进一批、开工一批、竣工一批、投产一批。

（三）强化服务保障

一是加强资金保障。加大银企对接力度，吸引各类金融机构投资。二是加强土地保障。加大城乡建设用地增减挂钩、低丘缓坡荒滩开发利用、城镇低效用地再开发试点政策争取力度，最大限度盘活存量、用好增量，努力为重大项目落地创造有利条件。三是加强环境保障。创新政务服务体系，推进行政审批改革，进一步落实“六零新政”，实行投资主体“零限制”、名称登记“零门槛”、注册资本“零首付”、经营范围“零束缚”、注册登记“零收费”、审批发照“零障碍”，放手发展市场主体，激活创业投资和民间投资，为实现投资项目“铺天盖地”创造良好环境。

鄂州市2013年投资发展报告及2014年展望

鄂州市发展和改革委员会　鄂州市统计局

2013年，面对复杂多变的国际国内经济形势和经济下行压力加大的宏观环境，在市委、市政府的正确领导下，全市上下抢抓机遇，坚持抓固定资产投资和项目建设，始终把项目建设作为总揽经济工作全局的重大抓手，危中求机，难中求进，保持了全市经济总体平稳较快的发展态势。

一、全年固定资产投资运行特点

（一）投资持续平稳增长，增势明显回落

2013年全市500万元及以上固定资产投资完成567.2亿元，同比增长28.1%，增幅高于全省2.3个百分点。但与去年同期相比，增势明显回落6.5个百分点。

（二）三次产业结构更加优化，第一产业增速较快

2013年，全市第一产业完成投资10.3亿元，同比增长83.2%；第二产业完成投资289.4亿元，增长38.9%；第三产业完成投资267.5亿元，增长16.9%。第一产业占全市固定资产投资的比重为1.8%，比上年同期上升0.5%；第二产业占全市固定资产投资的比重为51.0%，比去年同期上升4.7个百分点；第三产业占全市固定资产投资的比重为47.2%，比上年同期下降3.6个百分点。第二产业依然是固定资产投资的主力，投资结构呈现良性变化。

(三)采矿业投资下降,制造业发展态势强劲

近年来,鄂州不断调整招商引资策略,逐步形成了“食品加工、冶金建材、机电制造、纺织服装、医药化工”五大支柱产业格局。2013年,制造业共完成256.9亿元,同比增长36.3%。其中,食品加工制造业完成1.9亿元,同比增长60.2%;冶金建材制造业完成60.4亿元,同比增长29.1%;机电制造业完成46.3亿元,同比增长26.2 %。2013年,受国家宏观调控影响,采矿业完成投资24.9亿元,同比下降46.1%。

(四)基础设施投资强筋骨,物流业投资高位运行

建设宜居宜业的组群式大城市,鄂州市进一步加大工业园区和涉及民生的基础设施投资大幅增长。2013年全市共完成基础设施投资95.4亿元,同比增长33.8%。其中:电力投资完成5.3亿元,同比增长81.6 %,交通运输、仓储和邮政业完成投资58.7亿元,同比增长29.7%。其中:仓储业完成投资达21.6亿元,同比增长2.2倍,占交通运输、仓储和邮政业完成投资的36.8%。

(五)民间投资异常活跃,投资质量明显提升

主要表现在两个方面:一是增长贡献率提高。2013年,全市民间投资完成479.0亿元,同比增长48.3%,高于全市投资增幅20.2个百分点,占全市的比重达84.8 %,同比提高12个百分点,对全市固定资产投资的贡献率为77.9%,拉动全市固定资产投资增长51个百分点。2013年,全市外资、港澳台投资完成0.7亿元,同比增长87.2%。二是民间投资、外资港澳台投资主要向工业和旅游业及商贸物流业集中。

(六)施工项目个数增加,亿元项目占比提高

2013年全市施工项目个数达384个,其中:亿元项目233个,同比增长34.7%,新开工亿元项目个数达136个,同比增长11.5 %。2013年亿元项目投

资完成493.5亿元，比去年同期增长41.5%，增速比全市项目投资增速高13.4个百分点。亿元项目占项目投资的比重为86.3%，比上年同期提高8.8个百分点，亿元项目增速快，比重高，持续带动作用增强。

二、投资增长的主要因素

（一）调整结构初见成效

2013年我市在葛店开发区规划建设18平方千米的“中部电子商务基地”，成功引进了亚马逊、普洛斯、唯品会、苏宁易购、当当网等国内外知名电商企业。进一步加大了服务业比重。工业全年实施技改项目124项、完成技改投资42.6亿元，实施省级以上科技项目41项，高新技术产业增加值完成89.5亿元，占GDP的比重14.2%。

（二）招商引资后劲增强

全年新签约亿元以上项目105个，招商引资到位资金361亿元，增长41%。南山集团葛店临港新城、南都新能源、中海油LNG等一批重大项目签约。组织开展重大项目建设年活动，全年完成固定资产投资567.2亿元，增长28.1%。波尔亚太三期、顾地总部基地等52个重点工业项目竣工投产。特别是我们争取多年的鄂州电厂三期取得重大进展，投资74亿元的两台100万千瓦超超临界机组即将动工，这是近年来我市投资最大的单体工业项目。

（三）大力推进新型城镇化

新区开放开发取得新的突破，南山集团与葛店临港新城、中核集团与鄂城新区、鄂旅投与红莲湖新区、中交投与三江港新区签订了战略合作协议；梧桐湖新城44平方千米建设全面铺开，今年可完成投资30亿元；鄂州开发区、花湖开发区也正在与大型投资集团洽谈合作开发。全市新型城镇化多点支撑的发展格局基本形成。梁子湖区被列为全国生态文明建设试点,500平方千米范围全面退出一般工业。我市被列入国家第一批水生态文明建设试点城市。

(四)"五城同创"带来新变化

2013年主城区实施重点基础设施项目34个,完成市政基础设施投资14.3亿元,再创历史新高。实施了鄂州大道南互通、洋澜湖综合治理、火车站广场、江碧路改造、背街小巷改造、寒溪生态广场、主次干道亮化绿化等重点工程。加快重点交通基础设施建设,武鄂黄城际铁路建成即将通车,三江港铁路综合货场、吴楚大道、黄鄂高速等工程进展顺利。

(五)全方位推进城乡一体化

农村生产实现"十年增"加大农村基础设施建设投入,实施河道整治、水库整险加固、国土整治、中小河流治理等工程,投入资金超历史,农村生产生活条件大为改善。战胜"砣子雨"、伏旱等自然灾害,粮食总产量36万吨,实现了"十连增"。新建生态农业示范基地56个,新增省级龙头企业4家、农民专业合作社113家、家庭农场210户。

三、当前投资运行中存在的问题

(一)工业投资项目个数减少,中省投资明显下降

今年全市工业投资项目217个,同比下降0.5 %。2013年中省投资项目只有7个,同比下降30.0%,中省投资完成8亿元,同比下降2.8 %。最近几年,中省完成投资额呈现逐年下滑趋势,2011、2012、2013年完成投资额分别为3.4亿元,8.23亿元和8.0亿元。

(二)部分项目用地供应紧张,项目开工进度较慢

目前全市168个市级重点项目中,仍有24个项目未开工建设,项目开工

率为85.7%。随着国家进一步严管土地闸门，提高征地补偿标准，项目用地难度加大，成本上升，部分项目推进难度加大，同时项目也因融资难的问题，使建设周期不断拉长，一些项目因配套资金不到位和企业贷款难落实，仅靠企业自筹资金建设，致使工程进度慢，难以按计划有效推进。

（三）业态重合竞争激烈

2010年前后，武汉东国际家居建材博览城、意邦环球商业广场和豪威城市广场先后通过招商引资引进我市，项目体量都很大，且都规划建设大面积家居建材专业市场。三个项目建成后，加上改建后的飞鹅建材市场、宜安居家居建材广场，届时我市家居建材市场面积将超过67万平方米，市场间竞争态势将异常激烈。曼晶国际广场2010年进入我市前，曾请专业调研公司对我市商业地产进行调研，调研结论是我市最多容纳2个与该项目相同规模、档次的星级酒店。公司听说该项目周边将建设数个星级酒店，担心对酒店开业后的运营产生不利影响。

四、2014年预期增长目标

2014年鄂州市全社会固定资产投资计划目标697亿元，增长22%；工作目标达到715亿元，增长25%。

五、主要任务和发展重点

2014年坚持项目建设升级，实施“三个两百”工程，即：2014年续建和新开工亿元以上项目200个，年度计划投资预计406亿元；力争前期推进和招商引资亿元以上项目230个，总投资2 556亿元；争取中省投资项目226个。

2014年实施市级重点项目中，先进制造业项目96个，年计划投资149.3亿元；现代服务业项目35个，年计划投资126.8亿元；基础设施项目46个，年计划投资91.1亿元；农业水利项目6个，年计划投资7亿元；节能减排及生态环境项目10个，年计划投资20.5亿元；社会发展项目7个，年计划投资11.8亿元。

六、工作措施

1.坚持大项目推进

一是集中精力策划项目。更新完善和动态管理项目库，加大可行性论证力度，着力抓好总投资达6 326亿元、803个项目的前期工作，形成“策划一批、推进一批、实施一批、建成一批”的项目梯次接续格局。二是齐心协力申报项目。围绕国家政策和投向，积极申报一批产业关联性强、基础建设条件成熟的项目，争取鄂州电厂三期等项目尽快核准，全域鄂州污水处理等资金进一步落实。三是突出重点加快项目落地。确保总投资60亿元的湖北装备制造产业园、投资60亿元的华以康功能食品项目、投资70亿元的创新国际潮团商贸中心等项目尽快落地开工。四是全力以赴推进项目进度。继续推进“三个两百项目”建设，确保市级重点项目年度投资计划超过410亿元。加快唯品会、宁兴特钢等在建项目进度，确保尽快竣工投产；加快推进梁子湖100兆瓦光伏发电、南都电源等项目进度，确保尽快开工建设。

2.坚持大产业构建

一是推进工业提档升级。加快传统支柱产业改造升级，力争2014年完成技改投资65亿元。设立战略性新兴产业发展基金，扶持镁锂镁镁合金、人福辅料等项目做大做强，支持华威科射频识别系统（RFID）、红莲湖数码城等项目发展壮大。二是推进现代服务业跨越发展。大力推进东湖高新创意产业城、梁子湖水生态展示馆、光谷联合科技城、豪威城市广场等重大在建项目，加快蟠龙大市场三期、碧桂园假日半岛酒店等进度。三是推进传统农业升级。在环梁子湖区域、环南迹湖区域大力推进生态农业。今年，设立生态农业发展基金，筹资1亿元着重对100个生态农业基地进行奖励。

3.坚持大平台建设

一是推进沿江滨湖新区开放开发。力争新区建设取得明显进展，确保7个新区产业园区及基础建设预计完成投资236亿元。二是构建综合交通体系。确保武鄂黄、武鄂冈城际铁路、鄂州火车站、鄂州北站等四大铁路工程2014年全面完工。加快推进吴楚大道西段、鄂州南互通等进度，力争主城区客运枢纽站、三六（三江港—六十）快速通道、316国道改道（重载车专用通道）、葛山大道改扩建等启动实施，争取鄂咸高速、杜山通用机场等前期工作取得实质性进展。三是推进基础设施六网建设。大力推进全市域路网、供排水网、污水管网、电网、天然气管网、信息网和垃圾处理设施建设，力争全年完成基础设施投资100亿元。四是推进社会领域基础设施建设。加快武汉工程大学邮电与信息工程学院、城南幼儿园等建设，推进市中心医院改扩建、基本养老服务体系、残疾人托养服务中心等项目建设。

4.坚持大改革试点

一是全力启动生态文明先行示范区创建。以创建全国生态文明先行示范区为契机，力争低碳村湾示范、梁子湖岸线生态缓冲带、三边绿化等项目启动实施。大力推进节能环保产业，引进环保公司实施鄂州全域污水全收集全处理项目；大力实施水环境整治，加快梁子湖入江第二通道、东洋澜湖生态修复等项目建设；推动钢清洁生产、低碳生产，推进鄂州电厂1、2号机组烟气脱硝、武钢球团厂烟气脱硫工程等项目建设。二是全力推进新能源示范市建设。抓住获批国家新能源示范城市机遇，全力推进生物质能利用和太阳能利用工程，力争峒山蓝焰生物质能尽快投产，推进赛维光伏发电、蟠龙和顾地总部基地分布式光伏发电等项目建设。尽快启动中海油湖北LNG、富地LNG船用加气项目建设和中海油CNG或LNG加气站，加快清洁能源产业基地建设步伐。

荆门市2013年投资发展报告及2014年展望

荆门市发展和改革委员会　荆门市统计局

2013年，面对全国经济增长放缓的大环境，荆门市深入开展“项目建设年”活动，积极推进“项目建设百日大会战”，抓项目、建新城、惠民生，固定资产投资呈现出“运行平稳，结构优化”的良好态势。同时，也存在新开工项目个数、规模增长不快，投资增长基础不牢固等问题。

一、固定资产投资运行情况

荆门市全社会固定资产投资1 014.64亿元，较上年增长27.7%。其中固定资产投资（月报口径，不含农户投资）978.5亿元，较上年增长28.5%，增幅高于全国8.9个百分点、全省2.7个百分点，居全省第12位。

（一）固定资产投资保持平稳增长，但增速下行趋势明显

2013年，荆门市固定资产投资虽较上年增长28.5%，但较上年增速回落4个百分点。从走势看，全市投资增幅与全国、全省态势一致，均逐步下行，荆门市固定资产投资增幅由年初34.9%回落到28.5%，投资增速下行趋势明显。

（二）投资规模扩大，亿元项目增多、支撑作用增强

2013年，荆门市在建项目计划总投资2 062.81亿元，增长33.6%；在建项目的平均投资规模由2012年的0.81亿元/个上升为0.96亿元/个，平均每个项目提高0.15亿元。在建项目中，亿元以上项目407个，比上年增加141个；在

建亿元项目计划总投资1 225.3亿元,亿元项目平均投资规模为3.01亿元/个;在建亿元项目完成投资438.81亿元,比上年增长42%,占全市固定资产投资的比重为44.8%,占比较上年提高4.2个百分点,拉动全市投资增长17.1个百分点。

(三)基础设施投资力度继续加大,切实改善民生

2013年,荆门市基础设施建设共完成投资228.12亿元,同比增长35.9%,占全市投资的比重为23.3%。其中电力、燃气及水生产和供应业、教育、卫生和社会工作、文化、体育和娱乐业完成投资比上年分别增长61.9%、112.9%、81%和109.6%,增势强劲。华能热电联产、荆漳一级公路、农谷大道、漳河湿地公园、一医南院等一批大项目正抓紧建设中。

(四)民间投资活跃,对投资增长贡献大

荆门市完成民间投资754.88亿元,增长31.8%,高出全市平均水平3.3个百分点,占全市投资的比重为77.1%,对全市投资增长的贡献率为83.8%,民间投资成为全市投资增长的主要支撑力量。国家促进民间资本投资的各项政策出台,推动了民间资本向基础设施行业和服务业增加投入。民间投资中,电力、燃气及水生产和供应业比上年增长2.27倍,水利、环境和公共设施管理业比上年增长33.6%,租赁和商务服务业比上年增长1.5倍,居民服务和其他服务业比上年增长3.6倍。

(五)房地产开发投资增速加快,市场供需两旺

2013年,房地产投资增幅低开高走,自5月始开始持续上扬,5月至12月全市房地产开发投资增幅分别为4.4%、11.8%、17.8%、25.9%、31.1%、33.5%、35.3%、36.5%,房地产开发投资增长呈现逐月加快态势。全年房地产开发完成投资87.79亿元,新开工房地产项目65个,较上年增加11个。房屋施工面

积1 182.57万平方米，比上年增长19.8%；竣工面积170.02万平方米，比上年下降25.9%；商品房销售面积195.47万平方米，比上年增长66.6%，其中，住宅销售面积178.46万平方米，比上年增长68.3%；商品房销售额68.86亿元，比上年增长63.4%，其中，住宅销售额60.9亿元，比上年增长66.5%。

（六）投产项目增多，项目效益显现

2013年，荆门市投产项目1 668个，较上年增加278个，增长20%。投产项目新增固定资产723.85亿元，较上年增长31.5%。投资8亿元的华尔靓大酒店、投资10亿元的明达LOWE玻璃生产、投资8亿元的龙池粮油仓储、投资20亿元的鑫港国际物流园一期工程等大项目在本年竣工投产。荆门市新增主要产能有：原煤开采66.1万吨/年、氮肥4.8万吨/年、磷肥7.75万吨/年、棉纺锭17.5万锭/年、新建及改建公路687.72千米、输电线长度（110kV以上）69.9千米。

二、2014年投资展望

结合2013年全市固定资产投资总体走势和当前宏观经济环境判断，固定资产投资面临机遇与挑战并存的复杂环境，但只要我们充分利用有利条件，努力采取有效措施应对不利因素的影响，2014年全市固定资产投资仍可望处于平稳增长的态势。

（一）2014年投资增长有利条件

一是国家宏观政策稳中求进，投资仍是稳增长的重要手段。国家鼓励民间资本进入重大基础设施、新兴科技、文化产业，投资内生动力不断增强，固定资产投资增长面临新机遇。

二是荆门市社会经济正进入大发展阶段。近年来，政府倡导的保护生态环境、基础设施完善、新区建设、棚户区改造等需求旺盛，为投资增长提供了充足的项目支撑，投资增长潜力深厚。

三是续建项目是开年投资增长的有力支撑。2014年，荆门市续建项目487个，剩余投资694.3亿元，较上年增加166.54亿元，增长31.6%。

（二）2014年投资增长不利因素

一是工业投资增速放缓。2013年，荆门市完成工业投资495.59亿元，同比增长24.9%，占全市投资的比重为50.6%。受国内经济放缓、节能环保和结构调整的影响，工业投资自2012年5月始，连续20个月增幅低于全市投资平均水平。其中，作为主体的制造业完成投资435.99亿元，同比增长23.3%。部分行业投资下降，纺织服装、服饰业比上年下降15.1%，造纸和纸制品业比上年下降7%，石油加工业比上年下降16.1%，有色金属冶炼及压延加工比上年下降28.4%。

二是新开工项目个数、规模增幅不大，投资增长乏力。荆门市新开工项目1 651个，同比增长7.1%，较全市项目个数增幅（13.4%）低6.3个百分点。新开工项目计划总投资978.16亿元，同比增长6.3%，较全市在建项目计划总投资增幅（33.6%）低27.3个百分点；新开工项目平均规模为0.59亿元/个，较全市在建项目平均规模（0.96亿元/个）低0.37亿元。新开工项目个数增长不快、规模偏小将会影响来年投资增长。

三是投资基数不断抬高，增加了投资增长的难度。2013年，全社会固定资产投资总量破千亿，固定资产投资总量近千亿，若2014年全社会固定资产投资继续保持30%左右的投资增速，总量将净增304亿元，相当于2009年全年投资总量。投资基数的不断扩大，客观上增加了投资增长的难度。

（三）2014年增长目标预测

2014年全社会固定资产投资计划目标增长25%，完成投资1 268亿元，工作目标增长30%，完成投资1 318亿元。全年开工建设亿元以上项目500个，完成投资650亿元，其中新开工亿元以上项目220个，完成投资300亿元。

三、主要任务和发展重点

（1）不断扩大投资总量，抓好省、市重点项目、亿元以上项目、市领导包联项目、市直部门包联项目建设。

（2）推进“中国农谷”建设，加强规划实施，加快核心区建设步伐。

（3）推进柴湖振兴发展，加快柴湖经济开发区建设，加大基础设施建设力度，推动一批重大项目在柴湖落地建设。

（4）加大工业园区和新区建设投资力度，进一步加强基础设施建设力度，提高平台承载能力，促使一批重大项目开工建设。

（5）推动投资结构调整，促使投资向重大基础设施项目、高新技术产业项目、新兴产业项目、生态环境和循环经济项目、重大民生项目倾斜，促进服务业项目的发展。大力促进民间投资，增强投资内生动力。

（6）加强重大项目策划和储备，力争储备规模达到力争年度项目库规模达到14 000亿元以上，不断提高储备项目转化率。

（7）加强重大项目和资金争取，确保一批重大前期项目和事项通过国家审批，取得实质进展。争取资金总量进一步增长，在全省份额不降。

（8）实施好中央、省预算内投资项目，加大项目监管和稽查力度，确保顺利通过国家、省检查。

（9）加大城市基础设施建设力度，加大投资力度，组织实施好重大项目。

（10）推进保障性住房建设，组织实施好城市棚户区改造项目。

四、工作措施

一是着力抓好重大项目包联。落实项目建设目标责任制，明确重大项目“上领导、下基层”包联责任，继续实行重大项目市领导包联、城区重点项目市直部门包联、重点亿元项目县(市、区)领导包联制度，进一步明确重点项目建设目标、工作责任、完成时限，帮助企业解决项目建设中存在的问题。进一步完善综合部门靠前督、督查机构重点督、效能监察问责督的三级督办机制。定期督办市领导包联项目，每月督办市直部门包联重点项目，在督办基础上，分部门、分类别、分层次印发督办通知单，扎实推动重点项目顺利实施。

二是扎实开展项目建设大竞赛。在县(市、区)、开发区、园区中开展“五看五比”(看投资总量，比投资强度；看基础放线，比开工个数；看施工合同，比工程进度；看工程验收，比项目竣工；看项目投产，比生产效益)、“一对一”挑战赛和冠军擂台赛，每月对各地项目建设情况进行测评，通报并公示结果，强化赶超进位、竞相发展的氛围。

三是积极推动项目集中开工。2月份在全市组织重大项目集中开工，督促各地加大力度抢进度，克服春节带来的停工影响，确保实现项目建设“开门红”。8月份开展“重大项目开工月”活动，集中推进一批重大项目开工，掀起项目建设高潮。

四是积极开展项目提速活动。按照全市“效能风暴”活动的总体部署，全面开展项目提速活动，通过落实责任、督办协调、业主评议、专项稽查等措施，重点整治引进项目质量不高的问题、项目包联责任落实不到位的问题、项目建设环境不优化的问题、中央投资项目和政府投资项目不规范的问题。3月份、6月份、9月份分别集中开展项目建设环境整治专项活动，同时不定期进行明察暗访,重点查找各种不作为、乱作为影响项目建设的行为,及时通报活动开展情况和明察暗访情况,对发现问题的整改落实情况进行跟踪督办,改善项目建设环境。每季度开展一次“项目业主评部门”活动,选择100家左右的项目业主对部门和公共服务行业服务情况进行评议,评议结果进行公示。充分发挥项目业主的参与和监督作用,及时发现和有针对性地解决机关和公共服务行业服务经济、促进发展、务实勤政等方面存在的问题,优化全市项目建设和经济发展环境。

五是全力开展招商引资大竞赛。着眼以招商引资推动项目建设,通过擂台竞赛,招大引强,全市动员,整体联动,上下共为,确保全年招商引资目标的完成,掀起新一轮招商引资高潮,为全市经济发展夯实基础,增强后劲。2014年力争引进亿元以上项目280个,利用市外境内资金突破1 100亿元;利用外资总额突破3亿美元。

六是切实加强重大项目衔接争取。3月和8月在全市开展“重大项目衔接争取月”活动,积极“跑省进京”争取中央、省投资,确保全年争取项目和资金支持力度不减、争取份额不降,确保一批事关全市经济社会发展全局的重大基础设施项目、产业升级项目、高新技术项目、环境资源保护项目和民生保障项目前期工作取得实质性进展。

七是着力抓好项目策划储备。从3月至7月,在全市范围开展项目策划包装活动,加大策划包装力度,提高项目质量,提升项目申报“命中率”,实现项目策划、储备、申报、建设不断档。加强项目库建设,按照规划项目化、项目政策化、政策资金化的总体要求,围绕中国农谷建设和柴湖振兴发展,突出基础设施、产业发展、民生保障、生态环保等重点方向,高水平谋划一批投资规模大、带动力强、切实可行的项目,力争年度项目库规模达到14 500亿元以上。努力提高储备项目转化率,不断扩大储备项目流转规模,促进储备项目向建设项目转化,确保在建项目、前期项目和策划项目之间每年按1 500亿元的规模流转。

八是严格中央投资项目和政府投资项目管理。制定全市中央投资项目和政府投资项目稽查计划,发改、财政、审计等部门抽调专人,组建专班,在全市范围内开展常态化稽查。各行业主管部门加强对本行业中央投资项目和政府投资项目的监管,指导项目单位规范项目申报、实施、验收等各个环节,进一步加强资金管理,确保全市中央投资项目和政府投资项目有序推进。

孝感市2013年投资发展报告及2014年展望

孝感市发展和改革委员会　孝感市统计局

2013年，面对宏观经济下行等复杂严峻局面，孝感市委、市政府紧紧依靠全市人民，以党的十八大和十八届三中全会精神为指导，按照“竞进提质、效速兼取”的总要求，围绕推进“五个跨越”、建设“五个城市”，提前谋划、重点调度、完善机制、狠抓落实，为投资平稳增长提供动力支撑；同时加大项目建设力度，强力推进事关孝感发展全局的百个重大项目建设，全市重大项目拉动固定资产投资首次突破千亿大关。

一、投资运行基本概况

2013年，全市完成固定资产投资（不含农户）总量首次突破千亿达1 215.35亿元，同比增长29.3%。从项目隶属关系看，中省属项目完成投资53.09亿元，增长184.3%；地方项目完成投资1 162.26亿元，增长26.1%。从项目规模看，全市3 000万以上项目788个，同比增长38.7%，亿元以上项目412个，同比增长30.8%，10亿元以上项目33个，同比增长73.7%；分登记注册类型看，内资企业投资1 063.07亿元，同比增长29.5%；港澳台商投资2.28亿元，增长259.4%；外商投资2.35亿元，增长54.4%。

二、2013年的投资运行特征

(一)投资结构逐步优化,投资趋向实体领域

全年第一产业完成投资33.58亿元,同比下降28.4%;第二产业完成投资674.98亿元,增长24.1%;第三产业完成投资506.79亿元,增长45.4%。三次产业投资中,从投资总额看以总投资73亿的汉川电厂三期工程为代表的第二产业占比55.5%,高于第三产业13.8个百分点,依然是固定资产投资的主战场;以总投资79.5亿元的凤凰天仙文化旅游开发项目为代表的第三产业投资增幅高于同期固定资产投资15.8个百分点,拉动投资增长16.7个百分点。2013年,建安投资完成722.20亿元,同比增长34.2%,高于同期固定资产社会投资4.9个百分点;占比59.4%,比上年同期提高2.2%。改建和技术改造类投资完成449.66亿元,占工业投资的比重比上年提高了1.7个百分点。

(二)大项目支撑作用显著,亿元新开工项目增速较快

全市项目投资1 104.22亿元,同比增长27.6%。凤凰天仙文化旅游、丹阳古镇等旅游开发项目,汉川电厂三期、安陆宝迪血浆血球蛋白粉生产线等工业项目,高新区、临空区路网基础设施项目等民生项目等等,一大批重大项目建设支撑全市投资实现较快增长。3 000万元以上大项目完成投资842.85亿元,同比增长54.1%,高于同项目投资增速26.5个百分点。在3 000万元以上大项目中,亿元以上项目完成投资677.79亿元,同比增长54.9%;其中新开工项目完成407.47亿元,同比增长47.0%,高于同期新开工项目投资增长23.2个百分点,对全市3 000万元以上项目贡献率达44.0%,拉动大项目投资增长23.8个百分点。

(三)房地产投资明显高于上年同期,民生领域投资增势迅猛

全市房地产投资完成111.13亿元,增长48.3%,高于同期投资19.0个百分点。全市房地产投资增速自年初(7.3%)低位调整后,从3月份开始呈恢复

高增长趋势明显,已连续7个月高于40%,且全年明显高于上年同期水平。全年民生领域投资增势较为迅猛。交通运输业项目投资完成48.81亿元,同比增长132.5%,其中以汉川荷沙一级公路复线、应城南区四纵二横建设工程、孝南新港大道改造和大悟县高店乡至刘集镇公路建设项目为代表的道路运输业完成投资36.84亿元,同比增长141.5%。以槐荫公园二期、孝感北站站前广场建设项目、大悟五岳山风电场二期工程为代表的基础设施投资完成289.04亿元,同比增长67.0%,其中以中燃清洁能源LNG一体化、天然气管道建设项目为主的燃气生产和供应业完成投资6.43亿元,同比增长267.0%。

(四)民间投资贡献较大,资金到位增速出现回落

全市民间投资完成988.45亿元,增长21.1%,民间投资占全市固定资产投资总额的81.3%,对投资增长的贡献率为62.6%,依然是主导全市投资增长的绝对主力。在民间投资中,股份有限公司类企业完成投资92.47亿元,增长39.9%,是全部所有制企业中投资热情最高的群体;皮革毛皮制造业、零售业、酒饮料制造业分别完成投资26.16亿元、43.77亿元和17.26亿元,分别增长9.8倍、2.7倍和1.1倍,是投资增长最快的行业。全年到位资金1 288.31亿元,同比增长22.2%,较上年同期回落5.7个百分点;其中上年末结余资金55.38亿元,同比增长116.3%;本年到位资金1 232.92亿元,同比增长19.8%,较上年同期回落8.3个百分点。在本年到位资金中,国内贷款141.21亿元,增长12.9%,较上年同期下降20.3个百分点。

三、需要关注的问题

2013年,全市固定资产投资总体保持了平稳较快增长态势,但工业投资增长乏力、总体增速放缓、基数超越压力增大等问题仍需引起高度关注。

从行业看，工业投资增长乏力的现象明显，重大项目后续跟进不足问题显现。全市工业投资完成668.31亿元，占固定资产投资比重达到55.0%，增长24.3%，低于同期投资增速5.0个百分点，且全年低于上年同期水平。此外，受宏观调控和不确定因素影响，房地产开发投资增长虽较上年同期明显回暖，但持续较高增长也存在不确定因素。工业和房地产开发投资占全市投资总额的64.1%，工业投资增长乏力，房地产投资持续快速增长存在众多不确定因素，无疑更增加了高基数投资额持续较快增长的压力。从投资环境看，资金到位紧张状况短时间内缓解可能性不大。当前征地拆迁、老旧小区改造以及城市化基础设施建设等都需要大量的资金支撑。2013年全市资金到位情况明显差于上年同期，在当前货币政策影响下，预计2014年资金到位紧张状况还会持续较长一段时间。此外土地资源对投资增长的约束越来越强，也将对投资的快速增长造成长期负面影响。

四、对下阶段投资工作的建议

2014年，为深入落实省委、省政府对投资工作的决策部署，孝感市将围绕建设武汉城市圈副中心城市、打造“湖北的苏州”省级战略，突出投资主引擎和底盘作用，大力推进“五个跨越”，加快建设“五个城市”。全市投资工作的目标是：全社会固定资产投资总量达到1 570亿元，比上年增长25%；力争突破1 600亿元，增长28%以上。

（一）加大重点领域项目策划

加大工业和服务业投资力度，注重培育挖掘新的投资增长点，力争多上快上一批战略性新兴产业、特色优势产业、现代服务业项目，不断提高优势产业投资比重。加大重大产业项目协调推进力度，抓好一批技术含量高、配套能力强、带动作用大的大项目、好项目。进一步激活民间投资,继续扩大交通、水利、能源等基础设施投资,提高民生社会事业领域的投资比重。同时,围绕国家投资方向和重点,认真梳理一批具有带动和支撑作用的大项目,加快前期工作,积极争取国家更多更大的支持。

(二)全力以赴推进项目建设

在目前投资项目储备基础上,积极对接国家规划和政策投向,继续谋划研究更多项目,进一步充实项目储备。对列入年度开工计划项目,要加强前期工作的指导和服务,提高前期工作质量和实效,促进项目尽早启动实施。对重大投资项目,明确时间节点和责任主体,加快推进,跟踪落实。强化协调服务,调动各方面力量,切实加快在建项目建设进度并及时研究解决影响项目推进的具体困难和问题,尤其要抓好已开工重点项目和已下达中央预算内投资计划项目的建设。加快推进凤凰天仙旅游、应城华能热电、孝感市槐荫综合体、华中光电产业园等项目建设,确保尽快形成更多实物工作量,促进项目早日建成投运。早着手、早安排、早实施,切实做好一季度项目投资工作,确保实现“开门红”,为全年目标实现奠定基础。

(三)切实提升要素保障水平

继续积极争取国家支持,切实做好项目准备和投资计划申报工作。继续坚持按季度组织召开重点项目金融对接会,加强项目融资辅导,开展项目融资培训等工作,强化金融部门与行业、项目单位对接,积极帮助落实项目资金。全力做好用地保障,争取更多的计划总量,盘活存量土地,提高土地利用率。同时,加大煤电油气运和征地拆迁等调配协调力度,推动项目顺利实施。

荆州市2013年投资发展报告及2014年展望

荆州市发展和改革委员会　荆州市统计局

一、全市固定资产投资运行情况

2013年,全市以投资为总抓手,积极争取项目投资,以拉动经济增长为目标,大力推进重大重点项目建设进度,固定资产投资圆满完成既定目标,投资运行呈现增幅快于全省平均水平;总量份额进一步扩大;两大行业投资提速;重大项目建设全面推进;投资效益显著提升的良好势头。

(一)投资圆满完成既定目标,在全省份额扩大

2013年,全市全社会固定资产投资完成1 355.6亿元,增长30%,增幅和总量圆满完成既定目标。其中,全市500万以上项目完成固定资产投资1 287.4亿元,占全省比重6.4%,比2012年的4.9%提高了1.5个百分点。

(二)投资增幅快于全省,位次居前

2013年,全市全社会完成固定资产投资1 355.6亿元,同比增长30%。全市投资增幅虽然呈现逐月回落态势,但全市投资增幅仍高于全省平均水平4.3个百分点,增幅居全省第三位。

(三)两大行业投资提速

一是房地产行业投资进一步扩大。上半年,全市房地产行业完成投资179.3亿元,增长80.4%,较去年同期的69%提高了11.4%。其中,资质等级以上房地产企业完成投资76.8亿元,同比增长39.9%,较去年同期提高45.4

个百分点。实现商品房销售额68亿元，增长39.9%，实现商品房销售面积174.4万平方米，增长28.2%。随着投资36亿元的万达商业广场、投资80亿元的卓尔城、投资55亿元的绿地集团入驻我市，将成为片区开发和改造的重要力量。二是基础设施建设进一步加快。2013年，全市交通行业完成123.4亿元，增长68.2%，占全市投资比重9.6%，比去年的7.4%提高2.2个百分点。水利行业投资完成87.1亿元，增长51.8%，占全市投资比重6.8%，比去年的5.8%提高1个百分点。另外，沙北新区、荆北新区和荆州开发区商务新区三大片区的开发建设进展加快，国家级荆州经济技术开发区面积拓展到209平方千米，基础设施配套和功能分区正在抓紧完善。城市建设进入新的高潮。

（四）重大项目建设全面推进，建设热潮空前高涨

一是全市在建亿元以上重大项目452项，同比增加123项，完成投资768.4亿元，同比增长47.7%，占投资总量的59.7%，比去年提高7.4个百分点。其中10亿以上在建项目（不含房地产）36项，同比增加17项，完成投资223亿，同比增长108.8%。二是重点项目推进顺利。全市纳入省重点调度的59个重点项目完成投资206.6亿元，完成年度计划的101.4%，完成投资的总量比去年的117.5亿元增加89.1个亿。

（五）投资效益显著提升

2013年，全市建安营业税7.98亿元，同比增长32%，亿元投资产生建安税62万元，比去年的60.8万元提高2个百分点。全市技改投资255.2亿元，同比增长105.4%，带动工业企业新增产品销售收入增加249亿元，利税增加24.9亿元。投资也有力地带动全市财政收入的增长。2013年，全市财政收入113.17亿元，同比增长23.3%，投资效益将在今后几年进一步体现。

二、存在的几个问题

(一)交通投资是短板

2013年,荆州交通行业投资虽然保持较快增长,但站在全市壮腰工程的大环境上来看,仍然存在交通行业投资总量不大,项目推进慢的问题。2013年,预期的潜石高速、江北高速、东卷高速仍未能如期开工,洪监高速完成的工程量也大幅低于预期。交通设施是区域竞争的重要硬件,直接影响土地收益、物流成本,也是经济对外开放的重要支撑,因此,交通基础设施必须要有大的发展,否则壮腰工程的蓝图就会大打折扣。

(二)工业投资是软肋

受成本上升、国内需求不足的影响,2013年,全市工业投资665.9亿元,增幅由一季度的48.3%回落到四季度的15.1%,回落33.2个百分点。在制造业31个细类行业投资中,14个行业投资增幅为负,化工、医药、电子信息行业投资保持快速增长,成为工业投资新的亮点,对全市工业投资也起到支撑作用。工业投资从长远来看,对地区的产业结构、财政税收来源都会起到至关重要的作用。目前国内经济虽然不景气,但是也要看到,越是经济低迷的时候,招进来的工业项目的质量也会越高。因为只有高质量、高效益的工业项目在经济低迷的情况下能够生存。因此,在如何加大工业投资项目的引进力度,完善和优化工业投资结构上应当引起政府相关部门的重视。

(三)要素保障是制约

一是土地制约。2013年全市59个省级重点项目中,就有38个项目存在用地计划缺口,2014年如果投资按照26%的速度增长,用地缺口会进一步加大。二是资金制约。我市企业融资大多自筹为主,2013年,在资金到位中,国家预算内资金到位同比下降11.5%,国内贷款仅增长4.4%,而自筹资金同比增长34%，总量占全部到位资金的86.8%。由于其他融资模式欠缺，一定程度上影响了投资资金到位。

三、2014年预期增长目标

2013年，荆州市完成全社会固定资产投资1 355.6亿元，同比增长30%，完成全年计划任务。2014年，面对内外需求收缩、要素保障趋紧、外部环境复杂多变等严峻形势，客观分析当前我市投资结构和特点，我们对全市投资稳步增长仍充满信心。计划2014年完成全社会固定资产投资1 708亿元，增长26%，力争完成1 762亿元，增长30%。

四、主要工作任务和发展重点

2014年，我们将重点抓好以下几个方面的投资工作：

（一）着力投资和项目调度工作

加强对全市投资运行的监测和预测，结合市重点办工作协调解决好重点项目建设中存在的一些突出问题。着力推进亿元以上重大项目570个，力争2014年完成投资650亿元，占全市固定资产投资计划的一半。重点推进200个市级重点项目建设，为全市投资项目建设起到示范带动作用。

（二）积极做好项目策划、储备工作

结合“十二五”规划中期评估，对全市“十二五”规划项目库进行及时更新和动态管理，围绕老工业基地、承接产业转移等重大战略，加强基础设施、产业发展等方面的重大项目策划、储备和推进实施，确保完工项目、在建项目、前期项目和策划项目之间每年按3 000亿元的规模流转。

（三）做好2014年中央投资争取工作

认真研究和把握国家宏观调控政策动态，及时跟踪国家投资动向和资金安排重点，加强申报争取工作，力争2014年中省预算内投资25亿元以上，占全省比重1/10以上。继续做好中央投资项目建设的检查督办工作；积极配合财政部门做好中央代地方政府发行债券的资金分解工作。

（四）强化投资项目监督管理

按照项目稽查管理的相关要求，认真梳理项目稽查工作过程中发现的问题，总结治理工作经验，逐步构筑全方位的监督管理网络，提高监管的有效性。认真做好廉租住房、公检法司、供水及管网、市直基础设施建设等对口项目的管理工作。

五、主要工作措施

要继续以“重大项目建设年”专题活动为主抓手，“群策群力谋项目、千方百计招项目、全力以赴促项目”，确保每个项目落到实处，实现投资的平稳较快增长。

（一）继续突出“一个中心”

坚持“投资是驾辕之马”的理念不动摇，突出投资在经济工作中的中心地位。继续开展“重大项目建设年”活动，坚持“双人双月会”（两月召开一次投资及重点项目推进工作会，党政主要领导参加），继续实行发改系统联系重点项目制度，定期跑工地、进一线，帮助企业解决项目推进过程中存在的各种困难和问题。

（二）重点抓好“两个保障”

土地与资金是项目建设的核心要素。土地保障方面，积极争取土地指标，并根据项目的轻重缓急和前期工作进展情况，合理配置土地资源，优先保

元，增长了58.7%；文化、体育和娱乐业完成投资20.23亿元，增长了57.7%。

（三）房地产开发投资快速增长

全市房地产市场迅速发展，完成固定资产投资132.7亿元，同比增长68.9%。其中住宅完成投资104.2亿元，占房地产开发投资的78.5%。全市房屋施工面积达1 245万平方米，同比增长91.8%，竣工面积达430万平方米，同比增长68.7%。

（四）民间资本成为投资主体

全市实际到位建设资金达到1 145.64亿元，同比增长23.2%。其中民间投资完成936.43亿元，同比增长23.1%，占全市到位资金比重达到81.74%。

二、“双百”项目支撑作用显著，重大项目流转接续有力

2013年，全市推进“双百项目”行动以来，举办了项目开工周、项目汇报衔接月、项目开工竣工月、银企对接会、项目督办会等一系列活动，“双百项目”完成投资412.5亿元，投资完成额占年度计划目标的103%。

一是实现了“四个一批”：开工了一批重大项目。全市171个“双百项目”中，在建和新开工项目中已开工160个，市直120个包保部门所包保的市区46个项目已全部开工，并完成或超额完成了投资计划目标。建成了一批重大项目。昆仑液化气、黄冈长江大桥、武冈城际铁路、黄鄂高速、青江化工一期、金麒麟钛业等重大项目已完工或即将完工。推进了一批重大项目。总投资200亿元的恒天黄冈文化创意城、总投资140亿元的林纸一体化、总投资60亿元的贵格纸业项目、总投资20亿元的黄冈城市客厅文化综合体、投资200亿元的小池均瑶公司开发项目等一批重大项目即将开工建设。谋划了一批重大项目。135个谋划项目前期工作取得重大进展，大别

山电厂二期、上进山抽水蓄能电站、黄冈机场、武穴长江大桥、武汉新港江北铁路、黄梅抽水蓄能电站、随麻安铁路、京九客专等项目谋划工作积极推进。

二是带动了“八个增长”。全市固定资产投资平稳健康增长。全市完成固定资产投资1 416亿元，同比增长28.4%，固定资产投资对全市经济增长的贡献率达到72%以上，较2012年提高7个百分点。项目总投资大幅度增长。项目计划总投资3 566.57亿元，较上一年增长52.5%。本年新开工项目计划投资1 716亿元，较上一年增长12%。单个项目投资规模大幅度增长。全市单个项目平均计划总投资首次突破亿元。投资3 000万以上的项目完成投资916.33亿元，占全市完成投资的67.1%。总投资5亿元以上的项目104个；总投资10亿元以上的项目41个；总投资50亿元以上的项目3个。亿元项目大幅度增长。全市施工亿元以上的项目562个，同比增长72.9%，完成投资626.41亿元，同比增长81.4%，亿元项目完成投资占全市完成投资的45.9%。投产亿元项目121个，同比增长59.2%。新开工亿元以上项目331个，增长45.8%，新开工亿元项目完成投资283.50亿元，增长13.2%。有23个亿元项目实现了当年开工、当年投产。交通运输等基础设施项目投资大幅度增长。全市交通运输业完成投资193.53亿元，较上一年增长97.7%。民间资本投资大幅度增长。全市民间资本投资，完成936.43亿元，同比增长23.1%，占全市完成投资的68.57%。争取中央、省预算内投资大幅度增长。2013年全市争取中央、省预算内资金20亿元，较去年增长2亿元。争取资金占全省份额的12%左右，较上一年增长2个百分点。

三、存在的问题

一是新开工项目不足。由于我市工业基础薄弱，央企投入较少，招商引资和项目前期工作推进较慢，一批重大项目还处在研究策划阶段，重大项目较少。部分县市项目接续断档，重大项目新开工严重不足，投资增长后劲乏力、动力不足。新开工项目不足，今年新开工项目个数下降了17%，本年投产项目个数下降了15.8%，工业新开工项目个数下降了22.7%；民间投资新开工项目个数下降了23.1%。

二是计划用地指标紧张。今年我市用地计划指标非常紧张，项目建设用地需求急剧增加，以及用地结构性矛盾没有得到有效解决，用地计划缺口10平方千米。"三杆"、"三跨"等问题涉及多方利益，由于缺乏统一标准，难以及时协调解决，导致项目进展缓慢。同时由于部分园区基础设施建设滞后，用地储备不足，功能不够完善，不少已签约项目还没有落地。

三是园区基础设施建设滞后。部分园区水电路配套设施投资严重不足，影响项目落户和项目投产。

四、预期增长目标

市委、市政府坚持"竞进提质、升级增效"的总要求，着力改革创新、激发市场活力，着力"双强双兴"、开展"三大行动"，努力实现经济持续健康发展、社会和谐稳定。

2014年主要预期目标是：地区生产总值增长10%以上；规模以上工业增加值增长13%；社会消费品零售总额增长13%；外贸出口增长10%，实际利用外资增长15%；公共财政预算收入增长16%；城镇居民人均可支配收入增长10%；农民人均纯收入增长11%；居民消费价格涨幅控制在4%以内；城镇登记失业率控制在4.5%以内；人口自然增长率控制在6.5‰以内；完成省定节能减排目标。固定资产投资将确保全年投资增速高于23%，计划完成投资额1 800

亿元。全市新开工亿元项目500个。

五、工作措施

(一)推进重大项目建设

实行领导包保和项目秘书制,每个项目按照“一个专班、一笔资金、一名领导、一个秘书、一抓到底”的要求,落实包保责任,协调解决项目建设的各种困难和问题。实行项目分级负责制,各县市区人民政府是本地项目推进工作的责任主体,对本地重点项目的选址、规划许可、征收搬迁、安置补偿、建设环境等方面负责。切实加快实施一批重大基础设施建设项目和重大产业投资项目,进一步加强黄冈武汉交通一体化、北部山区和沿江地区快速通道建设,加快推进恒天文化、小池均瑶项目,汇源CBD、晨鸣纸业、贵格纸业、融园家具、融园食品、散花碧桂园、红安川东纺织等产业项目,积极推进黄冈(蕲春)机场、武穴长江大桥、蕲河航道疏浚、武汉新港江北铁路黄冈段、麻竹高速延长线、蕲春至太湖高速、大别山电厂二期等项目前期工作,争取巴水、举水、浠水干流防洪工程立项。

(二)加快新型城镇化建设力度

高昂市区龙头,加快市区发展。坚持产业兴城,加速产城融合,加强工业园区、服务业聚集区规划和建设,加快市区一体开发重大工业项目建设、中国食品博览交易中心等区域性总部建设,增强市区产业聚集功能。建设宜居之城,加强老城区市政设施改造,建立商品房开发配建保障性住房制度,启动6个以上片区“双改”。加快打造以黄梅小池、武穴田镇、蕲春蕲州、浠水散花为城镇化重心的临江四城发展框架。统筹推进县市城区、小城镇、新农村建设。坚持形态、文态、生态、业态有机统一,推进县市城区扩容提质工程。

（三）强化招商引资工作

继续采取市级领导“带部门、包行业、定任务、结硬账”的方式，对12个重点产业，要“一个产业链、一个发展规划、一个工作目标、一名市领导挂帅、一个市直部门牵头、一批市直部门领导参加、一个专班推进、一笔经费保障、一个考核办法、一抓到底”。依托园区招商，充分发挥各工业园区的招商引资主阵地作用，加强园区招商队伍建设，明确园区招商任务，不断提升园区招商的水平和实效。不断推进和加快项目前期工作，及时督促项目业主完善各项前期手续，跟踪落实已签约项目用地、资金等要素保障，确保项目尽快落地并转化为投资增量。要进一步完善工作机制，建立信息共享机制，突出产业大招商，坚持进入企业门槛不降低，对违规企业坚决劝退。

（四）重视项目储备和落地

加强全市重点投资项目的储备，围绕“强工兴城，强农兴文”的发展战略，着力谋划和实施一批规模大、科技含量高、带动作用强、符合国家产业政策、具有支柱和引领作用的产业项目，把文化旅游产业培育成市域支柱产业，推动黄冈由文化旅游大市向文化旅游强市转变。围绕五大文化产业组团，着力打造东坡文化、禅宗文化、戏曲文化、红色文化、医药文化、自然文化等六大产业链，加紧规划20个特色文化小镇。按照“高端化、大型化、特色化、高质化”要求，策划一批城镇化建设项目、基础设施建设项目、战略性新型产业项目、民生工程项目和现代服务业项目。针对集中开工项目进行重点督察，按照“意向项目抓落地、落地项目抓开工、开工项目抓进度、在建项目抓竣工”的总体要求，针对项目推进过程中存在的土地、环评、审批等问题，积极协调有关部门，建立项目推进的绿色通道，全面推动重大项目投资平稳增长。

咸宁市2013年投资发展报告及2014年展望

咸宁市发展和改革委员会　咸宁市统计局

2013年,全市上下积极应对复杂严峻的国内外环境和经济下行压力,牢牢把握“去稳竞进”的总基调和“两个满分”的总要求,解放思想,攻坚克难,省级战略咸宁实施取得重要进展,全社会固定资产投资完成接近千亿,较好发挥了对经济的支撑带动作用。

一、投资运行主要特点

(一)投资总体增势平稳,投资内部呈现积极变化

2013年,咸宁完成全社会固定资产投资达到971.84亿元,增长28.5%,其中,500万元以上项目投资(含房地产开发)完成953.00亿元,增长28.9%;农户投资完成18.84亿元,增长11.1%。投资总体增势保持平稳,投资内部呈现积极变化:一是第二产业投资比重上升。从三次产业投资情况看,第一产业完成投资69.54亿元,比上年增长8.9%,第二产业完成投资468.21亿元,比上年增长36.8%,第三产业完成投资415.25亿元,比上年增长24.6%,一、二、三产业比为7.3∶49.1∶43.6,与去年同期的8.6∶46.3∶45.1相比,第二产业占比有所提升,投资产业结构有所改善。二是非国有投资更趋活跃,民间投资担当主力。2013年,全市非国有经济完成投资697.39亿元,比上年增长34.12%,比国有控股经济投资16.5%的增速高出17.6个百分点。其中民间投资完成

679.92亿元，比上年增长40.0%，增速超出全市固定资产投资平均增速11.1个百分点，占全市固定资产投资的比重为71.3%。三是新开工亿元项目呈现“双增”，投资支撑作用显著增强。2013年，全市计划投资额亿元以上项目321个，比上年增加111个，完成投资480.55亿元，比上年增长28.5%，占全市固定资产投资比重由上年的50.6%下降到50.4%，其中，新开工亿元项目达到224个，比上年增加100个，完成投资额355.70亿元，比上年增长55.1%，占全市固定资产投资比重由上年的31.0%上升到41.7%，新开工亿元项目呈现“双增”态势，对全市投资发挥了较好的支撑作用。

（二）工业投资力度明显加大，新兴制造业增势旺

2013年，为推动“工业崛起”战略实施，年初，市委、市政府提出“三个四、三个三、三个二”的项目建设目标，实行“一月一检查、一季一拉练、一年一总结”的督办工作机制，迅速在咸宁市掀起工业项目建设热潮。工业发展呈现三大特点：一是新开工工业项目明显增多。2013年全年，咸宁市新开工3 000万元以上工业项目达到755个，完成投资工作量达到468.21亿元，分别比上年同期增长19.8%和36.8%；二是制造业支柱地位明显提升。2013年，咸宁市制造业完成投资工作量达到418.49亿元，比上年同期增长43.1%，占咸宁市固定资产投资的比重由同期的39.6%上升到43.9%。三是新兴制造业投资增势旺。从全市六大支柱制造业完成投资工作量看，总量超过100亿的有机电设备制造业，完成投资达到125.95亿元，总量超过50亿的有冶金建材，完成投资达到90.04亿元，医药化工完成投资达到66.64亿元，食品饮料完成投资达到53.87亿元，从全市六大支柱制造业完成投资增幅看，高于全市固定资产投资增幅水平（28.9%）的有机电设备制造业、医药化工、森工造纸、食品饮料等新兴制造业，增幅分别达到99.8%、44.9%、43.0%及34.1%。低于全市固定

资产投资增幅水平(28.9%)的有纺织业、冶金建材业等传统与高耗能制造业，增幅分别为15.6%及12.5%。

(三)重点平台投资进展顺利，基础设施显著改善

近年来，为了提升中心城区“产城一体化”水平，市委、市政府以推进重点平台项目建设为抓手，突出三个加快：一是加快交通路网构建，夯实产业发展基础。2013年，全市完成交通路网投资工作量达到74.70亿元，比上年同期增长29.2%，高出全市固定资产投资增幅0.3个百分点。随着城际轻轨、咸通高速、咸黄高速等重点交通项目的同时完工，特别是武咸城铁开通，咸宁率先进入高铁、城铁、普铁的“三铁”时代，交通区位实现“提档升级”，为夯实咸宁后续产业提供重要支撑。二是加快重点投资平台建设，拓展产业发展空间。近年来，市委、市政府通过搭建竞争平台、健全管理机制、强化目标责任等措施，“六城三区”建设力度加大，成为全市最具潜力、最富活力的板块：工业新城三期建设全面启动，及时缓解开发区在一、二期开发后，遇到的发展空间不足问题。旅游新城重点项目游客集散中心、温泉人工湖等项目已完工。梓沙湖新城重点推进了梓山湖大道、碧桂园温泉半岛项目和新城还建点项目、城际铁路贺胜南站、站前广场项目、咸安区环保产业园等项目建设，咸嘉、职教两新城及金桂湖、向阳湖、河背湿地等三个示范区投资进度加快。2013年，“六城三区”累计完成投资工作量达到150亿元以上。三是加快推进市中心商务圈建设，聚集产业发展人气。随着咸宁城铁时代的到来，继瑞融国际中商购物广场、咸宁购物公园、潜山商业街开业迎宾后，原温泉商场万顺达中商商业街、原财校财茂商业广场、中央城大润发购物广场、沃尔玛购物中心、市中心医院温泉名店街等大中型市场、配送中心、娱乐休闲建设项目以及城际铁路咸宁南站商业综合体、“银泉名座”商业综合体等项目的加快建设，将在

咸宁市中心城区聚集起强大的产业发展人气。

（四）民生工作持续得到重视，社会事业投资快速增长

2013年，咸宁继续把推进民生工程视为各级党委和政府的最大责任，全年重要民生和社会事业领域投资呈快速增长态势，其中自来水生产和供应业投资比上年增长61.5%，体育和娱乐业投资比上年增长21.6%，互联网和相关服务业投资比上年增长2.6倍，居民服务业投资比上年增长32.9%，卫生行业投资比上年增长20.0%，公共设施管理业投资比上年增长1.4倍，房地产业比上年增长26.1%，基层群众自治组织完成投资比上年增长79.5%。2013年，市区完成新建、续建的园林建设项目共有8个，总投资6 140万元。这些项目中，十六潭公园三期投资2 300万元，总面积29.47万平方米；城际铁路垂直绿化与公园绿化相结合，投资1 150万元，总面积约4.2万平方米；该项工程还结合十六潭路升级改造，建成我市首条绿道——十六潭路绿道示范段。2013年，市区城建面积发展到63.79平方千米，绿化覆盖率41.78%，绿地率35.55%，人均公园绿地面积15.77平方米。2013年，市区36条背街小巷整治工程取得初步成效。第一批开工建设的15条街巷已全部改造完成，第二批改造工程已完成50%，第三批已经着手建设，总投资达2 230万元。除了背街小巷治理外，还将中心城区公厕改造纳入重点推进事项。

（五）投资资金来源呈多元化，银行及预算资金支持力度加大

2013年，全市上下积极实施开放战略，一方面，在营造浓厚招商引资氛围的同时，狠抓软环境的治理整顿，采取“走出去，请进来”的方式，开展多种多样的招商引资活动，另一方面，通过设立产业发展专项基金、BOT及鼓励企业上市挂牌等，最大限度地促进政府直接投资项目、融资项目和市场运作项目落地生根，为扩大固定资产投资需求提供了有力的资金保障。2013年固

定资产投资资金来源1 010.10亿元，同比增长23.4%。其中，自筹资金724.11亿元，同比增长21.4%，占全部资金来源的74.4%；国家预算内资金73.03亿元，同比增长54.2%，占全部资金来源的7.5%；国内贷款89.85亿元，同比增长40.4%，占全部资金来源的9.2%；在全球经济下行的大环境下，国家预算内资金、国内贷款不仅没有受国家调控政策影响而下降，反而比自筹资金高出32.8及19.0个百分点，比全市固定资产投资高出25.3及11.5个百分点，占全部资金来源的比重分别提高1.5及1.2个百分点。

二、投资运行存在的困难和问题。

（一）龙头骨干项目不多

在引进的项目中，纳税额度大、成长性好、贡献率高的龙头带动型项目不多，园区缺乏支撑长远发展的重点项目和骨干企业，招商引资实际成效不够明显。

（二）基建投入不足

随着开发范围越来越广，开发区急办的事越来越多，所需资金数额越来越大，在债务包袱加重和融资渠道狭窄的条件制约下，只能用有限资金对局部项目区进行基础设施建设，走滚动发展的道路，开发区发展的大格局、大框架无法拉开，束缚了提速发展的手脚。

（三）开发区管理职能异化

随着入园企业增多，综治、安全生产、计划生育、信访、非公党建等社会事务也越来越重，开发区管理职能异化明显，导致“人少事多”的矛盾日益突出。项目审批难、办证难、监管难、协调难等问题仍然十分突出，无法满足越来越多落户企业（项目）行政服务需要，企业反映十分强烈。

（四）土地和融资依然比较困难

随着国家进一步严管土地闸门，提高征地补偿标准，项目用地难度加大，成本上升，部分项目落户困难。此外，项目融资难的问题仍然不能有效解决，项目建设周期不断拉长，据调查了解，一些项目因配套资金不到位和企业贷款难落实，仅靠企业自筹资金建设，工程进度慢，不能按计划进行施工。

三、2014年预期增长目标

全市上下坚持“速效兼取、去稳竞进”的总基调，紧紧围绕年初人大会确定的目标，克难奋进，主要经济指标继续保持较快增长的良好势头。一季度，固定资产投资预计完成330亿元，同比增长30%，可以实现全年“开门红”。初步预计，今年全市全社会固定资产投资计划将达到1 100亿元，增长25%。

四、主要任务及发展重点

（一）做好“全市重大项目建设年”活动，按照全省重大项目建设年活动安排，我市继续夯实和壮大我市投资底盘

积极做好全市重大项目建设年活动，一是抓大不放小。既要重点抓亿元以上的重大项目，发挥重大项目的支撑引领作用；又要着力培育亿元以下的中小项目，扩大消费、增加就业，增强经济活力。二是抓新不放老。既要狠抓招商引资，加大新项目落地和开工力度，形成更多实物工作量，发挥投资重要支撑作用；又要加大传统产业技术改造投入的力度，引导企业改造技术、扩大投资。三是抓头不放尾。坚持有始有终，狠抓续建项目收尾工作，加快项目建设进度，加大项目竣工验收力度，促进产业项目尽快形成生产能力、促进基础设施项目尽快发挥效益。

（二）强化责任意识，落实好“一条龙”服务

今年以来，我市把投资工作作为“一号工程”，实行“一把手”负责制，推行项目建设“六个一”工作机制，提升项目审批效能，重塑“一个窗口受理、一个中心履职、一个领导签批、一个公章办结”的“四个一”项目审批流程，规定项目审批办结时间不得超过5个工作日。

（三）进一步优化环境，抓好新开工项目建设

我们将按照“固定资产投资突破1 000亿元”的年度目标要求，再提精神、再加力度，按照“打基础、管长远”的指导思想，加快武深高速公路嘉鱼至通城段、武汉城市圈环线高速公路咸宁东段、咸潘一级公路改造、武咸快速通道建设，牢牢把握铁路机场项目由部省合作模式向规划项目实施转变的机遇。

五、下一步工作措施

（一）结合申报国家生态文明先行示范区策划一批项目

今年，市发改、财政、农林水、国土等六部门要按照国家生态文明先行示范区要求，结合全国水生态文明市、低碳经济示范市、国家智慧城市等金字招牌，围绕产城集约发展区、生态核心保护区、生态控制开发区、生态过渡区的空间发展格局，在优化产业结构、绿色循环低碳发展、节约集约利用、生态系统和环境保护等领域，支撑国家生态文明先行示范区建设。

（二）完善重大项目库储备一批项目

按照“做大、做强、做实”项目库的要求，进一步加强重点项目储备工作。紧紧围绕“省级战略咸宁实施”战略部署，牢牢把握武汉城市圈“两型”社会建设、幕阜山扶贫开发、长江经济带新一轮开放开发等重大机遇，立足培育产业集群和支柱产业，抓紧谋划储备一批技术领先的先进制造业、现代服务业、重

大基础设施、生态环保项目和社会事业发展民生项目。

（三）加强衔接向上争取一批项目

摸清投向，全力申报中央、省预算内投资项目。认真研究和把握国家宏观调控政策动态，及时跟踪国家投资动向和资金安排重点，在保障性住房、工业技改、社会发展、企业发债、农林水等领域加强申报争取工作，全力申报，争取更多份额。

（四）强化服务推进一批项目

继续开展“重大项目建设年”活动，强化“机制、要素、环境”三大保障。一是强化推挤机制保障。继续将“重大项目建设年”活动开展情况纳入各县市区的工作考核之中，对于今年纳入省市两级的重点项目，要明确“路线图”和“时间表”，要把全年投资计划目标分解到季度和月度，把工作责任细化到责任部门和责任人。二是强化要素服务保障。加强项目管理部门的沟通协作，确保土地、环境容量、资金等要素稳定有效供给。加大省级重点建设项目用地指标争取力度，优先保障省市重点项目用地需求；开展“银企对接”活动，牵线搭桥，解决重点项目融资难问题。三是强化环境建设保障。通过行政审批事项清理、所有项目审批事项进驻行政服务中心、并联审批等有效措施，精简项目审批事项，优化程序，缩短期限。

随州市2013年投资发展报告及2014年展望

随州市发展和改革委员会　随州市统计局

2013年随州市投资工作围绕市委市政府提出的“做大总量、提升质量、优化结构、增强后劲”的总体要求，努力克服经济下行及干旱灾害等不利因素的持续影响，以“重大项目建设年”和“项目建设大行动”为抓手，大力实施“圣地车都、神韵随州”战略，全市固定资产投资对经济增长的拉动作用日益显现，全年投资保持了平稳增长态势。

一、2013年随州市投资总体情况

（一）总量和增幅情况

2013年，随州市全社会固定资产投资实现654.6亿元，同比增长27.2%。500万以上固定资产投资实现628.59亿元，同比增长28.4%，市州排名第9位。其中：随县完成投资181.24亿元，同比增长28.7%；广水市完成投资195.05亿元，同比增长22%；曾都区完成投资191.07亿元，同比增长33.5%；开发区完成投资48.14亿元，同比增长35.2%。

（二）项目个数情况

2013年，随州市500万以上投资施工项目1 587个，比上年同期增加82个，同比增长5.4%。其中新开工项目1 334个，比上年同期增加21个，同比增长1.6%，占施工项目个数的84.1%。其中3 000万元以上项目538个，比上年同期增加230个，同比增长74.7%，占施工项目个数的33.9%。

（三）产业投资分布

一产业投资施工项目85个，同比减少11个，占随州市全部施工项目的比重为5.4%；投资额26.24亿元，同比下降1.3%。二产业投资施工项目847个，同比增加51个，占比53.3%；投资额366.62亿元，同比增长22.7%。其中工业投资施工项目847个，同比增加52个；投资额366.62亿元，同比增长22.7%。三产业投资施工项目655个，同比增加42个，占比41.3%；投资额235.73亿元，同比增长43.5%。

（四）房地产投资情况

2013年，随州市房地产投资完成29.23亿元，同比增长47.7%。其中：住宅投资23.91亿元，同比增长50.5%，增速同比增加62.8个百分点。商品房施工面积336.71万平方米，同比增长16.9%。增速较去年同期上涨27.6个百分点。其中：住宅类285.57万平方米，同比增长19%，增速同比上涨31.2个百分点。商品房销售面积为91.61万平方米，同比下降0.3%；销售额为33.68亿元，同比增长15.5%。两者增速较去年同期分别增长18和22.5个百分点。

二、推动随州投资增量提质的主要力量

一是亿元投资项目增多。随州市积极开展"重大项目建设年"和"项目建设大行动"，带动亿元大项目纷纷"上马"。2013年，全市亿元以上项目157个，同比增长57%；完成投资221.75亿元，同比增长71.6%；占全市全社会投资额的33.9%，同比提高8.9个百分点。

二是投资后劲明显增强。随州市500万以上投资施工项目在2013年达到1 587个，比上年同期增加82个，同比增长5.4%，其中新开工项目1 334个，

比上年同期增加21个，同比增长1.6%。全市新开工项目总投资占施工项目总投资比重达到84.1%。

三是基础设施投资大幅增长。随州市近几年大规模的基础设施建设进行得如火如荼。2013年全市交通运输类重大基础设施项目全面开工，完成投资47.92亿元，同比增长235.8%，占全市全社会固定资产投资的7.3%。其中麻竹高速随州西段完成投资17亿元，主城区道路改造、路桥建设、城乡结合部改造等完成投资30.92亿元。

四是新能源投资力度加大。近年来，随州结合本地风力资源丰富的优势，积极抢抓国家鼓励风电、太阳能等清洁能源发展政策机遇。风电能源在随州市发展趋势较好。2012年，华润公司投资11.2亿元的二妹山风电场项目开工建设，至当年12月底已完成投资8.7亿元，第一、二期风电场已并网装机10万千瓦，实现当年开工、当年建成的目标。之后，随州将建成投产二妹山、天河口、大洪山、武胜关、中华山、寿山等7个风场，项目总投资约62亿元，总装机83万千瓦。截至2013年12月底，二妹山、武胜关、天河口、紫金山、孙家寨5个风电项目开工完成投资24.49亿元。

五是房地产投资企稳回暖。随州市房地产投资自2012年以来连续14个月负增长后，开始企稳回暖，增幅稳步上升。2013年，全市房地产完成投资29.23亿元，同比增长47.7%，增幅比上年同期提高67.5个百分点，比年初提升76.9个百分点，对随州市固定资产投资的拉动率明显加大。

三、随州投资增长存在的主要问题

从总体上看，尽管2013年随州投资与以前年度比，取得了很大成绩，但从全国、全省看，随州市投资工作仍然存在总量偏小、质量不高、结构不优、效益不好、后劲不足的问题，具体表现在以下四个方面：

（一）市级重点项目拉动力不足

2013年，随州市178个省市级重点项目开工入库128个，开工率占71.9%，完成投资额174.8亿元，占全市全社会投资额的26.7%。178个省市级重点项目只完成了年度计划投资的76.9%，没有发挥出重点项目的重点作用。特别是项目库中投资额较大的几个重点项目尚未启动，对全市投资的拖累明显。例如：投资100亿元的中国随州编钟音乐之都和投资10亿元的随州市随城山省级森林公园。

（二）工业投资增速放缓

在经历了前几年的持续高速增长后，工业投资在2013年高开低走，呈现“疲态”，增速逐月下降，从年初的47.1%降至年底的22.7%。2013年全年，随州市工业投资增幅比去年同期下降22.8个百分点，比年初下降24.4百分点。从地税局提供的全年全市工业企业共完成地方税收2.78亿元，同比下降8.3%，占税收的比重由上年的18.47%降为13.70%，下降4.77个百分点的结果看，工业投资放缓带来的企业效益下滑、税收占比下降、工业投资下降与工业企业效益下降的相关关系值得引起重视。2013年房地产税12.1亿元，占地税比重为60%，严重依赖房地产发展创造税收的投资税收结构值得警惕。

（三）投资项目质量偏差

2013年5月中旬，随州市对全市1–4月的投资项目进行了实地质量检查，采取分类分层随机抽样。共抽查了投资项目48个，占全市1–4月项目个数的6.8%。检查结果显示超过三成项目数据不实。主要表现在：一是无中生有5个，占检查个数的7.8%；二是以少报多5个，占比7.8%；三是重复报送3个，占比4.7%；四是提前报送进度7个，占比10.9%。从上述检查情况看，随州市部分乡镇没有做大做强做实投资工作，而是在数字上做文章，在今后的工作中需要引起高度重视。

(四)房地产投资吸引力和外向度过低

从2013年随州市房地产投资结构看，29.23亿元的投资中，内资为28.82亿元，占投资总量的98.6%，港澳台投资只占0.41亿元，占比为1.4%，其中外资为0说明我市房地产投资吸引力和外向度还很不够。这是长期制约我市房地产市场持续快速发展的“短板”。而内资的28.82亿元基本全是我市本土房地产企业投资，一旦本土房地产投资疲软、后劲不足，又没有外来资金为我市房地产市场注入活力，我市房地产投资将会出现短期一蹶不振的情况，对我市固定资产投资的支撑力也将会大大降低，不利于我市固定资产投资的持续增长。

四、2014年预期增长目标

按照“竞进提质、升级增效”的总要求，市委、市政府确定了2014年全市全社会固定资产投资“三道目标管理线”，即：增长25%，总量达到818亿元的计划目标；增长26.5%，总量达到828亿元的工作目标；增长28%，总量达到838亿元的奋斗目标。力争通过强力推进投资和重点项目建设，加快“圣地车都”和“神韵随州”建设，促进全市经济社会跨越赶超发展。

五、主要任务和发展重点

(一)不断扩大投资总量

按照做大做强做实投资的要求，加强对全市投资运行的监测和预测，加大179个市级重点项目推进力度，建立市级重点项目建设管控路线图，确保到四季度全市省级重点项目、市级重点项目开工率达到100%。确保2014年全市全社会固定资产投资增长26.5%，总量达到828亿元，力争增长28%，总量达到838亿元。

(二)不断优化投资结构

坚决淘汰高耗能、高污染落后产能，加快改造提升传统产业，加大培育战略性新兴产业，不断提高投资质量和效益。力争新开工亿元以上项目100个以上，竣工投产亿元以上项目100个以上，确保2014年全市亿元以上项目完成投资达到投资总额的35%以上，力争达到40%。

(三)不断加强项目引进

加大争取国家、省支持力度，加强衔接汇报，力争随州"路口"电站、鄂北水资源配置工程和武汉经随州至襄阳、十堰城际铁路等重大项目得到国家、省支持，力争2014年全市争取各类项目资金比2013年有较大提升。积极开展对接央企、引进民企等专项活动，组织开展寻根节经贸洽谈会、楚商大会等招商引资专题活动，引进一批规模大、档次高、成长性好的项目，力争2014年全市新引进亿元以上投资项目50个以上。

(四)不断加强项目储备

按照"做大、做强、做实"项目库的要求，进一步加强重点项目储备工作。紧紧围绕"圣地车都"省级战略，立足培育产业集群和支柱产业，抓紧策划储备一批项目，为全市投资保持平稳增长提供后续动力。确保新策划储备5亿元以上项目100个以上，力争完工项目、在建项目、前期推进项目和策划项目之间每年按1 000亿元的规模流转。

(五)不断激发民间资本

着力激发民间投资活力，大力培育中小企业，推进非公有制经济发展。

切实降低民间资本准入门槛,扩大民间资本可进入领域。同时要加大地方财政资金在环境保护、社会保障以及促进城乡协调发展的投入力度。

六、工作措施

(一)强化推进机制保障

继续落实重点项目领导包保、主管协调等机制,进一步建立健全"一月一通报、一季一调度、半年一观摩"项目建设推进机制,适时开展"一项一策"活动,把全年投资计划目标分解到季度和月度,把重大项目推进工作责任细化到责任部门和责任人。年终,对各地各部门项目投资和项目建设情况进行考核,实行行政问责。

(二)强化要素服务保障

加强发改、城乡规划、国土资源、环保、人民银行等部门之间的沟通协作,确保土地、环境容量、资金等要素稳定有效供给。发改部门将推进企业上市、发行建投债、私募债作为解决企业发展资金不足的重要手段之一,加速推进。规划部门为重大项目落地提供优质服务,缩短规划审批时间。国土部门继续加大土地指标争取力度,进一步完善和落实省、市重点项目建设用地优先保障制度,保证重大项目建设用地。环保部门对省、市重点项目的环评审批提前介入,环评技术审查和行政审批同时推进,从简从快从优审批。人民银行推动"银企对接"工作常态化、规范化,加大对重点项目的贷款支持力度,继续办好重大项目银企对接会。

(三)强化建设环境保障

坚决贯彻执行湖北省《优化经济发展环境条例》,加大反腐倡廉力度,营造风清气正的发展环境。进一步抓好项目建设环境综合治理,开展建设环境专项整治活动,切实维护重大项目建设环境。

(四)强化督促调度保障

定期召开投资和重大项目建设现场观摩、现场办公活动,分析投资运行态势,总结重大项目建设情况,集中查找和协调解决存在的问题,确保重大项目的顺利推进和实施。每月在《随州日报》通报全市固定资产投资计划完成情况和市级重点项目建设进度;每月向市"四大家"领导、主管部门责任领导"点对点"通报市本级领导包保项目建设进度;每月向各地各部门党委政府主要领导和分管领导通报省级、市级重点项目建设进度,激发比、学之风,营造赶、超之气。

恩施自治州2013年投资发展报告及2014年展望

恩施自治州发展和改革委员会

一、2013年全州固定资产投资概况

(一)固定资产投资较快增长

累计完成全社会固定资产投资510.4亿元,同比增长25.7%。三产业投资增幅较为平衡,这是近年来少有的现象。第一产业完成投资24.3亿元,同比增长25.3%;第二产业完成投资111.8亿元,同比增长23.2%;第三产业完成投资374.3亿元,同比增长26.4%。分县市完成的情况是:恩施市112亿,增幅30.1%;利川市75.5亿元,增幅33%;建始县59.6亿元,增幅22%;巴东县64.6亿元,增幅22.5%;宣恩县31亿元,增幅23.2%;咸丰县43亿元,增幅31.7%;来凤县41.8亿元,增幅34.1%;鹤峰县36.5亿元,增幅24.2%。

(二)重大政策及资金争取实现重大突破

经过不懈争取,三峡库区及影响区项目资金已下达我州1.54亿元;西部地区民族高中项目资金已下达我州6 120万元,覆盖了全州所有县市;我州有望进入国家支持长江经济带建设范围,可望进入国家三峡库区生态涵养发展示范区范围;城投二期11亿元已于今年1月20日获国家发改委批复;我州利用境外贷款总规模接近全国的1/50,其中清江上游环境治理及生态保护亚行1亿美元外贷项目今年可望用款。

二、全州投资工作存在的主要问题

（一）投资进度不均衡，第四季度投资过于集中

2013年全社会固定资产投资总额510.4亿元，如果不含农村私人投资，全州固定资产投资471.5亿元。前三季度累计完成310亿元，第四季度完成固定资产投资161.5亿元，占到全年投资总额的34%，超过了全年投资总额的1/3。

（二）第二产业项目投资严重不足，影响了州域经济发展的后劲

尽管2013年第二产业投资实现了23.2%的增幅，但第二产业的投资总量仍然偏低，第二产业累计完成投资111.8亿元，仅占固定资产投资总量的22%，多年来一直徘徊在20%左右。全国二产业投资的占比40%，全省45%，全国二产业整体水平本来就比我州发达，而我州二产业的总量偏低，占比偏小，后劲不足。

（三）部分项目前期工作严重不足

2013年州级重点项目232个，截至年底仍有近50个项目没有开工（或未统计入库），其中绝大部分都是因为前期工作不到位，要么没有完成法定的统计手续，要么是征地拆迁没有落实。这也说明了项目谋划的深度不够，部分项目虽然纳入了州级重点项目库，但仅仅是一种概念性的谋划，远远没有达到初设深度，这样的项目是无法落地的。

（四）经济开发区（工业园区）尚未发挥产业集聚的支撑作用

按照常规，经济开发区（工业园区）的固定资产投资要占到投资总额的50%以上，经济开发区的产业投资要达到产业投资总额的60%以上，才能发挥经济开发区（工业园区）的投资支撑作用、对产业聚集的支撑作用。2013年全州9个开发区（工业园区）仅完成固定资产投资149亿元，不足全州投资

总额的30%(29.2%);完成工业增加值76.6亿元,仅占全州工业增加值(160.85亿元)的47.6%。

三、2014年工作设想

2014年,为了深入开展党的群众路线主题教育实践活动,全力实施产业化、城镇化“双轮驱动”,为建设全国先进自治州奠定坚实基础,根据省政府、省发改委的要求,切实开展好“重大项目建设年”活动,重点是做好以下几项工作。

(一)咬定发展目标不放松

坚定不移地把扩大投资作为发展的主抓手,把项目建设作为发展的主战场,着力实施“百亿投资新增行动”、“千亿重点项目推进行动”、“五千亿重大项目储备行动”、“万亿重大项目谋划行动”,按月分析、按季调度,确保全社会固定资产投资增长20%,投资总额突破612亿元。

(二)加强规划和项目工作对接

加强与上工作对接,为项目争取赢得最大空间。加强与国家发改委、省发改委的工作对接,争取国家发改委相关司(局)听取我州的工作汇报,争取省发改委召开主任办公会专题研究解决我州的重大项目,做到“该进规划的一个不漏,该拿的项目一个不掉,该争的资金一个不让”。加强与八县市、州直项目单位、重大项目业主的规划及项目工作对接,及时了解需要服务的重点和所需,做到工作有的放矢,切实增强谋划的前瞻性、前期的深入性、争取的针对性、推进的实效性、运行的规范性。

(三)加快推进重大项目建设

加快推进重大基础设施项目、重大产业项目和重大民生项目。一是抓好重大项目开工。以3月“重大项目开工月”为契机,对重点项目逐个会商,加强前置审批,促进具备开工条件的项目尽快开工。二是抓好重点项目协调推进。完善重点项目统计入库要件,确保应统尽统,确保投资均衡入库;加大资金拨付力度,保证项目建设进度。三是加快建设经济开发区(工业园区),逐步把经济开发区(工业园区)建成产业发展的平台,逐步发挥产业集聚和投资支撑作用。四是各县市要真正拿出领导、组织专班、全程跟踪重大项目,确保重大项目落地。五是选商选资,推进发展,科学选择招商项目,提高项目质量。

(四)进一步提高服务水平

增强机遇意识。全州发改系统要及时把握国家政策的新变化,做到“春江水暖鸭先知”,为党委、政府当好参谋,不断提高服务水平。增强责任意识。把更多的精力放在项目谋划、项目储备、项目争取上,把重大机遇、重大政策项目化。增强服务意识。切实转作风、进基层、送服务、促发展,真正做到大局为重、产业为要、企业为先。增强创新意识。深入推进行政审批制度改革,对所有前期工作达到初设深度的项目,一律实行“五天办结”;对所有可以下放审批的项目,一律下放审批权限;对所有需要州发改委支持服务的,一律一路绿灯。

2013年仙桃市投资发展报告及2014年展望

仙桃市发展和改革委员会 仙桃市统计局

2013年,我们坚持把上项目、扩投资作为稳增长、调结构、促发展的主抓手,一切围绕项目转,一切围绕投入干,从而保持了区域经济速效兼取和竞进提质的良好发展态势。全年完成地区投资306.78亿元,同比增长30.1%,取得了超越历史、高于全省、好于预期的可喜成绩。

一、全年投资完成情况分析

据统计,全年我市完成全社会固定资产投资306.78亿元,同比增长30.1%,增幅高出全省平均水平4.3个百分点,并且呈现以下四个方面的明显特点:

一是一三产业投资增势强劲。全年,一产业完成投资7.47亿元,同比增长143.5%,增幅对比去年同期提高21.4个百分点,高出全市投资综合增幅113.4个百分点;三产业完成投资94.6亿元,同比增长86.5%,增幅比去年同期提高8.1个百分点,高出全市投资综合增幅56.4个百分点。

二是工业投资逐步回落。全年,全市共完成工业投资204.7亿元,同比增长12.5%,占全市投资完成总额的66.74%,主体地位凸现。工业投资从5月开始逐月回落,其中5月增长21.8%、6月增长20.5%、7月增长18%、8月增长17.8%、9月增长15.1%、10月增长15.5%、11月增长13.4%。

三是重点项目带动效应放大。全年，全市入库亿元以上重点项目121个，同比增加35个，统计项目投资532.5亿元，现已完成投资212亿元，占全市投资完成总额的77.9%，比去年同期提高了21个百分点。其中纳入全省调度的6个重点项目，总投资94.7亿元，年内计划投资34.5亿元，现已完成投资35.5亿元，占年度投资计划的102.8%。

四是民间投资支撑作用明显。全年，我市民间投资累计完成242.5亿元，同比增长32.4%，占全市投资完成总额的79.6%。

二、当前投资运行中存在的主要问题

主要表现在两个方面：一方面受经济增速放缓和市场需求不旺等双重因素的共同影响，我市实体经济特别是部分工业经济投资增长比较乏力。全年，虽然我市投资保持了30.1%的增速，但对比去年同期仍然下降6.1个百分点。

另一方面，由于固定资产投资统计制度改革后，增加了许多前置和必备条件，加之我市部分在建项目统计基础不牢，难以上报相关统计数据。据不完全统计，全年，我市未入库在建亿元以上项目15个，未能全面客观真实反映我市全部投资状况。

三、今年投资走势及增长后续能力分析

今年我市全社会固定资产投资将继续呈现稳健增长态势，预计今年我市完成全社会固定资产投资420亿元左右，增幅仍将保持在30%以上。为实现这一目标，我们将在以下三个方面加大工作推进力度，务求项目投资工作取得新的突破。

一是在推动支柱产业项目建设上取得新的突破。将围绕打造“中国食品产业名城”,大力支持食品产业园区加快建设。重点再招引一批知名品牌企业聚集仙桃扎堆发展,同时,扶持一批成长型企业不断扩规建设,提升产出能力。将围绕打造“全国最大最先进无纺布及制品制造加工基地”,加快推进业内骨干企业走挂靠联合和技术改造道路,促进该产业整体转型升级。将围绕建设“全国重要的现代农业示范基地”,加快推进千亿斤粮食产能等项目建设。

二是在重大基础设施项目建设上取得新的突破。积极争取江汉平原货运铁路和华润电力仙桃火力发电项目能早日落地并开工建设,谋划推进事关仙桃长远发展的武汉城市圈环线高速公路、国网仙桃直升机起降场和汉江仙桃多功能码头等重大基础设施项目建设。

三是在加快新型城镇化项目建设上取得新的突破。按照省委、省政府寄语仙桃建设全省四化同步发展“先行区”的定位要求,围绕构建武汉城市圈西翼中心城市的战略目标,拟策划推进一批区域新型城镇化重大项目建设。

四、2014年预期增长目标

2014年是全面贯彻党的十八届三中全会的开局年、起步年,也是实施十二五规划的攻坚年、关键年,做好今年的投资工作意义重大,影响深远。2014年,我市固定资产投资将在2013年突破300亿元关口的基础上(2013年全市固定资产投资共完成306.78亿元,同比增幅30.1%,增幅居全省市州第三位),继续保持30%以上的增速,力争全市投资总量达到400亿元的目标。

五、主要任务和发展重点

我市将在以下三个方面着力培植后劲,强力推进各项工作措施落实,确保目标任务全面完成。

一是在支柱产业项目上突破。围绕打造“中国非织造布产业名城”,加快推进恒天嘉华无纺布、东方股份土工布项目建设;围绕打造“中国食品产业名城”,大力支持仙桃食品产业园建设,重点支持旺旺、亲亲、真巧、米老头、华美、海新等项目扩规,推进加多宝、瑞麦食品等项目建设;围绕打造“华中地区最大的电子电路板生产基地”,大力支持健鼎电子、康舒科技等项目建设;围绕“全国重要的现代农业示范基地”,加快推进千亿斤粮食产能、中粮集团等项目建设;围绕打造“江汉平原区域性商贸物流中心”,大力支持华中汽车交易大市场、立泰钢材城、江汉农产品大市场等现代服务业项目加快建设。

二是在重大基础设施项目上突破。积极争取江汉平原货运铁路、华润电力仙桃火力发电项目早日开工建设,争取支持、谋划和推进事关仙桃经济社会发展的孝仙嘉武汉外环高速公路、国网仙桃通用机场、武汉至仙桃城际铁路、汉江仙桃多功用码头等重大项目建设,构建综合交通。加快推进仙桃智慧城市、生活垃圾焚烧发电、乡镇引汉供水工程等重大项目建设。

三是在新型城镇化项目上突破。围绕构建城乡一体化发展体系,按照大城市构架谋划重大项目,完善中心城区和重点镇功能性建设。积极推进新型城镇化,推进城镇道路、供排水、电力、能源、垃圾污水处理、城市绿地绿化等项目,加快旅游休闲文化板块、奥体中心、博物馆等重大项目建设。

六、工作措施

我市将不断强化工作措施,化不利为有利,变压力为动力,再谋新局、再攀新高。

(一)培植投资主体,增强各方投资意愿

加大“跑部进京、跑省进厅”力度，下气力做好重大项目申报、审批和跟踪衔接工作。积极争取金融部门支持，尽快解决一批因资金困难而“半停半建”项目。以党的群众路线教育实践活动为主线，全方位开展百家企业走访调研活动，积极帮助企业解决生产经营和项目建设中遇到的实际困难和问题，提振企业投资信心。

（二）强力招商引资，推进项目落户建设

以思想解放为第一程序，主动攀高结贵，攀大求洋，继续突出巩固“三地”、主攻台资、突破欧美、对接央企、承接武汉、面向全国的招商引资整体布局，集中优势兵力和优势资源，发挥仙桃在外“五有人士”作用，聚精会神抓招商。始终围绕“五大”支柱产业，充分放大“中国食品产业名城”、“中国非织造布产业名城”、“华中汽车零部件产业名城”的名片效应，着力引进龙头型、关联性、配套型企业，多育骨干，多造明月。

（三）优化投资环境，开展专项整治活动

进一步解放思想、简政放权，深入推进行政审批制度改革，加快推进“四减五制三集中”改革。加大反腐倡廉力度，营造风清气正的发展环境。进一步抓好项目建设环境综合治理，开展建设环境专项整治活动，坚持民警驻勤制，依法打击“沙霸”、“石霸”、强买强卖、非法阻工等不法分子和违法行为，切实维护项目建设环境。

（四）破解要素制约，积极落实建设条件

加强发改、规划、国土资源、环保等部门之间的沟通协作，确保土地、环境容量、资金等要素稳定有效供给。进一步完善和落实省市重点项目建设用地优先保障制度，从简从快审批环评前置条件，推动“银企对接”工作常态化、规范化，加大对重点项目的贷款支持力度。

（五）落实领导责任，狠抓项目督查调度

进一步健全部门联席会制度，按照每周一协调，每月一督办，每季一调度，半年一拉练，年终一总结的“五个一”工作要求，分析投资运行态势，总结重大项目建设情况，集中查找和协调解决存在的问题，确保重大项目的顺利推进和实施。

2013年潜江市投资发展报告及2014年展望

潜江市发展和改革委员会　潜江市统计局

2013年，潜江市以开展“全市重大项目建设推进年”活动为契机，积极开展对上争投资、向内扩投资、信贷增投资、平台融投资、社会拉投资等，不断搭建项目建设新平台，切实解决项目建设中存在的问题和难点，潜江市2013年固定资产投资保持稳步增长态势，在经济普遍下滑情况下，仍然再创历史新高。

2013年潜江市累计完成全社会固定资产投资305.88亿元，同比增29.0%，圆满完成全年的目标任务。

一、潜江市固定资产投资运行的主要特点

（一）投资项目规模扩大，新开工项目增加，续建和竣工项目有所减少

（1）投资项目规模扩大。2013年全市共有施工项目483个，较去年减少27个，施工项目计划总投资430.79亿元，同比提高10.0个百分点。单个项目平均投资规模为8 919万元，同比提高16.1个百分点。

2013年，全市共有亿元以上项目100个，较去年增加28个，计划总投资318.83亿元，净增42.45亿元，同比增长15.4%。其中10亿元及以上项目6个，较去年增加1个。

（2）新开工项目形势持续好转。虽然整体新开工项目数不如2012年，但

自4月份开始，全市新开工项目形势逐步好转，扭转了前期新开工项目个数减少、增速下滑的态势，新开工项目个数增速由1-2月份的下降59.0%逐步回升到上半年的下降7.0%。

2013年，全市新开工项目350个，完成投资215.39亿元，增长48.7%，高于固定资产投资增速22.2个百分点，占固定资产投资的比重为75.5%，同比提高11.2个百分点。其中，工业新开工项目161个，较去年增加20个，完成投资149.71亿元，增长88.6%，高于工业投资增速57.2个百分点，占工业投资的比重为75.4%，同比提高22.9个百分点。

（3）续建项目投资增长趋缓。2013年，全市续建项目累计完成投资69.77亿元，占固定资产投资的比重为24.5%，较去年同期下降11.2个百分点；同比下降13.4%，低于新开工项目投资增速62.1个百分点，低于500万固定资产投资增速39.9个百分点。其中工业续建项目完成投资48.88亿元，同比下降31.9%。

（4）竣工项目有所减少。2013年，全市共竣工项目343个，同比减少30个；竣工项目完成投资163.48亿元，占全部投资的72.5%、同比增长21.5%、低于全市投资增幅5.0个百分点。

（二）重点领域投资加大，优势行业投资集中度高

（1）工业投资加速运行。2013年，全市工业完成投资198.59亿元，增长31.4%，全年增速从3月份的15.8%到半年的23.5%再到三季度的31.0%，一直保持加速运行态势。工业投资占投资比重为65.5%，同比上升了1.1个百分点。

作为潜江三大产业园区的华中家具产业园、杨市食品产业园以及开发区化工产业园在投资中居于主导地位，累计完成投资85.20亿元，同比增长

35.0%。

（2）第三产业投资提速。2013年，第三产业完成投资98.54亿元，同比增长24.9%，占投资总额的比重为32.5%。其中房地产投资18.10亿元，同比增长97.9%；交通运输和仓储邮政业完成投资17.37亿元，同比增87.3%;科学研究和技术服务业完成投资4.86亿元，同比增502.0%。

（三）转变增长方式，加快结构调整

2013年，工业技改投资超额完成年度目标，完成投资117.63亿元，增长81.4%，占工业投资比重59.2%，比去年提高16.3个百分点。

（四）统筹城乡发展，“三区两园”增速领先

（1）第一产业投资快速增长。2013年，第一产业完成投资6.13亿元，增速同比提高了31.3个百分点，比重同比提高0.1个百分点。其中，畜牧业完成投资1.77亿元，同比增长26.4%；渔业完成投资1.09亿元，增长29.5%。

（2）“三区两园”投资增速领先。2013年，“三区两园”完成投资139.44亿元，占全市固定资产投资的46.0%，同比增长31.7%，增速高于全市投资平均增速2.4个百分点。

（五）完善民生建设，保障房建设超额完成任务

2013年，全市电力、热力和水的生产和供应业完成投资4.86亿元，同比增长74.3%；居民服务和其他服务业完成投资6.41亿元，同比增长5.9%。

保障性安居住房建设对改善民生、稳定房地产市场、巩固调控成果具有重要的意义，为此，市委、市政府自我加压，2013年我市实际新开工各类保障性住房5 261套，完成市级目标任务的100.6%。

（六）房地产刚性需求旺盛

2013年，全市房地产开发投资18.11亿元，同比增长97.9%。其中商业营

业用房完成投资7.47亿元，同比增长74.2%；住宅类完成投资8.62亿元，同比增长79.7%，其中90平方米及以下住宅投资1.29亿元，同比增长73.1%，144平方米及以上住宅投资0.22亿元，同比下降55.6%。

2013年，全市商品房销售面积40.97万平方米，上升20.1%。其中，住宅销售30.55万平方米，同比增长32.8%。其中90平方米及以下的刚需房销售10.53万平方米，同比增长411.5%，比住宅销售增幅高出378.7个百分点，占全市住宅销售面积比重由2012年度的9.0%提高到34.5%。

二、几个值得关注的问题

虽然2013年潜江市固定资产投资在逆境中取得了不错的成绩，但是我们也要看到投资运行中存在的一些不容忽视的问题，应当引起决策者的高度关注。

（一）投资增速下滑

自8月份开始，全市投资增速虽有所加快，但2013年全市投资增速仍低于去年同期6.7个百分点。2013年，全市投资占全省的比重仅为1.5%。

（二）油田投资持续放缓

历来油田作为潜江投资完成的重要支撑，完成的投资应占全市完成投资的40.0%左右，但今年油田完成投资46.37亿元，仅占全市完成投资的15.3%，去年同期占全市完成投资的16.3%，份额持续缩小。

（三）三大产业完成投资发展失衡

一、二产业完成投资增幅明显高于三产业，与国家和地方倡导的大力发展第三产业，促进产业升级的政策方针有所偏差，一、二、三产业完成投资占全部投资的比重分别为2.0%、65.5%、32.5%，去年分别为2.0%、64.6%、

33.4%,二、三产业份额有所变化,三产业比例还在下降。

(四)资金来源仍显单一

2013年,全市到位资金302.48亿元,同比增长19.9%,低于投资增幅9.4个百分点。资金来源以国内贷款和自筹资金为主,这两项占到全部到位资金的96.0%,国家预算资金和利用外资明显不足。

三、2014年固定资产投资预期增长目标及发展重点

2014年全市全社会固定资产投资计划目标增长20%,预期完成367亿元;工作目标增长30%,争取完成397.5亿元。

(一)确保投资稳定增长

以项目建设为抓手,发挥项目建设对投资的带动作用,做到一切围绕项目转,一切围绕项目干。完善项目推进工作机制,加大重点项目推进力度,确保项目早落地、早开工、早竣工,切实把项目变成产业、变成基础设施、变成生产力。

(二)推动投资结构优化

以增量投资优化和存量投资调整为手段,大力推进传统产业转型升级,由粗放型向高技术、高附加值的精深加工转变,实现传统产业高新化;突破发展服务业,加快现代服务业聚集区发展,促进高端生产性服务和高品质生活性服务的集聚发展,大力发展信息消费、服务外包等新型业态。进一步推进投资主体多元化,拓宽民间投资的领域和范围,增强投资的内生动力。

(三)完善政府投资管理

认真落实《潜江市政府投资项目管理办法(试行)》,进一步规范政府投资项目决策程序和组织实施程序,充分发挥好政府投资“四两拨千斤”的引领和

撬动作用。

（四）突出投资发展重点

紧跟国家投资政策新变化，围绕新型城镇化，加大老城区改造、新城区建设，完善交通、电力等基础设施；以改善民生为重点，加大对保障性安居工程、教育、医疗等社会民生事业的投入；以产业转型升级为导向，推动小龙虾、盐化工、家具等关联产业加快发展，形成地方特色的产业循环经济。

四、工作措施

（一）进一步抓好项目策划储备

一是针对性谋划一批重点项目。重点策划储备一批产业关联度高、产业链长、辐射面广、带动性强的重大产业项目和“打基础、管长远”的重大基础设施项目。二是做实前期协调准备工作。着重抓好项目规划、土地、环评、能源和原材料供应等前期各项准备工作，形成“策划—储备—推进—成熟—实施”梯次接续。三是建立完善项目信息管理系统。建立项目信息管理平台，对全市项目实行分级、分类的动态管理，实现项目管理的科学化、规范化和信息化。

（二）进一步做好招商引资工作

一是转变招商引资理念。围绕传统支柱产业的转型升级和战略新兴产业的加快发展，引进一批清洁能源、低碳环保、新兴材料等循环经济项目。二是创新招商引资方式方法。完善“谈（项目洽谈）、签（签订合同）、建（项目建设）、利（利益分成）、考（考核结账）”的招商引资办法，营造“亲商、安商、扶商、富商”的良好氛围。三是继续开展招商引资“百日行动”。积极做好与客商的对接、衔接工作，确保项目落地建设。

（三）进一步狠抓投资要素保障

一是强化资金保障。一方面大力争取中央和省资金支持，另一方面积极搭建融资平台，推动银政、银企合作，引入保险资金，拓宽融资渠道。二是强化用地保障。积极争取省级建设用地机动指标，大力推进城乡建设用地增减挂钩，建立用地定期清理退出机制，确保重点项目建设用地需求。

（四）进一步优化项目投资环境

一是推动行政审批提速。按照“审批事项最少、审批流程最短、审批时限最快”的工作目标，全面清理行政审批事项，实行“并联审批”和“一站式”服务。二是开展建设环境专项整治。由市纪检、监察、公安等部门定期开展项目建设环境专项整治行动，对重大建设项目实行挂牌保护。

（五）进一步完善投资工作机制

一是完善投资运行监测分析制度。围绕年度目标任务，定期召开全社会固定资产投资分析会议，确保投资的全年均衡调度和目标任务的圆满完成。二是坚持市领导联系重点项目制度，帮助企业解决项目推进过程中存在的困难和问题，确保重点项目建设快速有效推进。三是推行绩效问责制度。对招商引资和重点项目建设实行分类考核，考核结果作为目标管理考核的重要依据，实行绩效问责。

2013年天门市投资发展报告及2014年展望

天门市发展和改革委员会 天门市统计局

2013年,天门市经济社会发展保持了稳中有进的态势,经济企稳回升,民生改善,固定资产投资项目建设不断积极稳妥推进,在投资体制改革不断深化、投资环境持续优化前提下,投资结构调整取得了积极进展,全市固定资产投资平稳较快发展。

一、2013年天门市固定资产投资运行基本情况

(一)固定资产投资增速前高后低,总体增速平稳

2013年,全市固定资产投资规模总量(不含农户投资)突破250亿元,完成260.75亿元,同比增长30.3%,投资规模总量创新高。从运行态势上看,2013年全市固定资产投资高开低走,全市投资总体增长平稳。

(二)投资结构不断调整,三次产业投资全面增长,第二产业仍是投资的主体

1—12月,全市三次产业投资的比例为6.7:60.8:32.5,第一、三产业投资占比分别比去年同期下降1.2、5.6个百分点,第二产业比去年同期提高6.4个百分点。

1—12月,全市第一产业在一系列鼓励“三农”政策、社会主义新农村建设、城乡统筹及支农惠农政策等项目推动下,农林牧渔业投资呈现较高增长

态势，全市农林牧渔业完成投资17.45亿元，占全市投资总量的6.7%。

第二产业投资在工业投资项目的推动下，完成投资158.62亿元，占全市投资总量的60.8%，同比增长45.7%，高于全市投资增速15.4个百分点。其中，工业投资作为拉动投资增长的主力，完成投资158.57亿元，占全市投资总量的60.8%，增长45.6%，高于全市投资增速15.3个百分点。

第三产业在基础设施建设项目推动下，完成投资84.63亿元，占全市投资总量的32.5%，同比增长22.1%，其中，以交通、水利为主的基础设施完成投资47.52亿元，增长111%，此外，教育、卫生、社会保障和社会福利等民生社会事业方面的投入也有所加大，教育完成投资4.1亿元，增长83.7%，卫生和社会工作完成投资5.13亿元，增长102%。

（三）非国有经济投资占据主体，民间投资较快增长

1—12月，按登记注册类型分，全市国有经济投资完成30.16亿元，同比增长97%，占全市投资的比重为11.6%；非国有经济投资完成230.59亿元，占全市投资的比重为88.4%，增长24.7%，继续占据主导地位，其中：私营个体经济完成投资102.65亿元，增长48.2%，其他投资完成17.73亿元，同比增长87.5%。

随着天门市陆续推出促进民营经济发展政策，鼓励民营资本参与交通运输、能源、水利、市政等领域的建设，全市民间投资规模较快增长，增速有所加快。1—12月，全市民间投资完成214.82亿元，占全市投资总量的82.4%，同比增长28.8%。民间投资中三产业结构比例为8.1∶71∶20.9。

（四）大项目拉动力强，亿元以上项目是重要动力

2013年，全市建设与改造投资项目个数为546个，同比增长12.6%。其中，亿元以上施工项目个数为87个，比2012年同期增加46个，亿元以上施工

项目完成投资111.83亿元，同比增长112.2%，占全市完成投资的比例为42. 9%，全市建设与改造项目计划总投资超过5亿的项目10个，占全市建设和改造项目个数的比例为1.8%，本年完成投资22.91亿元，占全市完成投资比例的8.8%。重点项目中，景天3 000台高速剑杆织机生产扩规，卓泰棉纺化纤织造生产、天钛年生产1 600吨高性能钨钼合金材料、天门天仕达产业园、中国（天门）棉花交易中心、天门供销华西商贸城等项目支撑作用明显，大项目是拉动全市建设与改造项目投资平稳增长的重要动力。2013年，有57个亿元以上的重大项目建成投产，完成投资61.8亿元，占全市完成投资比例的23.7%，直接带动全市投资效益的提高。

（五）房地产开发投资增速放缓，销售面积平稳增长

2013年，全市房地产开发企业完成投资15.24亿元，同比增长2%，低于全市投资增速28.3个百分点。房屋销售面积49.73万平方米，同比增长22.1%，其中，住宅销售面积48.52万平方米，同比增长30.2%。

（六）工业投资项目建设进展顺利，工业投资平稳较快增长

2013年，天门市工业投资平稳增长，结构不断优化，转型升级加快。1—12月，全市工业完成投资158.57亿元，同比增长45.6%，占全市投资总量的60.8%，是投资快速增长的重要动力。其中，制造业投资占比最大，完成投资149.57亿元，增长43.1%，占工业投资总量的94.3%。在工业投资中，纺织业完成投资12.05亿元，增长68.8%；通用设备制造业完成投资16.85亿元，增长87.9%；农副食品加工业完成投资13.18亿元，增长8.3%；化工原料及化学制品制造业完成投资18.07亿元，增长572.2%；电气机械和器材制造业完成投资10.05亿元，增长104.5%；电力、燃气及水的生产和供应业完成投资8.99亿元，增长107.1%。

（七）基础设施投资较快发展，城乡面貌与形象不断提升

2013年，全市基础设施建设投资在交通运输和市政建设带动下，城乡面貌与形象不断提升，城市综合功能不断增强。1—12月，全市基础设施完成投资47.52亿元，同比增长111%。其中：电力、燃气及水的生产和供应业完成投资8.99亿元，增长107.1%；交通运输业完成投资13.42亿元，增长116.9%；水利、环境和公共设施管理业完成投资12.69亿元，增长109.7%。

（八）资金到位情况良好

2013年，全市投资项目资金到位281.99亿元，同比增长33.2%，高于全市投资增速2.9个百分点。其中，国内贷款68.19亿元，同比增长86.5%，占本年资金来源的比重为24.2%；国家预算资金20.56亿元，增长35.4%，占本年资金来源的比重为7.3%；自筹资金176.93亿元，增长26.3%，占本年资金来源的比重为62.7%；其他资金15.25亿元，下降23.4%，占本年资金来源的比重为5.4%。

二、2014年预期增长目标

面对2013年年初经济明显下行的严峻形势，我市坚持以发展为重，主动作为，全年经济运行总体平稳，稳中有进，稳中向好，基本完成了年初预定的投资目标，为2014年目标的实现奠定了坚实的基础。2014年，虽然国际经济形势仍处于深刻调整中，但全国乃至我市经济发展长期向好的基本面没有变，随着国家积极的财政政策和稳健的货币政策继续实施，尤其是市场在资源配置中决定性作用的进一步发挥，全省“两圈两带”战略的有力推进，我市仍处于跨越赶超的黄金机遇期。基于以上考虑，我市2014年固定资产投资预期目标设定为340亿元，增长25%。通过初步统计，2014年计划在建项目

330个，全年计划总投资2 705 238万元，其中先进制造业项目143个，全年计划总投资1 312 132万元；现代服务业项目50个，全年计划总投资485 209万元；基础设施项目35个，全年计划总投资381 595万元；生态环境建设项目20个，全年计划总投资122 900万元；农业水利项目59个，全年计划总投资288 482万元；社会发展类项目23个，全年计划总投资114 920万元。2014年计划新开工项目263个，全年计划总投资2 015 611万元，其中先进制造业项目101个，全年计划总投资1 166 880万元；现代服务业项目20个，全年计划总投资223 700万元；基础设施项目49个，全年计划总投资234 367万元；生态环境建设项目18个，全年计划总投资112 943万元；农业水利项目51个，全年计划总投资175 943万元；社会发展类项目24个，全年计划总投资101 778万元。

三、主要任务和发展重点

（一）推进产业投资，增强投资的原始动力

一是突出工业投资的主体地位。着力实施天门生物产业园、泵阀产业园、台湾工业园、服装科技城等一批重大产业项目。二是积极引导和增强农业投资。依托本地资源优势，以投资推动农业产业化，引进一批食品加工企业，同时加强乡镇农业生产基地项目建设，以投资促进现代化农业发展。三是努力促进物流业集聚发展。积极策划实施一批服务业集聚区、物流园区等重大项目，加快推进华西农商城、中国（天门）棉花交易中心二、三期等一批现代服务业项目建设。

（二）改善发展环境，增强基础设施的承载力

一是突出抓好重大交通基础设施建设。扎实推进江汉平原货运铁路、天门工业园港区等一批重大基础设施项目建设。二是积极争取大型水利工程

建设。推动汉江干堤整治、汉北河河堤整治和天门河下段综合治理工程、南水北调汉江沿线闸站改造工程等重大水利基础设施项目建设。三是着力加强能源电力项目建设。围绕提高能源电力保障能力的重点项目进行策划和推动。四是加强增强城镇功能的重点项目建设。加快中心城区体育馆、青少年宫、博物馆、科技馆等一批完善城市功能、提升城市品位的项目建设进度。加快重点镇、中心镇供排水、垃圾处理、污水处理等公共基础设施以及养老院、文化场所等公共服务设施建设。

(三)推进民生工程,增强和谐发展的向心力

一是大力推进保障安居工程项目建设,积极完成农村改水工程,解决农村人口的安全饮水问题。二是大力推进中小学校舍安全续建工程,农村学校标准化建设和办学条件均等化,重点支持学前教育建设工程、初中工程、特殊学校、教师周转房、职教园区等教育项目建设。三是支持重大疾病防控体系、妇幼保健院、中医院、乡镇卫生院等一批基础卫生设施建设项目,积极支持岳口镇天门市二医院按县级医院建设。四是谋划养老服务体系建设。

四、工作措施

(一)狠抓项目建设

将全年投资任务分解落实到乡镇园区,落实到具体项目,按照倒排工期的法则逐月分解落实,进行督导,重点项目落实市领导、专班包保责任,解决项目建设中的问题,组织开展"重大项目建设年"活动,做好重大项目供地、环评、银企对接等前期相关协调工作。

(二)突出工业引领

抓住技术改造项目前期工作相对简单、建设进度快的特点,组织实施一

批重大技术改造项目和示范工程，在纺织服装、机电汽配、医药化工、生物等优势领域推进一批技术改造项目，以技术改造为引领，提高工业投资占比，推动产业升级和结构调整。

（三）加强引进争取

一方面积极争取纳入省级、国家级战略以及“十二五”规划中的一批重大项目尽快启动前期工作并开工建设。另一方面，加强招商引资，对接央企、引进民企，围绕产业链招商、资源优势招商、转型升级招商，争取引进一批规模大、档次高、成长性好的项目，并促进项目落地。

（四）积极谋划储备

一是做好重点产业前期工作。科学编制纺织服装、机电汽配、医药化工、食品加工四大产业发展规划，着力培育生物产业发展，积极谋划不锈钢产业园、机电汽配产业园、泵阀产业园、纺织服装产业园等一批百亿产业园。二是加大项目申报争取力度。认真研究国家产业政策和投资导向，重点围绕承接产业转移示范区、汉江生态经济带建设争取项目。加快推进和做好武天城际铁路、武天高速、路口电厂、通用机场、货运铁路支线等项目的跟踪衔接。三是策划一批有利于改善民生和促进社会事业发展的民生项目。

（五）努力扩大民间投资

切实把中央、省鼓励民间投资的政策落到实处，营造良好投资环境。引导民间资本向产业集聚区基础设施、社会公共服务、公用事业领域以及小额贷款、担保机构、政府投融资平台等金融服务领域投资。调动民间投资的积极性，扩大民间投资占比。

2013年神农架林区投资发展报告及2014年展望

神农架林区发展和改革委员会　神农架林区统计局

2013年是推动神农架经济转型跨越发展的关键一年。全区上下紧紧围绕林区党委、政府工作目标，把项目建设作为率先实现转型跨越的重要保障和支撑来抓，科学谋划项目，积极争取项目，加快建设项目，着力加快改善民生工程建设、基础设施建设、推进工业项目建设，加快启动一批事关全区长远发展和带动性强的大项目、好项目。全区上下鼓足干劲，齐心协力，真抓实干，圆满完成了林区党委、政府年初确定的固定资产投资增长20%以上的目标，神农架固定资产投资呈现又好又快的发展态势，有力拉动了全区经济的增长。

一、固定资产投资运行的总体情况

固定资产投资是建造和购置固定资产的活动，是经济增长的前提和保证，是优化产业结构的重要途径，也是实现经济持续健康发展的重要动力。2013年，神农架完成固定资产投资250 541万元，同比增长28.1%，增速比2012年提高0.9个百分点，首次突破了25亿元大关。投资规模的不断扩大，对全区社会经济的发展起到了重要的推动作用。

从三次产业看，2013年，全区第一产业完成投资13 774万元，同比持平，占全区固定资产投资的比重为5.5%；第二产业完成投资54 865万元，同比增长42.7%，占全区固定资产投资的比重为21.9%；第三产业完成投资181 902万元，比去年同期增长26.9%，占全区固定资产投资的比重为72.6%。

从项目个数看，2013年，全区施工项目79个，同比增加6个，比去年同期增长8.2%。其中新开工项目41个，同比增加15个，完成投资157 010万元，同比增长20.1%，占项目投资的62.7%。新开工项目持续增加有力推动了投资的较快增长。

从经济类型看，2013年，全区非国有经济完成投资75 344元，同比增长30.6%，增速高于项目投资2.5个百分点。国有经济完成投资175 197万元，同比增长27.1%，非国有经济比国有经济投资增幅高出3.51个百分点，占全区固定资产投资的比重达到30.7%，比重比去年同期提高了7个百分点。

二、固定资产投资运行的主要特点

（一）亿元以上重大项目支撑作用显著增强

2013年，全区进一步加大对亿元以上固定资产投资项目建设的督导力度，强力推进亿元以上固定资产投资项目建设，确保固定资产投资项目顺利进展。全年在实际开工建设的各类投资项目中，全区计划总投资亿元及以上项目22个，同比增加9项；完成投资136 146万元，同比增长1.5倍，占固定资产投资的54.3%。这些大项目投资规模大，建设周期长，对投资的拉动有直接作用和长远影响，为全区固定资产投资稳步增长夯实了基础。

（二）三次产业投资结构呈现“三二一”的态势

提高经济发展质量在很大程度上是通过调整投资结构来实现的，从全区三次产业结构分析，2013年，全区第一产业完成投资13 774万元，同比持平，占全区固定资产投资的比重为5.5%；第二产业完成投资54 865万元，同比增长42.7%，占全区固定资产投资的比重为21.9%；第三产业完成投资181 902万元，比去年同期增长26.9%，占全区固定资产投资的比重为72.6%。三次产业投资结构由上年的7.0∶19.7∶73.3调整为5.5∶21.9∶72.6，呈现“三二一”的特点。第三产业是大量吸纳劳动力的产业，是解决就业问题的重要途径，第三产业投资的发展，对加快推进全区新型城镇化进程，提高城镇化质量和水平具有重要的作用。

（三）重点建设项目拉动投资贡献突出

2013年，神农架飞机场、温泉旅游度假区和神农架大九湖湿地生态移民及坪阡古镇迁建、玉泉河流域开发电站项目、保障性安居工程、神农御酒迁建、中华小蜜蜂、大九湖湿地公园等66个重点建设项目进展顺利，累计完成投资204 191万元，占固定资产投资总额的81.5%。其中省重点项目3个，完成投资42 839万元，占固定资产投资总额的17.1%，占重点建设项目投资的21.0%。重点建设项目贡献突出。

（四）第三产业投资成为全区投资的支柱力量

随着全区生态经济发展不断深入，投资和发展第三产业观念已深入人心，相应的优惠政策的实施，使更多的资金流向生态旅游及相关产业。2013年，第三产业完成投资181 902万元，比去年同期增长26.9%，占全区固定资产投资的比重为72.6%。第三产业投资无疑仍是拉动全区投资的支柱力量。

（五）重点领域投资高速增长比重稳步提升

为更好地承载项目建设需要，全区加大了城市基础设施建设，民生和社会事业投资持续增长，人文环境得到有效改善。2013年，全区共完成基础设施投资159 110万元，同比增长21.7%，占固定资产投资的63.5%。其中，交通运输业完成投资63 050万元，同比增长8.2%；电力设施完成投资35 315万元，同比增长27.0%，水利环境业完成投资53 625万元，同比增长40.3%，文化教育和卫生业完成投资7 120万元，同比增长11.3%。

三、固定资产投资中存在的问题

总体来看，2013年固定资产投资整体运行平稳，保持着良好的发展态势，但也存在着一些值得关注的问题：

（一）受国家政策影响，投资项目前期工作缓慢

受国家宏观调控政策的影响，特别是土地和信贷政策仍未松动，投资项目因土地指标控制、土地审批节奏放缓以及贷款审批严苛等因素，致使中小企业融资难等现象仍将在一段时间内制约投资发展。

（二）受各种因素影响，投资项目推进工作困难

不管是政府投资项目还是企业投资项目，项目落地难仍是一个突出问题。虽然已深入开展项目攻坚落实突破活动，对项目建设中拆迁难、征地难的问题有所缓解，但不可能立竿见影，依然需要一个漫长的过程，在一定程度上仍将影响项目推进。

（三）受地理位置影响，投资再创新高难度加大

神农架是偏远山区，交通不便，再加上近年来投资规模、投资总量连上新台阶，投资基数大，今后，要继续保持较高的投资增速难度日益加大。

四、2014年预期增长目标

2014年计划完成投资31亿元，增幅为25%，提前一年完成“十二五”确立的90亿元规划目标。

（一）有利因素

一是中央继续实施积极的财政政策，将稳定提高市场投资信心；二是随着神农架机场建成通航、“双神线”竣工通车及周边交通条件改善，将进一步拓展旅游消费市场空间，旅游基础设施方面的投入力度加大；三是农林企业逐步成长壮大，劲牌神农架酒业、神农架小蜜蜂、神农架陆羽生态茶、神农架药业、神农架山野菜等一批重点项目推进加快，投资将有一个较大增长；四是一批国家级及省级层面的政策规划启动实施，主要有生态保护与经济转型规划（国家级）、国家生态文明先行示范区建设规划（国家级）、主体功能区试点（国家级）、湖北汉江生态经济带规划（省级），这些将极大支持神农架持续发展。

（二）不利因素

一是随着全国性经济下行压力加大，外部企业对旅游为主的资源性项目投资意愿相对减弱；二是要素制约突出，项目征地难搬迁难问题将更加突出，项目推进难度加大；三是政府举债更加审慎，以政府主导的基础设施建设速度将有所放缓；四是土地资源更为稀缺，项目落地压力大。

五、主要任务和发展重点

（一）生态保护能力建设，计划完成投资4亿元

主要包括治理修复生态环境建设、推进天然林保护工程建设、新一轮退耕还林项目建设、大九湖湿地保护与恢复二期工程建设、生态区建设、“一江两山”生态景观建设、生态移民、地质灾害治理和小流域治理等“八大工程”。

（二）生态旅游产业建设，计划完成投资23亿元

一是旅游项目建设有下谷古怪谷漂流、神农杉后、五峰山道教、盐麻古道、送郎山等景区，完成官门山伐木场景再现、神农坛节气园文化展示中心建

设;二是旅游服务设施建设有炎帝大剧院、传奇神农印象中心建设,加快神农山庄二期、神农书院、君兰酒店建成开业,温泉、天和、惠林国际、下谷酒店、大九湖宾馆、青天袍度假村、龙降坪会议中心等7家高端酒店完成主体工程等;三是旅游配套设施建设有完成龙降坪、柏杉园基础设施、红花养生古镇移民搬迁及安置房建设,坪阡古镇150户移民安置,古镇格局基本形成。争取"神保"高速公路、松柏至阳日一级公路、"盘宋线"开工建设,确保"大九"线、"大下"线建成通车,推进观光小火车、机场至官门山索道项目。

(三)生态产业园区建设,计划完成投资5亿元

加快盘水生态产业园区基础设施配套,建成园区科技孵化园,加快推进劲牌神农架酒业迁建项目、康帝饮用水厂、中蜂生态产业、陆羽生态茶加工、聚能药业中药饮片技改、艾叶浸膏提取等重点项目竣工投产。对接伊利核桃粉、九州通中药饮片项目落地。加速阳日循环产业园区绿色低碳发展。

(四)社会保障体系建设,计划完成投资5亿元

启动木鱼医疗救护中心、红花中学迁建、炎帝神农文化交流中心建设,完成木鱼、下谷、板桥幼儿园建设,实施大九湖小学、中心卫生院、林区妇幼保健院迁建工程。继续实施保障房建设工程,新建改造保障性住房4 070户。

六、工作措施

(一)立足协调服务,加快重点项目建设

一是继续实行领导干部负责制,每个重点项目明确一名区级领导,负责项目进展的协调和督办;二是完善部门联动机制,坚持定期召开"圆桌会议",协调解决项目建设中的困难和问题;三是按照"减程序、减费用、减时限"要求,推行项目建设收费"一费制"。

(二)改善投资环境,进一步拓展投资来源

一是要继续大力引导和支持民间资本参与基础产业和基础设施项目建设;二是要完善对中小企业的支持政策,创造公平竞争的投资发展环境;三是要积极为企业和金融机构牵线搭桥,加大金融机构信贷支持力度;四是进一步精简投资审批程序,缩短行政审批时限。

(三)强抓项目策划推进,促进项目落地开工

按照“策划引进一批、开工建设一批、完工投产一批”的原则,突破难点攻坚,着力实施策划项目攻落地、落地项目攻开工、在建项目攻进度、待竣工项目攻完工,滚动推进项目建设。加大招商引资力度,围绕农林产业、旅游产业,借助木鱼生态旅游度假区和盘水生态产业园区平台,大力实施招商引资战略。

(四)强化项目政策争取,保障重点项目稳步推进

研究和把握国家投资导向,做好与上级部门的对接,力争更多重点项目获得国家政策支持。

ZILIAO

资料篇

表4-2　各行业固定资产投资完成情况

单位：亿元

	2011年	2012年	2013年
全省总计	12 569.51	16 044.87	20 177.45
一、农、林、牧、渔业	352.12	520.54	562.54
其中：农业	100.09	157.07	159.87
其中：农、林、牧、渔服务业	101.60	129.44	157.92
二、采矿业	265.36	339.72	369.67
煤炭开采和洗选业	45.88	51.88	55.75
石油和天然气开采业	36.50	38.72	49.84
黑色金属矿采选业	28.01	51.44	46.66
有色金属矿采选业	17.81	23.34	31.01
非金属矿采选业	131.98	155.25	157.53
开采辅助活动	0.99	14.71	23.31
其他采矿业	4.19	4.38	5.57
三、制造业	4 759.90	6 485.08	8 219.26
农副食品加工业	334.47	460.39	684.86
食品制造业	134.71	194.62	243.04
酒、饮料和精制茶制造业	112.56	154.39	244.96
烟草制品业	10.17	11.70	11.51
纺织业	246.72	272.61	329.08
纺织服装、服饰业	155.77	171.44	194.71
皮革、毛皮、羽毛及其制品和制鞋业	30.84	47.56	69.10
木材加工及木、竹、藤、棕、草制品业	79.35	97.58	99.89
家具制造业	49.51	100.75	132.09
造纸和纸制品业	61.19	111.06	149.27
印刷业和记录媒介复制业	41.91	66.70	80.75
文教、工美、体育和娱乐用品制造业	29.79	29.56	64.75
石油加工、炼焦及核燃料加工业	131.28	116.02	58.36
化学原料及化学制品制造业	365.14	508.40	605.09
医药制造业	134.90	213.66	267.54
化学纤维制造业	14.37	16.36	15.22
橡胶和塑料制品业	148.64	180.98	250.32
非金属矿物制品业	524.13	686.90	818.85
黑色金属冶炼及压延加工业	299.49	192.27	192.16
有色金属冶炼及压延加工业	90.20	71.44	126.18
金属制品业	199.21	277.77	323.24
通用设备制造业	215.23	356.23	386.23
专用设备制造业	270.15	453.10	550.85

表4–2　各行业固定资产投资完成情况(续表)

单位:亿元

	2011年	2012年	2013年
汽车制造业	471.32	780.90	1 017.94
铁路、船舶、航空航天和其他运输设备制造业	88.31	97.24	151.88
电气机械和器材制造业	243.24	317.43	522.99
计算机、通信和其他电子设备制造业	171.33	288.19	401.94
仪器仪表制造业	33.99	80.68	94.39
其他制造业	41.06	65.75	48.13
废弃资源综合利用业	25.54	39.97	69.24
金属制品、机械和设备修理业		23.41	14.71
四、电力、燃气及水的生产和供应业	470.78	443.34	531.71
电力、热力生产和供应业	351.22	318.57	343.14
燃气生产和供应业	29.40	38.94	51.25
水的生产和供应业	90.17	85.83	137.31
五、建筑业	30.36	51.03	104.63
六、批发和零售业	401.85	438.28	520.65
七、交通运输、仓储和邮政业	1 152.61	1 305.44	1 733.95
其中:铁路运输业	154.42	69.02	70.08
道路运输业	746.86	897.95	1 205.69
水上运输业	87.78	81.17	94.11
航空运输业	9.42	13.66	48.43
八、住宿和餐饮业	216.35	213.56	270.24
九、信息传输、软件和信息技术服务业	82.00	94.29	114.95
十、金融业	30.33	48.12	81.53
十一、房地产业	2 508.01	3 248.38	4 317.35
十二、租赁和商务服务业	106.96	231.76	307.23
十三、科学研究和技术服务业	40.36	85.64	93.62
十四、水利、环境和公共设施管理业	1 170.82	1 351.35	1 853.06
水利管理业	194.78	232.40	247.98
生态保护和环境治理业	66.71	44.72	72.58
公共设施管理业	909.33	1 074.23	1 532.49
十五、居民服务和其他服务业	52.46	55.40	108.69
十六、教育	153.55	188.95	203.36
十七、卫生和社会工作	123.08	154.29	177.35
其中:卫生	103.50	112.93	142.44
十八、文化、体育和娱乐业	119.73	175.68	194.01
十九、公共管理、社会保障和社会组织	539.49	614.01	413.64
二十、国际组织			

表4-3　按登记注册类型分的固定资产投资情况

单位：亿元

	2011年	2012年	2013年
总计	12 569.51	16 044.87	20 177.45
一、内资	11 922.24	15 315.74	19 497.88
国有	3 576.83	4 117.99	4 871.98
集体	554.48	651.70	677.53
股份合作	97.38	73.43	131.21
联营	47.30	68.75	78.13
国有联营	16.07	12.27	21.40
集体联营	8.73	8.79	17.77
国有与集体联营	5.70	12.16	21.23
其他联营	16.79	35.54	17.73
有限责任公司	3 228.30	3 940.87	4 867.18
国有独资公司	171.32	135.69	175.04
其他有限责任公司	3 056.98	3 805.18	4 692.14
股份有限公司	987.66	1 319.31	1 487.62
私营	2 877.12	4 194.63	6 150.55
私营独资企业		874.06	1 095.14
私营合伙企业		140.67	143.18
私营有限责任公司		2 049.83	4 453.78
私营股份有限公司		334.84	458.45
其他内资	553.18	949.05	1 233.69
二、港澳台投资	253.89	302.69	245.87
合资经营	138.56	121.23	63.81
合作经营	3.50	1.54	1.12
独资	87.57	147.23	142.00
股份有限公司	24.26	29.64	35.62
其他港澳台投资		3.06	3.32
三、外商投资	328.55	367.76	397.02
合资经营	156.38	195.14	227.87
合作经营	9.74	11.67	8.06
独资	132.90	124.48	116.11
股份有限公司	29.53	14.09	34.38
其他外商投资		4.15	10.60
四、个体经营	64.84	58.68	36.67
个体户	41.03	27.74	19.01
个人合伙	23.81	30.94	17.66

表4–4　分地区固定资产投资完成情况

单位:亿元

	2011年	2012年	2013年
全省总计	12 569.51	16 044.87	20 177.45
武汉市	4 240.46	5 016.08	5 974.53
黄石市	588.38	736.41	947.69
十堰市	486.06	653.95	853.52
宜昌市	1 157.04	1 564.53	2 023.92
襄阳市	1 097.61	1 538.23	1 998.57
鄂州市	328.86	442.74	567.19
荆门市	560.81	761.25	978.50
孝感市	692.71	940.31	1 215.35
荆州市	731.25	995.49	1 287.40
黄冈市	787.66	1 060.33	1 365.57
咸宁市	549.64	739.31	953.00
随州市	362.99	489.73	628.59
恩施自治州	289.96	376.11	471.48
仙桃市	173.06	235.77	306.78
潜江市	172.44	234.54	303.26
天门市	147.09	200.19	260.75
神农架林区	15.37	19.56	25.05

表4–5　分地区按构成分的固定资产投资完成情况

单位：亿元

	2011年			2012年			2013年		
	建筑安装工程	设备工器具购置	其他费用	建筑安装工程	设备工器具购置	其他费用	建筑安装工程	设备工器具购置	其他费用
全省总计	7 779.82	2 724.11	2 065.58	10 729.20	3 028.64	2 287.03	13 921.77	3 670.69	2 584.98
武汉市	2 751.73	607.17	881.56	3 551.28	680.07	784.72	4 195.24	846.75	932.53
黄石市	383.73	149.38	55.28	487.05	180.86	68.50	614.71	213.51	119.47
十堰市	345.28	58.63	82.15	455.39	56.83	141.73	686.15	52.24	115.13
宜昌市	708.60	329.83	118.61	1 031.03	374.52	158.99	1 375.90	476.37	171.65
襄阳市	703.47	249.58	144.56	1 061.38	267.33	209.52	1 510.34	234.97	253.26
鄂州市	200.08	86.08	42.70	342.54	56.88	43.33	398.71	111.15	57.33
荆门市	314.04	190.90	55.88	452.13	229.94	79.17	587.10	296.85	94.55
孝感市	336.22	245.80	110.69	537.96	266.93	135.42	722.20	328.44	164.71
荆州市	437.00	195.50	98.75	633.69	217.10	144.69	873.68	242.88	170.84
黄冈市	389.68	181.33	216.66	684.05	186.66	189.62	995.21	196.49	173.87
咸宁市	339.54	130.83	79.27	402.38	172.76	164.17	570.70	214.11	168.19
随州市	211.26	110.63	41.11	296.05	141.72	51.96	388.08	188.34	52.16
恩施自治州	198.57	42.60	48.79	282.26	41.49	52.35	374.23	39.47	57.79
仙桃市	111.95	38.36	22.75	175.74	46.16	13.87	221.64	77.77	7.38
潜江市	117.82	41.89	12.73	148.98	65.86	19.70	206.11	78.95	18.21
天门市	87.33	48.04	11.71	142.12	42.64	15.42	170.35	70.94	19.45
神农架林区	12.16	1.42	1.80	17.53	0.89	1.14	16.75	1.01	7.30

表4-6 分地区第一产业固定资产投资完成情况

单位:亿元

	2011年	2012年	2013年
全省总计	250.52	391.10	404.63
武汉市	22.46	17.41	13.31
黄石市	12.83	28.61	38.39
十堰市	13.59	16.50	20.04
宜昌市	19.92	31.13	24.22
襄阳市	39.24	46.94	48.26
鄂州市	1.72	4.59	6.88
荆门市	17.18	24.45	32.99
孝感市	23.31	38.88	25.82
荆州市	10.93	24.25	36.03
黄冈市	38.93	44.89	36.62
咸宁市	27.26	59.32	63.74
随州市	11.71	23.29	22.43
恩施自治州	6.20	12.52	16.87
仙桃市		2.62	4.66
潜江市	1.46	3.24	4.21
天门市	2.96	11.19	8.93
神农架林区	0.81	1.28	1.22

表4-7 分地区第二产业固定资产投资完成情况

单位：亿元

	2011年			2012年			2013年		
	第二产业	#工业	#制造业	第二产业	#工业	#制造业	第二产业	#工业	#制造业
全省总计	5 525.41	5 496.05	4 759.90	7 281.04	7 268.14	6 485.08	9 187.25	9 120.64	8 219.26
武汉市	1 220.22	1 198.97	1 093.09	1 702.17	1 698.64	1 615.88	2 266.73	2 258.07	2 164.05
黄石市	335.91	336.02	288.65	417.88	411.71	341.28	500.20	475.80	405.79
十堰市	182.32	182.20	137.84	203.61	193.77	148.91	233.54	227.72	183.39
宜昌市	650.35	649.40	541.85	795.39	794.99	653.84	1 014.49	1 019.36	875.32
襄阳市	641.72	640.62	583.42	845.21	847.10	775.54	1 044.07	1 043.66	990.28
鄂州市	164.20	164.20	154.86	208.00	206.74	188.56	289.38	289.38	256.97
荆门市	320.19	320.01	279.79	396.06	396.89	353.65	495.86	495.59	435.99
孝感市	360.42	359.03	310.92	543.57	537.47	484.10	674.98	668.31	603.17
荆州市	409.80	405.80	380.64	582.93	578.58	552.91	685.81	665.88	621.16
黄冈市	352.85	353.06	312.35	423.18	436.24	370.78	470.04	491.66	414.89
咸宁市	264.71	265.21	186.76	340.12	342.26	292.42	467.90	468.21	418.49
随州市	205.83	205.36	172.62	298.59	298.50	269.05	366.62	366.62	318.35
恩施自治州	92.97	92.97	42.87	90.73	90.73	56.44	111.78	111.78	67.21
仙桃市	126.87	126.43	125.28	170.54	170.09	166.60	204.55	175.97	167.34
潜江市	112.92	112.92	75.25	150.99	151.71	110.59	197.19	198.59	145.82
天门市	80.90	80.62	73.69	108.23	108.87	104.53	158.62	158.57	149.57
神农架林区	3.23	3.23		3.85	3.85		5.49	5.49	1.46

表4–8　分地区第三产业固定资产投资完成情况

单位：亿元

	2011年	2012年	2013年
全省总计	6 792.40	8 372.73	10 585.57
武汉市	2 997.78	3 296.50	3 694.48
黄石市	239.64	289.92	409.10
十堰市	290.15	433.84	599.93
宜昌市	486.01	738.02	985.21
襄阳市	416.56	646.08	906.24
鄂州市	162.94	230.15	270.93
荆门市	223.44	340.74	449.65
孝感市	308.91	357.86	514.55
荆州市	310.43	388.31	565.57
黄冈市	395.71	592.27	858.91
咸宁市	257.67	339.88	421.36
随州市	145.45	167.85	239.54
恩施自治州	190.79	272.87	342.83
仙桃市	46.19	62.60	97.57
潜江市	58.07	80.31	101.86
天门市	63.22	80.77	93.20
神农架林区	11.33	14.43	18.34

表4-9　湖北民间投资完成情况

单位:亿元

	2011年	2012年	2013年
民间投资	7 712.35	10 439.27	13 822.31
按投资构成分			
建筑工程	4 034.12	5 851.32	7 938.08
安装工程	630.62	974.91	1 341.46
设备工器具购置	1 865.06	2 167.12	2 802.13
其他费用	1 182.55	1 445.92	1 740.64
按行业分			
农、林、牧、渔业	237.09	392.75	443.97
工业	4 089.85	5 793.24	7 562.26
建筑业	18.92	20.59	43.92
交通运输、仓储和邮政业	235.93	305.79	445.05
信息传输、软件和信息技术服务业	19.22	39.4	51.05
批发和零售业	356.01	328.44	426.01
住宿和餐饮业	192.04	186.21	236.92
金融业	15.81	38.76	61.24
房地产业	1 892.39	2 407.1	3 259.51
租赁和商务服务业	56.33	170.94	230.18
科学研究和技术服务业	20.13	52.16	54.61
水利、环境和公共设施管理业	259.59	314.42	588.91
居民服务业和其他服务业	36.43	36.2	76.89
教育	25.21	36.36	52.93
卫生和社会工作	32.38	54.65	50.03
文化、体育和娱乐业	67.06	81.65	105.83
公共管理和社会组织	157.98	180.59	132.99
本年资金来源小计	8 562.41	11 313.07	14 707.85
国家预算内资金	83.93	102.59	118.12
国内贷款	781.44	1 046.41	1 700.9
债券		0.52	
利用外资	29.75	19.56	27.37
其中:外商直接投资	4.97	4.36	8.74
自筹资金	6 611.13	8 974.44	11 335.68
其他资金来源	1 056.18	1 169.55	1 525.77

表4-10 湖北基础设施投资完成情况

单位:亿元

	2011年	2012年	2013年
总计	3 266.54	3 659.09	4 763.77
1.水利管理业	194.78	232.4	247.98
2.电力	351.22	318.57	343.14
3.交通运输、仓储和邮政业	1 152.61	1 305.44	1 733.95
4.电信	70.53	40.03	70.34
5.教育	153.55	188.95	203.36
6.卫生和社会工作	128.52	154.29	177.35
7.文化、体育和娱乐业	119.73	175.68	194.01
8.城市基础设施	1 095.61	1 243.72	1 793.64

表4-11　湖北重点监测行业投资完成情况

单位：亿元

	2011年	2012年	2013年
总计	2 666.47	3 329.82	4 158.09
1.钢铁行业	288.36	243.71	238.82
铁矿采选	25.64	42.91	44.89
其他黑色金属采选	2.37	4.64	1.77
炼铁	4.87	7.8	4.05
炼钢	12.9	28.53	27.85
钢压延加工	233.56	125.3	128.81
铁合金冶炼	9.02	10.35	11.2
2.铝业	40.96	21.03	32.47
铝矿采选	0.19		
铝冶炼	3.21	4.26	6.41
常用有色金属压延加工	37.56	16.77	26.06
3.水泥	145.21	193.75	232.96
水泥制造	36.27	51.67	35.64
石灰和石膏制造	18.51	21.81	27.44
水泥制品制造	34.01	64.43	74.64
砼结构构件制造	17.05	22.13	30.75
石棉水泥制品制造	0.57	1.22	2.76
轻质建筑材料制造	14.87	19.17	40.16
其他水泥制品制造	23.92	13.32	21.56
4.石化行业	168.76	154.74	108.19
石油和天然气开采	37.49	38.72	49.84
石油加工、炼焦	131.28	116.02	58.36
5.电力	344.88	313.37	334.73
水电	91.72	60.26	41.85
火电	83.72	62.63	84.29
核力发电	14.84	11.5	0
风力发电	0	25.77	42.68
太阳能发电	0	18.31	8.26
其他电力生产	33.63	26.42	36
电力供应	120.96	108.47	121.65
6.汽车制造	476.72	780.9	1 017.94
7.食品行业	581.73	809.41	1 172.86
农副食品加工业	334.47	460.39	684.86
食品制造业	134.71	194.62	243.04
饮料制造业	112.56	154.39	244.96
8.纺织	412.91	444.05	523.79
9.电子设备	206.94	368.87	496.33

表4-12　湖北高技术产业投资完成情况

单位:亿元

	2011年	2012年	2013年
总计	379.92	649.91	849.16
一、核燃料加工			
二、信息化学品制造	2.11	6.92	1.63
三、医药制造	134.9	213.66	267.54
化学药品制造	58.58	78.57	93.56
中成药制造	25.48	36.46	59.07
生物、生化制品制造	11.91	24.66	45.36
四、航空航天器制造	10.09	16.96	35.91
1.飞机制造及修理	9.93	2.16	2.35
2.航天器制造	0.16	1.92	1.3
3.航空、航天器及设备制造		12.29	30.78
4.其他飞行器制造		0.59	1.48
五、电子及通信设备制造	128.39	254.58	378.87
1.通信设备制造	28.89	46.66	59.46
通信系统设备制造	23	41.16	47.56
通信终端设备制造	5.89	5.49	11.9
2.雷达及配套设备制造	1.62	6.62	3.18
3.广播电视设备制造	1.03	13.57	7.42
4.电子器件制造	65.68	95.75	139.12
电子真空器件制造	7.66	5.32	5.67
半导体分立器件制造	2.58	1.53	3.99
集成电路制造	11.45	9.87	18.76
光电子器件及其他电子器件制造	43.99	79.04	110.7
5.电子元器件及其他电子器件	16.51	51.04	74.6
6.家用视听设备制造	1.47	2.37	15.9
7.其他电子设备制造	13.18	38.57	79.18
六、电子计算机及办公设备制造	42.95	33.61	25.21
1.电子计算机整机制造	38.76	17.37	9.72
2.计算机网络设备制造	1.02	3.73	3.25
3.电子计算机外部设备制造	3.17	2.51	4.38
4.办公设备制造			2.14
七、医疗设备及仪器仪表制造业	45.11	103.82	130.5
1.医疗设备及器械制造	11.97	23.14	36.66
2.仪器仪表制造	33.14	80.68	93.84
八、公共软件服务	8.85	20.37	9.51

表4-13　分地区固定资产投资项目情况

单位:个数

	施工项目(个)			新开工项目(个)		
	2011年	2012年	2013年	2011年	2012年	2013年
全省总计	26 496	25 381	26 228	21 242	19 995	19 245
武汉市	3 002	2 439	2 650	2 252	1 687	1 711
黄石市	1 297	1 362	1 419	1 134	1 122	1 084
十堰市	1 179	1 380	1 499	846	1 027	921
宜昌市	2 512	2 275	2 415	2 005	1 703	1 757
襄阳市	2 431	1 855	2 008	1 699	1 363	1 338
鄂州市	578	408	384	462	342	264
荆门市	1 907	1 900	2 155	1 707	1 542	1 651
孝感市	2 391	2 405	2 144	1 982	1 926	1 575
荆州市	2 500	2 119	2 290	2 188	1 765	1 822
黄冈市	3 375	3 814	3 474	2 778	3 285	2 726
咸宁市	1 624	1 438	1 584	1 269	1 130	1 263
随州市	1 345	1 505	1 587	1 162	1 313	1 334
恩施自治州	970	1 219	1 351	635	833	873
仙桃市	306	221	238	266	141	148
潜江市	496	510	483	374	391	350
天门市	476	455	464	425	399	386
神农架林区	76	73	79	41	26	41

表4-14 分地区固定资产投资住宅建设完成情况

单位:万平方米

	2011年		2012年		2013年	
	施工面积	竣工面积	施工面积	竣工面积	施工面积	竣工面积
全省总计	12 842.05	3 879.47	15 130.09	3 865.42	19 239.64	3 802.50
武汉市	4 647.56	1 035.59	5 203.10	951.91	6 366.96	542.22
黄石市	469.17	134.24	566.11	109.85	638.05	167.60
十堰市	760.15	166.08	1 006.23	220.81	1 193.65	205.09
宜昌市	1 131.73	311.49	1 221.75	278.63	1 589.26	344.12
襄阳市	1 128.48	432.06	1 353.17	417.35	1 826.51	382.74
鄂州市	216.82	23.58	269.78	27.37	372.63	59.09
荆门市	852.11	266.51	1 218.42	351.39	1 552.07	482.24
孝感市	716.38	340.86	877.51	460.85	1 164.51	434.53
荆州市	515.99	168.04	566.52	151.83	765.56	181.25
黄冈市	682.69	432.47	825.63	357.37	1 259.97	469.55
咸宁市	633.01	155.02	755.46	184.70	865.88	149.82
随州市	343.03	130.39	324.69	143.81	410.61	131.77
恩施自治州	448.71	158.53	605.00	123.50	752.62	161.27
仙桃市	102.67	50.57	158.90	40.03	265.41	48.35
潜江市	26.07	8.51	29.11	4.73	59.50	11.94
天门市	165.06	65.53	148.72	41.29	156.45	30.90
神农架林区						

表4-17 按登记注册类型分的房地产投资情况

单位:亿元

	2011年	2012年	2013年
总计	2 066.48	2 539.46	3 286.02
一、内资	1 901.20	2 345.18	3 110.54
国有	202.60	195.87	176.12
集体	20.32	24.16	21.56
股份合作	9.74	7.65	11.43
联营	1.01	0.62	0.84
国有联营			
集体联营			
国有与集体联营			
其他联营	1.01	0.62	0.84
有限责任公司	803.54	977.08	1 452.20
国有独资公司	10.95	8.10	67.11
其他有限责任公司	792.59	968.97	1 385.09
股份有限公司	150.38	256.89	280.32
私营独资	30.67	49.40	66.17
私营合伙			
私营有限责任公司	572.76	689.59	941.21
私营股份有限公司	76.38	52.65	83.56
其他内资	29.53	87.68	73.90
二、港澳台商投资	90.35	108.14	117.83
与港澳台商合资经营	57.46	46.82	17.74
与港澳台商合作经营			0.50
港澳台商独资	28.12	57.26	97.76
港澳台商投资股份有限公司	4.76	4.06	1.82
其他港澳台			
三、外商投资	74.93	86.15	57.66
中外合资经营	19.78	30.36	24.76
中外合作经营	7.04	6.21	5.61
外资企业	38.91	30.89	26.30
外商投资股份有限公司	9.2	0.43	0.99
其他外商投资		18.26	

表4–18 分地区房地产开发投资情况

单位：亿元

	2011年		2012年		2013年	
	房地产投资额	住宅	房地产投资额	住宅	房地产投资额	住宅
全省总计	2 066.48	1 334.42	2 539.46	1 698.38	3 286.02	2 251.56
武汉市	1 282.25	747.44	1 574.86	991.41	1 905.60	1 250.78
黄石市	42.51	31.94	56.04	40.51	84.68	64.78
十堰市	52.00	35.23	76.64	50.20	101.11	69.62
宜昌市	135.97	96.63	176.59	121.82	203.18	149.70
襄阳市	144.97	109.51	186.19	146.67	301.94	205.48
鄂州市	18.82	15.59	11.65	9.68	22.78	15.47
荆门市	55.65	41.04	64.31	47.43	87.79	63.31
孝感市	56.40	46.69	74.95	60.34	111.13	88.39
荆州市	55.80	46.63	54.89	41.51	76.79	56.41
黄冈市	62.15	46.27	78.57	55.30	132.73	104.16
咸宁市	65.46	52.99	84.96	61.54	112.06	78.98
随州市	24.68	18.13	19.79	15.89	29.23	23.91
恩施自治州	35.47	20.66	40.28	25.90	57.06	39.31
仙桃市	16.34	12.10	15.66	13.34	26.62	21.98
潜江市	5.75	4.26	9.15	4.80	18.11	8.62
天门市	12.26	9.31	14.93	12.05	15.24	10.64
神农架林区						

表 4–19　分地区房地产资金来源情况

单位：亿元

	2011年		2012年		2013年	
	本年实际到位资金小计	国内贷款	本年实际到位资金小计	国内贷款	本年实际到位资金小计	国内贷款
全省总计	2 864.05	462.25	3 363.83	512.05	4 224.48	796.57
武汉市	1 797.44	322.26	2 198.52	366.46	2 428.86	548.03
黄石市	58.68	5.81	76.55	6.13	109.98	7.65
十堰市	86.06	12.46	99.38	11.35	129.34	23.32
宜昌市	188.26	40.56	204.31	38.50	263.98	39.58
襄阳市	198.45	18.23	212.49	17.55	435.17	76.20
鄂州市	29.30	3.62	21.97	3.10	31.30	3.62
荆门市	65.39	9.77	73.34	13.27	94.49	11.78
孝感市	85.23	13.92	100.89	14.54	135.35	19.96
荆州市	71.21	9.25	68.17	7.84	102.91	13.20
黄冈市	68.59	4.39	89.38	6.71	152.47	12.82
咸宁市	85.60	6.47	100.02	8.31	126.80	14.02
随州市	38.65	5.58	26.50	4.36	41.14	1.48
恩施自治州	48.21	3.49	47.15	6.19	89.23	10.04
仙桃市	19.54	1.39	18.49	1.74	33.89	3.83
潜江市	8.46	1.20	11.85	4.20	27.00	4.94
天门市	14.98	3.83	14.85	1.79	22.58	6.09
神农架林区						

表4-19 分地区房地产资金来源情况(续表)

单位:亿元

	2011年		2012年		2013年	
	自筹资金	其他资金	自筹资金	其他资金	自筹资金	其他资金
全省总计	1 195.28	1 167.52	1 425.31	1 425.21	1 735.33	1 692.58
武汉市	756.69	679.56	857.24	973.56	879.28	1 001.55
黄石市	17.80	35.08	31.47	38.95	60.26	42.07
十堰市	34.05	39.55	53.30	34.72	48.57	57.45
宜昌市	46.29	101.34	83.77	82.04	86.42	137.99
襄阳市	93.31	86.91	117.31	77.63	239.97	119.00
鄂州市	5.33	20.35	3.53	15.34	6.31	21.37
荆门市	38.99	16.63	41.40	18.67	51.64	31.06
孝感市	39.22	32.08	61.66	24.69	80.84	34.55
荆州市	24.55	37.40	26.04	34.29	39.32	50.38
黄冈市	46.60	17.58	57.83	24.84	102.61	37.04
咸宁市	47.86	31.26	54.46	37.24	66.69	46.08
随州市	12.84	20.23	4.94	17.20	14.23	25.43
恩施自治州	19.00	25.72	20.21	20.75	33.71	45.48
仙桃市	7.01	11.14	7.70	9.05	7.87	22.19
潜江市	1.72	5.54	1.20	6.45	12.79	9.27
天门市	4.01	7.14	3.27	9.79	4.81	11.68
神农架林区						

表4–20　分地区房地产按用途分的施工面积情况

单位:万平方米

	2011年		2012年		2013年	
	施工面积	住宅	施工面积	住宅	施工面积	住宅
全省总计	13 922.07	11 013.30	16 819.71	13 013.01	21 865.81	16 640.27
武汉市	5 994.11	4 489.52	6 862.97	5 068.97	8 545.13	6 225.75
黄石市	508.07	413.39	597.27	495.47	673.80	566.78
十堰市	715.19	554.71	1 034.91	781.18	1 383.48	1 020.72
宜昌市	1 197.97	878.29	1 450.56	1 043.14	1 827.21	1 316.04
襄阳市	1 205.50	1 001.30	1 426.77	1 173.47	2 051.50	1 539.93
鄂州市	234.29	208.71	258.50	235.95	405.27	345.28
荆门市	769.38	639.81	987.02	803.44	1 182.57	924.08
孝感市	599.82	555.95	811.77	695.33	1 088.35	924.65
荆州市	536.34	467.22	583.49	491.91	693.98	576.87
黄冈市	463.19	397.51	649.41	522.00	1 245.77	1 071.99
咸宁市	678.37	567.12	863.17	716.91	1 101.46	822.74
随州市	322.56	273.20	288.14	239.99	336.71	285.57
恩施自治州	386.88	305.91	546.04	413.49	697.59	539.34
仙桃市	124.68	102.67	252.78	158.90	354.54	264.90
潜江市	31.43	25.17	41.32	29.11	96.06	59.50
天门市	154.29	132.81	165.59	143.76	182.41	156.12
神农架林区						

表4-21　分地区房地产按用途分的新开工面积情况

单位：万平方米

	2011年		2012年		2013年	
	新开工面积	住宅	新开工面积	住宅	新开工面积	住宅
全省总计	5 577.11	4 432.08	5 976.06	4 650.79	8 226.71	6 250.23
武汉市	2 053.57	1 523.90	2 123.27	1 598.66	2 791.80	2 057.15
黄石市	205.85	172.40	167.15	146.48	210.87	187.28
十堰市	302.26	230.50	383.51	281.89	439.21	326.09
宜昌市	438.11	317.31	483.88	355.51	629.22	466.81
襄阳市	657.55	529.96	658.05	557.40	1 169.55	830.06
鄂州市	74.46	66.49	54.27	52.02	75.67	46.39
荆门市	317.09	269.08	387.01	297.69	453.22	335.13
孝感市	335.35	308.16	397.02	316.05	563.27	511.64
荆州市	266.55	235.80	208.62	171.77	254.15	199.14
黄冈市	294.59	251.24	337.00	272.09	605.28	530.08
咸宁市	213.69	188.33	283.82	227.99	499.96	333.29
随州市	101.14	87.31	68.97	58.31	95.98	84.77
恩施自治州	148.06	116.90	273.21	199.71	211.90	165.41
仙桃市	93.18	73.57	74.62	63.90	101.07	89.54
潜江市	2.59	2.43	28.52	16.70	63.74	36.72
天门市	73.07	58.70	47.15	34.61	61.82	50.72
神农架林区						

表 4–22 分地区房地产按用途分的竣工面积情况

单位：万平方米

	2011 年		2012 年		2013 年	
	竣工面积	住宅	竣工面积	住宅	竣工面积	住宅
全省总计	3 221.05	2 728.39	3 273.71	2 795.21	3 040.84	2 547.39
武汉市	1 170.40	969.23	1 054.45	900.90	679.31	529.70
黄石市	108.92	97.77	84.87	71.86	146.92	130.02
十堰市	79.56	65.61	142.69	107.88	147.50	117.47
宜昌市	206.97	159.16	208.93	159.25	208.28	167.86
襄阳市	432.11	373.27	367.29	311.72	368.13	308.61
鄂州市	19.73	17.49	17.38	15.69	26.60	21.60
荆门市	171.41	136.18	229.36	185.12	169.42	137.08
孝感市	223.86	216.80	357.68	344.87	323.83	303.85
荆州市	148.64	129.07	108.10	97.03	126.77	111.17
黄冈市	223.32	192.81	255.25	218.84	430.60	376.40
咸宁市	155.98	126.66	177.19	156.64	170.45	132.51
随州市	73.22	62.12	76.52	70.26	44.33	40.83
恩施自治州	102.93	87.70	88.25	71.61	94.02	79.43
仙桃市	53.68	50.57	56.15	40.03	52.84	48.35
潜江市	7.70	7.61	4.73	4.73	18.89	11.94
天门市	42.62	36.35	44.87	38.79	32.96	30.58
神农架林区						

表4-22　分地区房地产按用途分的竣工面积情况(续表)

单位:万平方米

	2011年		2012年		2013年	
	商业营业用房	其他	商业营业用房	其他	商业营业用房	其他
全省总计	294.26	151.57	300.19	150.95	328.68	121.70
武汉市	102.54	73.22	86.25	50.23	63.77	52.42
黄石市	9.32	1.50	6.37	4.69	13.53	1.29
十堰市	7.93	3.82	24.17	10.50	19.43	7.76
宜昌市	33.54	12.13	22.35	26.62	33.39	6.41
襄阳市	27.45	23.62	37.43	15.98	46.09	12.87
鄂州市	1.41	0.76	1.69		4.74	0.27
荆门市	22.35	7.33	29.45	13.21	26.20	4.70
孝感市	6.47	0.35	10.66	2.05	14.47	5.47
荆州市	13.59	5.73	4.36	3.60	11.63	3.71
黄冈市	21.70	6.01	30.39	5.73	35.97	17.98
咸宁市	20.74	8.58	19.12	1.16	35.12	1.84
随州市	8.01	3.09	5.91	0.36	1.21	2.29
恩施自治州	11.99	3.17	16.17	0.48	10.88	3.16
仙桃市	1.73	1.39	1.24	14.87	3.78	0.70
潜江市	0.09				6.39	0.54
天门市	5.40	0.87	4.62	1.46	2.07	0.29
神农架林区						

表4–23 分地区房地产按用途分的销售面积情况

单位：万平方米

	2011年		2012年		2013年	
	销售面积	住宅	销售面积	住宅	销售面积	住宅
全省总计	4 187.62	3 788.68	4 037.85	3 620.10	5 298.54	4 765.68
武汉市	1 329.34	1 182.21	1 576.11	1 390.47	1 995.36	1 750.43
黄石市	155.20	145.68	158.17	149.89	187.14	168.17
十堰市	172.04	157.59	152.38	135.62	177.85	169.71
宜昌市	366.45	318.17	328.57	280.80	460.13	406.54
襄阳市	593.43	527.27	503.73	455.19	663.08	586.90
鄂州市	67.20	63.77	46.72	44.13	68.52	64.33
荆门市	192.30	172.17	117.40	106.11	197.92	180.62
孝感市	288.22	281.86	215.46	210.14	242.78	233.73
荆州市	188.25	173.19	136.04	127.71	174.39	166.91
黄冈市	257.33	236.19	256.67	231.78	421.31	393.62
咸宁市	219.40	200.47	234.10	207.20	271.31	245.31
随州市	112.47	104.42	91.84	86.93	91.61	88.11
恩施自治州	109.67	95.88	92.82	82.59	178.14	156.97
仙桃市	81.48	77.12	53.00	51.26	78.31	75.27
潜江市	24.12	23.55	34.10	23.01	40.97	30.55
天门市	30.73	29.14	40.74	37.28	49.73	48.52
神农架林区						

表4-23　分地区房地产按用途分的销售面积情况(续表)

单位:万平方米

	2011年		2012年		2013年	
	商业营业用房	其他	商业营业用房	其他	商业营业用房	其他
全省总计	281.51	81.74	256.87	91.13	358.38	81.72
武汉市	79.56	41.35	73.80	52.89	124.00	49.49
黄石市	9.02	0.20	5.73	0.75	11.89	0.52
十堰市	8.51	5.52	7.01	7.36	5.62	2.29
宜昌市	43.23	3.67	35.80	10.25	39.87	7.68
襄阳市	50.53	11.88	38.11	6.96	60.03	10.40
鄂州市	2.19	1.14	2.49	0.10	2.99	0.97
荆门市	13.30	5.24	9.68	1.60	16.07	1.23
孝感市	6.03	0.32	3.78	1.54	6.98	2.08
荆州市	10.88	3.94	3.08	5.26	6.82	0.41
黄冈市	16.34	4.27	22.43	2.27	24.89	2.62
咸宁市	17.50	1.07	25.63	0.95	23.19	1.44
随州市	7.21	0.84	4.80	0.11	2.73	0.78
恩施自治州	12.34	0.81	8.98	0.64	19.36	1.08
仙桃市	3.75	0.62	1.50	0.24	2.52	0.53
潜江市	0.41	0.16	11.09		10.30	0.12
天门市	0.71	0.72	2.95	0.22	1.13	0.08
神农架林区						

表4–24　分地区房地产按用途分的销售额情况

单位：亿元

	2011年		2012年		2013年	
	销售额	住宅	销售额	住宅	销售额	住宅
全省总计	1 878.73	1 569.32	2 036.20	1 689.86	2 790.32	2 310.04
武汉市	956.18	789.24	1 157.51	958.78	1 539.90	1 266.95
黄石市	51.37	42.94	57.51	51.64	70.07	55.72
十堰市	56.03	50.34	60.50	51.74	74.08	68.27
宜昌市	163.72	123.16	161.01	113.86	216.83	170.63
襄阳市	205.16	173.45	181.59	154.99	263.03	210.10
鄂州市	20.45	18.76	17.70	16.00	23.54	21.41
荆门市	58.57	48.08	40.81	35.23	69.53	61.44
孝感市	80.03	77.08	58.14	53.97	79.82	71.05
荆州市	58.42	52.32	48.61	45.25	67.96	61.91
黄冈市	62.11	54.02	79.35	68.21	132.39	113.48
咸宁市	59.64	47.85	68.02	55.02	92.47	78.60
随州市	31.37	28.25	29.16	27.00	33.68	30.63
恩施自治州	35.09	26.40	33.31	26.66	70.59	52.32
仙桃市	25.47	23.56	14.89	13.94	26.21	24.28
潜江市	5.61	5.25	14.69	6.53	15.19	8.90
天门市	9.51	8.62	13.42	11.04	15.02	14.35
神农架林区						

表4–24　分地区房地产按用途分的销售额情况（续表）

单位：亿元

	2011年		2012年		2013年	
	商业营业用房	其他	商业营业用房	其他	商业营业用房	其他
全省总计	239.36	41.19	224.62	36.06	354.73	47.78
武汉市	112.31	29.04	97.08	22.63	172.40	33.60
黄石市	8.22	0.15	4.05	0.75	12.46	0.05
十堰市	4.11	1.48	5.14	2.56	4.54	1.20
宜昌市	37.18	2.39	42.76	3.36	40.60	2.75
襄阳市	27.51	3.11	21.93	1.91	43.36	4.46
鄂州市	1.36	0.30	1.66	0.04	1.58	0.48
荆门市	8.22	1.75	4.98	0.60	7.64	0.45
孝感市	2.86	0.09	2.76	1.40	6.65	2.12
荆州市	5.11	0.90	1.97	1.39	5.93	0.07
黄冈市	6.95	0.97	10.39	0.70	17.77	1.08
咸宁市	11.37	0.37	12.52	0.24	12.93	0.61
随州市	2.96	0.16	2.13	0.03	2.93	0.12
恩施自治州	8.49	0.11	6.17	0.21	17.38	0.46
仙桃市	1.70	0.21	0.75	0.19	1.72	0.20
潜江市	0.32	0.04	8.16		6.18	0.11
天门市	0.70	0.13	2.17	0.04	0.64	0.02
神农架林区						

BEIJING

背景篇

2013年全国固定资产投资形势分析

国家统计局投资司

2013年初以来，投资增速保持平稳回落的态势，各月投资增速维持在20%左右，波动幅度不大，并从11月份开始回落到20%以下，全年增长19.6%，为2003年以来年度投资增速首次回落到20%以下。

一、全年固定资产投资运行主要特点

（一）全年投资增速回落到20%以下

2013年，全国完成固定资产投资(不含农户)436 528亿元，名义增长19.6%，比1-11月回落0.3个百分点，比2012年回落1.1个百分点。年初以来增速基本呈逐步回落的走势。2003年以来，年度投资增速首次回落到20%以下。

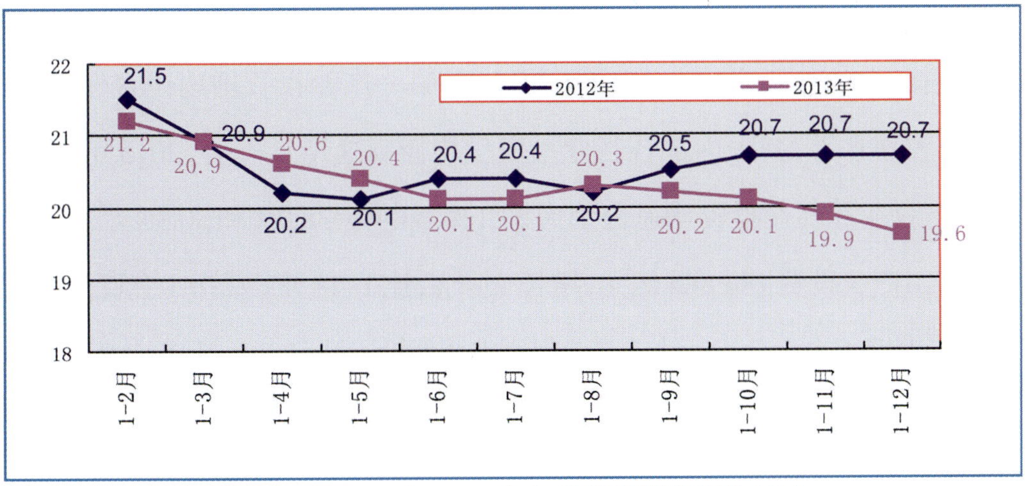

图5-1　2012与2013年各月投资增速变化(%)

扣除价格因素（全年投资价格指数为100.3%），投资实际增长19.2%，比前三季度增速回落1个百分点，比2012年回落0.2个百分点。

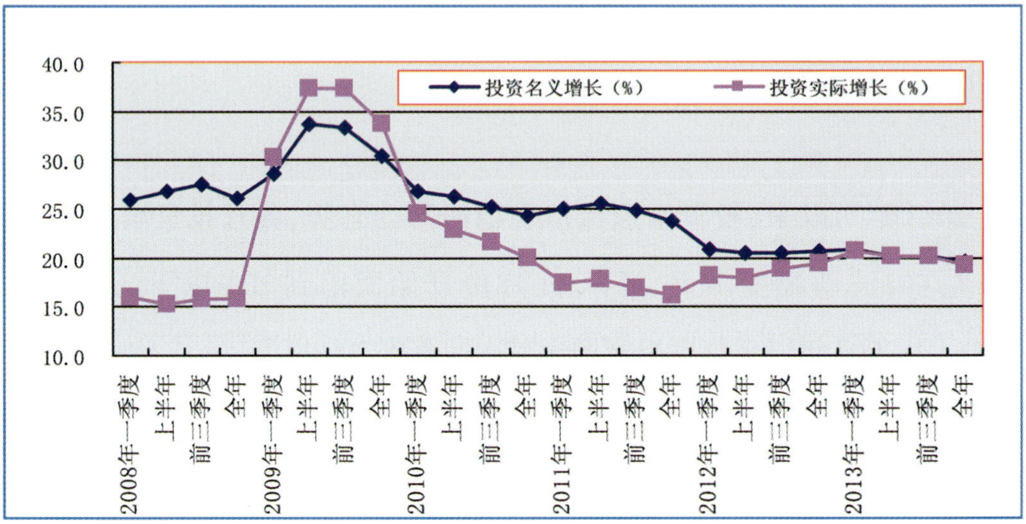

图5-2　2008年以来分季度投资名义和实际增长（%）

（二）第二产业投资增速低于第三产业

2013年，第一产业投资9 241亿元，增长32.5%，比1–11月提高0.8个百分点，比2012年提高0.3个百分点。第一产业投资占全部投资的2.1%，比2012年提高0.2个百分点。2012年初以来，第一产业投资增速一直保持30%左右的较高水平，其中内部各行业投资呈均衡高速增长态势，2013年，农业、林业、畜牧业和渔业投资增速分别为28.1%、33.9%、38.7%和30.3%。

第二产业投资184 804亿元，增长17.4%，比1–11月提高0.1个百分点，比2012年回落2.8个百分点。第二产业投资占全部投资的42.3%，比2012年下降0.9个百分点。其中工业投资181 864亿元，占第二产业投资的98.4%，增长17.8%。

第三产业投资242 482亿元，增长21%，比1–11月回落0.5个百分点，比

2012年提高0.4个百分点。第三产业投资占全部投资的55.5%，比2012年提高0.6个百分点。第三产业中，基础设施投资增速和房地产开发投资增速均明显高于2012年。

与2012年相比，第一产业投资增速仍然较高，第二产业和第三产业投资增速发生相反方向的变化，第二产业投资增速回落，第三产业投资增速提高，第三产业投资增速比第二产业高3.6个百分点。

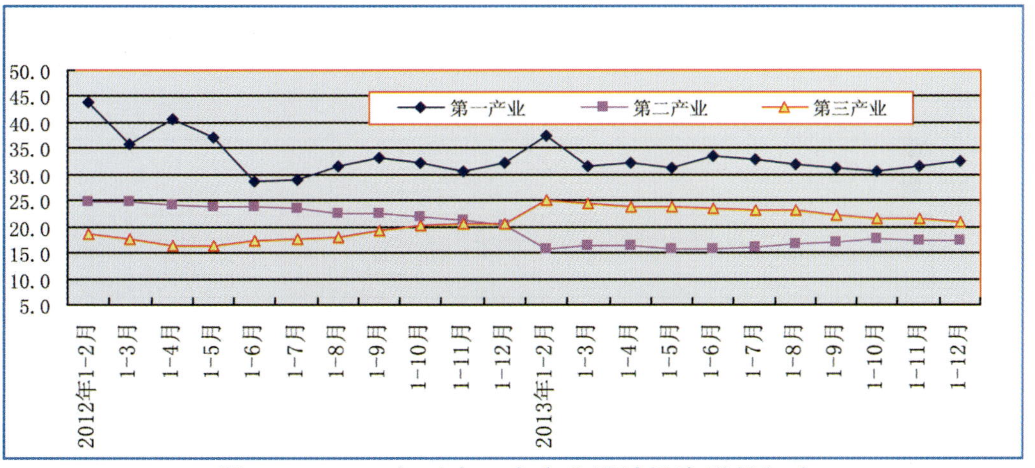

图5-3　2012年以来三次产业累计投资增长(%)

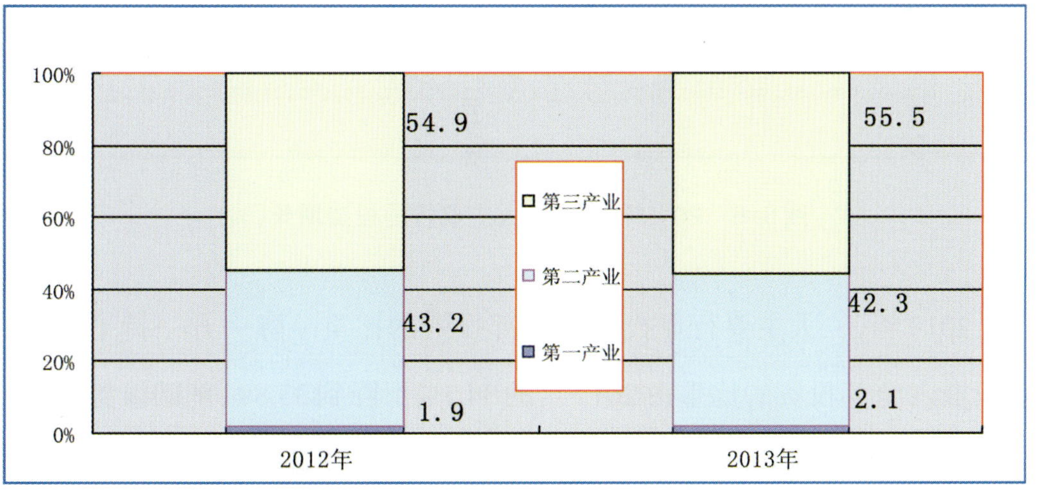

图5-4　三次产业投资比重变化

（三）三大主要行业投资增速差距明显缩小

2013年，制造业、基础设施[1]和房地产开发三大主要行业投资分别为147 370亿元、71 695亿元和86 013亿元，分别增长18.5%、21.2%和19.8%，与1-11月相比，增速分别下降0.1、1.5个百分点和提高0.3个百分点，与2012年相比，增速分别下降3.5个百分点和提高7.9、3.6个百分点。制造业、基础设施和房地产开发投资增速差距明显缩小，并且制造业投资增速由2012年的最高变为最低。

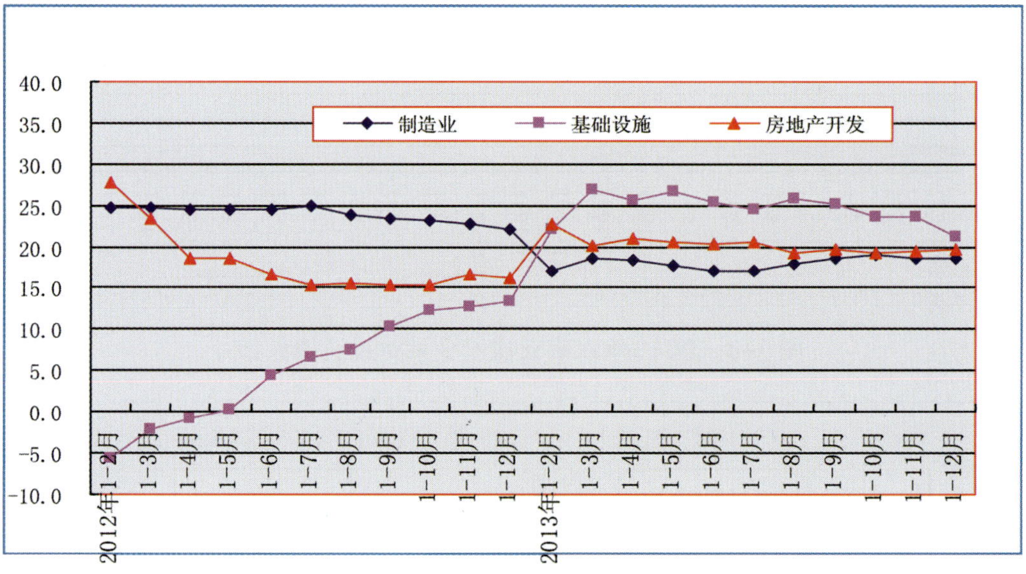

图5-5　2012年以来三大主要行业投资增长(%)

2013年，三大主要行业投资占全部投资的比重一降一升一持平。制造业投资占全部投资的比重由2012年的34.1%下降到33.8%，基础设施投资所占比重由2012年的16.2%提高到16.4%，房地产开发投资所占比重为19.7%，与2012年持平。

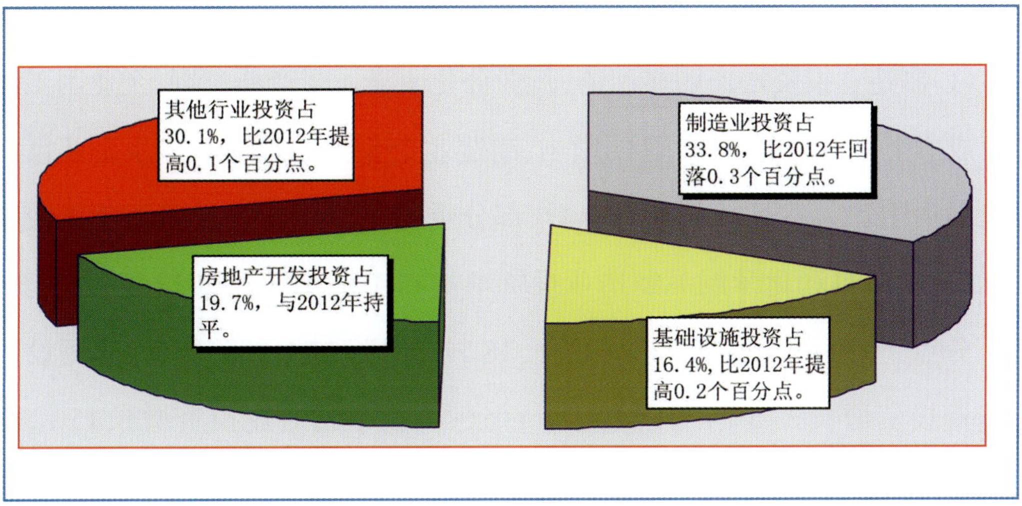

图5-6　2013年三大主要行业投资占全部投资的比重

2013年三大行业投资对全部投资增长的贡献率与2012年相比发生了较大的变化，制造业投资贡献率下降，基础设施和房地产开发投资贡献率上升。2013年，制造业投资贡献率为32%，比2012年下降4.1个百分点；基础设施投资贡献率为17.5%，比2012年提高6.5个百分点；房地产开发投资贡献率为19.8%，比2012年提高3.8个百分点。

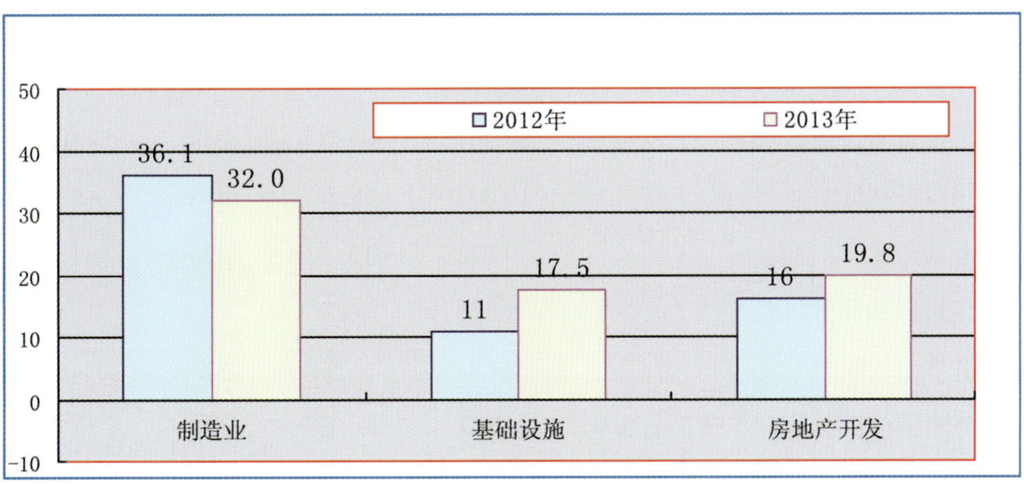

图5-7　三大主要行业投资贡献率变化(%)

分行业观察：

（1）制造业投资增速明显回落，行业分化明显。受产能过剩、企业用工和融资成本上升、市场需求不足的影响，制造业企业特别是一些中小企业投资增长的内生动力不足。分细行业看，部分重化工行业投资增速回落比较明显，如化学原料和化学制品制造业投资增长17.1%，增速比2012年回落13.6个百分点，专用设备制造业投资增长18.5%，回落27.1个百分点，通用设备制造业投资增长23.5%，回落10.1个百分点，汽车制造业投资增长15%，回落17.8个百分点。而投资增速最高的前五大制造业行业中，除废弃资源综合利用业为节能环保行业，酒、饮料和精制茶制造业，皮革、毛皮、羽毛及其制品和制鞋业，烟草制品业，家具制造业等四大行业均为消费相关行业（见表5-1、表5-2）。

表5-1 投资额最大的制造业行业投资及增速变化

主要制造业行业	2013年投资(亿元)	2013年增长(%)	2012年增长(%)	增速变化(百分点)
非金属矿物制品业	13 848	14.8	17.9	-3.1
化学原料和化学制品制造业	13 193	17.1	30.7	-13.6
通用设备制造业	10 467	23.5	33.6	-10.1
专用设备制造业	10 031	18.5	45.6	-27.1
汽车制造业	9 272	15	32.8	-17.8
电气机械和器材制造业	9 165	10.7	4.8	5.9
农副食品加工业	8 674	26.5	32	-5.5
计算机通信和其他电子设备制造业	7 161	20.2	12.9	7.3
金属制品业	7 114	20.9	9.9	11
有色金属冶炼和压延加工业	5 465	20.6	20.6	0

表5-2　投资增长最快的制造业行业投资及增速变化

主要制造业行业	2013年投资(亿元)	2013年增长(%)	2012年增长(%)	增速变化(百分点)
废弃资源综合利用业	964	33.8	53.1	-19.3
酒、饮料和精制茶制造业	3 367	30.4	36.2	-5.8
皮革、毛皮、羽毛及其制品和制鞋业	1 711	30.3	14.3	16
烟草制品业	304	27.3	-8.7	36
家具制造业	1 949	27.2	30.2	-3
农副食品加工业	8 674	26.5	32	-5.5
医药制造业	4 527	26.5	34.6	-8.1
文教、工美、体育和娱乐用品制造业	1 416	24.1	20.8	3.3
纺织服装、服饰业	3 127	23.6	24.2	-0.6
通用设备制造业	10 467	23.5	33.6	-10.1

（2）基础设施投资增速比2012年明显提高，但9月份开始呈回落走势。2012年基础设施投资增速呈逐步快速提高的趋势，由1–2月份的-5.6%逐步提高到全年的13.3%。2013年，各级政府为稳定经济增长，加大了基础设施投资力度，再加上基数因素的影响，使2013年各月基础设施投资增速均高于20%，1–3月达到26.9%的年度最高水平。但受银行贷款收紧、地方政府融资能力下降的影响，基础设施投资增速从9月份开始回落，全年回落到21.2%，但仍明显高于2012年。

表5-3　主要基础设施行业投资增速变化

行业	2013年投资(亿元)	2013年增长(%)	比1–11月变化(百分点)	比2012年变化(百分点)	比重(%)
基础设施	71 695	21.2	-2.5	7.9	100
其中：铁路运输业	6 515	6.3	3.9	3.9	9.1
道路运输业	20 692	18.5	-4.1	11.9	28.9
水利管理业	5 318	21.3	-4.8	2.3	7.4
公共设施管理业	30 864	27.8	-0.9	7.3	43

分行业看，各主要基础设施行业投资增速均比2012年提高，但铁路投资增速仍然较低。2013年，生态保护和环境治理业投资增长31.1%，公共设施管理业投资增长27.8%，水利管理业投资增长21.3%，道路运输业投资增长18.5%，铁路运输业投资增长6.3%，分别比2012年提高28.6、7.3、2.3、11.9和3.9个百分点。铁路运输业投资受建设资金不足的影响，仍为个位数增长。

（3）房地产开发投资保持较快增长。2013年上半年房地产开发投资增速均高于20%，下半年均低于20%，但变化幅度不大，总体上保持平稳较快增长的态势，且增速从1–4月份起均高于2012年同期水平。房地产销售高速增长、资金供应比较宽裕、市场预期趋好和企业信心增强是房地产开发投资保持较快增长的主要原因。

（四）高耗能行业投资增速回落

2013年，高耗能行业投资55 375亿元，增长14.2%，比1–11月回落0.4个百分点，比2012年回落1.4个百分点，比工业投资增速低3.6个百分点。高耗能行业受经济环境变化的影响更大，当前经济增长放缓和国家对相关行业投资的限制抑制了高耗能行业投资的增长。

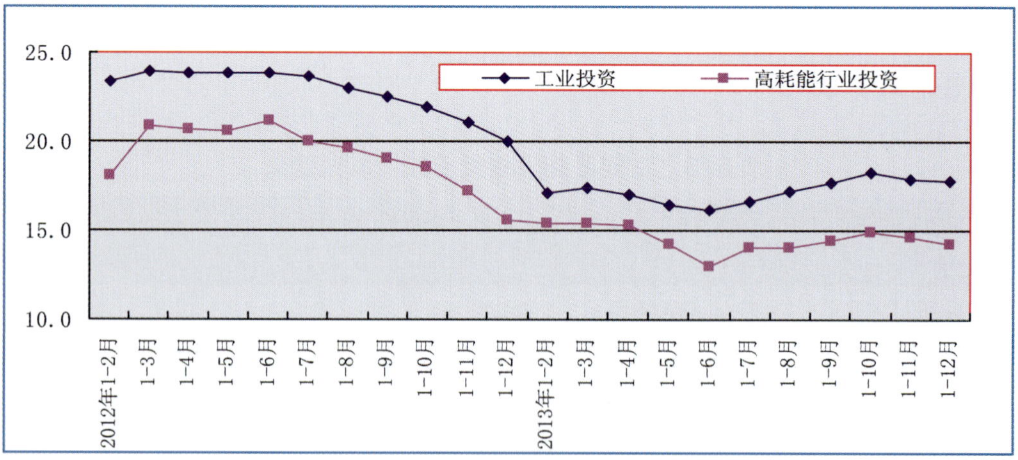

图5–8　2012年以来工业投资和高耗能行业投资增速变化（%）

在高耗能内部六大行业中，与2012年相比，有三个行业投资增速回落，两个提高，一个持平。

表5-4　高耗能各行业投资增长情况

行业	2013年投资（亿元）	2013年增长(%)	2012年增长(%)	增速变化（百分点）
高耗能行业	55 375	14.2	15.6	-1.4
石油加工、炼焦及核燃料加工业	2 985	19.4	5.4	14
化学原料及化学制品制造业	13 193	17.1	30.7	-13.6
非金属矿物制品业	13 848	14.8	17.9	-3.1
黑色金属冶炼及压延加工业	5 060	-2.1	-2	-0.1
有色金属冶炼及压延加工业	5 465	20.6	20.6	0
电力、热力的生产和供应业	14 823	14.5	10.4	4.1

（五）民间投资增速小幅回落，但仍然高于全部投资

2013年，民间投资完成274 794亿元，增长23.1%，比1–11月回落0.1个百分点，比2012年回落1.7个百分点，但仍比全部投资高3.5个百分点；民间投资占全部投资的比重为63%，比2012年提高1.8个百分点。民间投资比重的上升，反映出投资主体的投资自主性不断提高，民间投资对全部投资的支撑作用日益增强。但民间投资主要集中于制造业和房地产开发行业，其他行业尤其是垄断行业民间投资比重较低。2013年全部民间投资中有45.4%在制造业，23.8%在房地产开发行业，两者合计占全部民间投资的69.2%。而电力、燃气及水的生产和供应业投资中民间投资占29.6%，交通运输、仓储和邮政业投资中民间投资占22.4%，水利、环境和公共设施管理业投资中民间投资占22.4%，均远低于民间投资的平均比重。

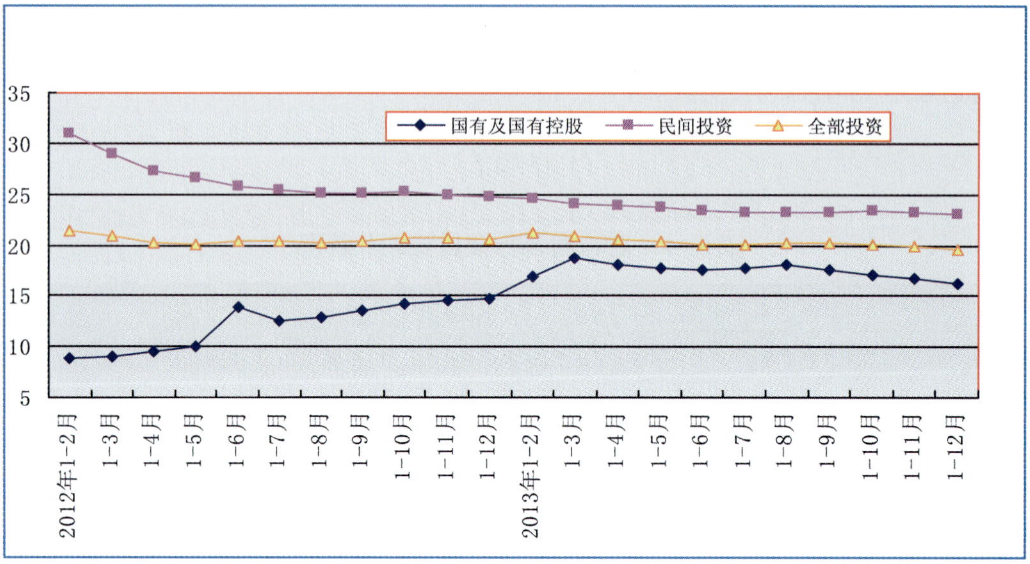

图5-9　全部投资、国有及国有控股投资及民间投资增长比较(%)

国有及国有控股投资144 056亿元，增长16.3%，比1-11月回落0.5个百分点，比2012年提高1.6个百分点，比全部投资增速低3.3个百分点，比民间投资增速低6.8个百分点。国有及国有控股投资占全部投资的比重为33%，比2012年下降1.1个百分点。国有及国有控股投资增速较低，比重下降，反映了国有资本在固定资产投资中的作用不断降低。

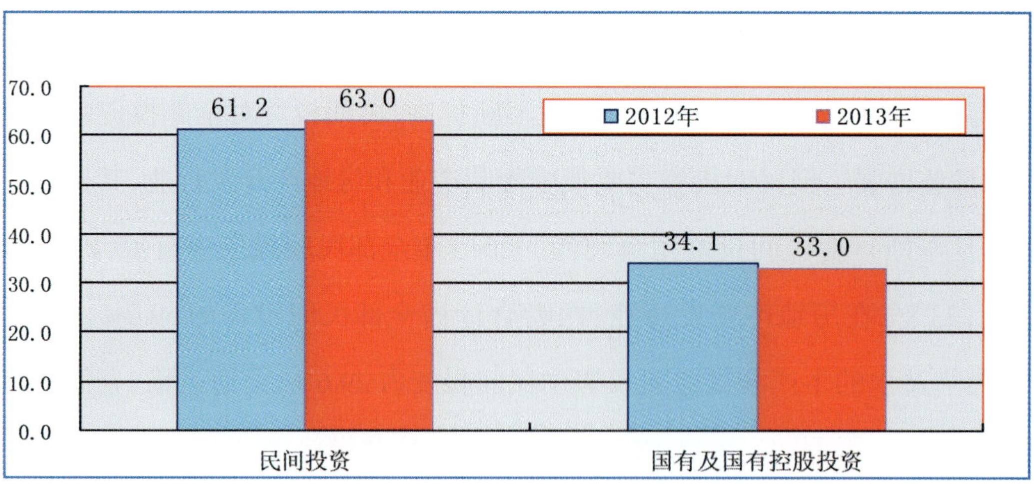

图5-10　民间投资与国有及国有控股投资比重变化(%)

（六）中西部地区投资增速仍高于东部地区

2013年，东部地区完成投资200 480亿元，增长17.9%，比1–11月回落0.5个百分点，比2012年提高0.1个百分点。中部地区完成投资124 310亿元，增长22.8%，比1–11月回落0.2个百分点，比2012年回落3个百分点。西部地区完成投资106 245亿元，增长23%，比1–11月回落0.1个百分点，比2012年回落1.2个百分点。

2013年，中、西部地区投资增速分别比东部地区高4.9和5.1个百分点，中、西部地区投资占全国投资的比重分别为28.5%和24.3%，比2012年分别提高0.5和0.6个百分点，而东部地区投资比重为45.9%，比2012年下降0.7个百分点。这表明投资地区结构不断改善，有利于缩小地区经济发展差距，为各地区均衡发展创造条件。

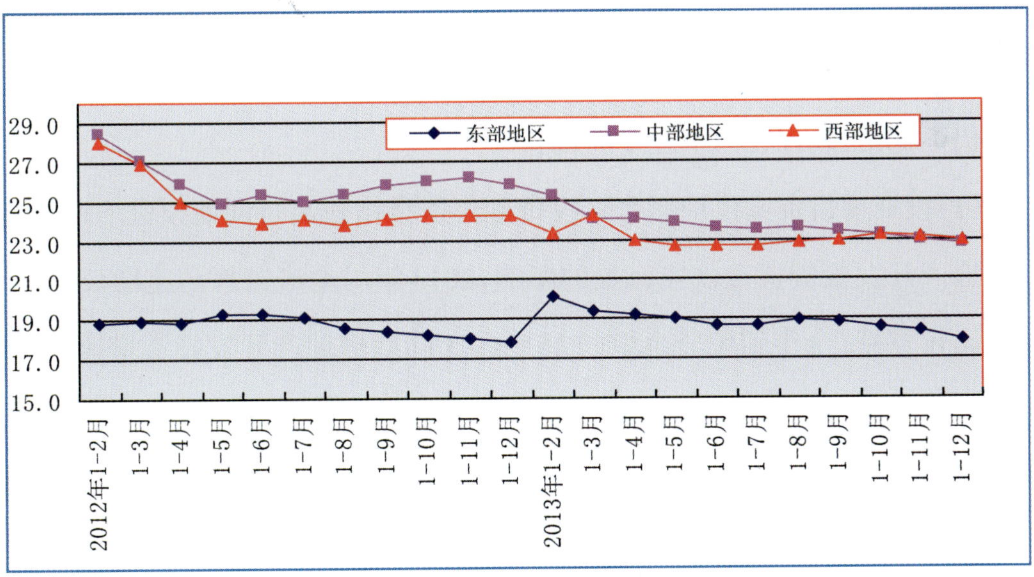

图5–11　2012年以来东、中、西部地区投资增长（%）

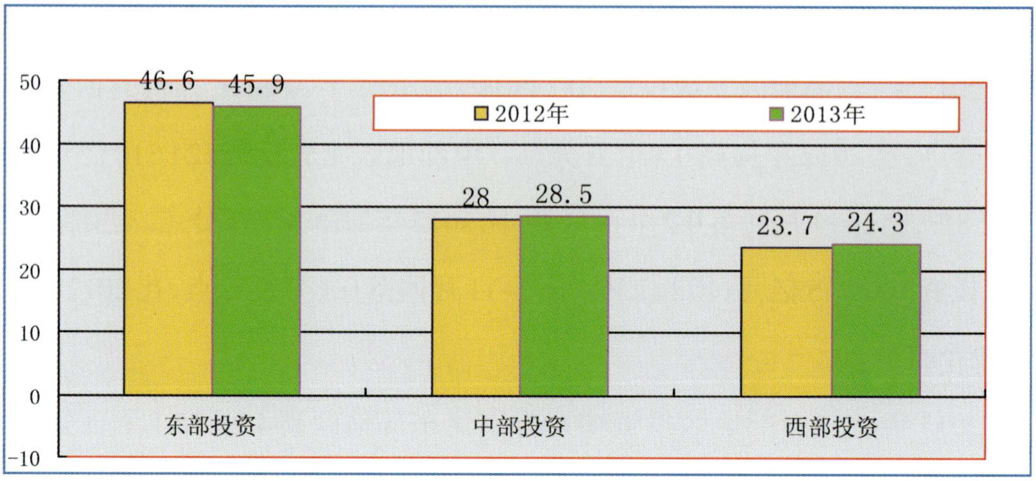

图5–12　三大地区投资比重变化(%)

（七）投资资金供应仍不宽裕

2013年，投资到位资金480 381亿元，增长20.1%，比1–11月回落0.1个百分点，比2012年提高1.5个百分点，比同期投资增速高0.5个百分点。虽然2013年初以来的投资到位资金增速比上年同期有所提高，从7月份起连续6个月高于同期投资增速，投资资金紧张状况比2012年有所改善，但投资资金供应仍不宽裕，表现在以下三个方面：

（1）投资项目资金供应紧张。投资到位资金增速高于同期投资增速主要受房地产开发投资资金供应充足的影响，2013年房地产销售高速增长，企业资金比较宽裕，全年到位资金增长26.5%，比同期房地产开发投资增速高6.7个百分点。扣除房地产开发投资，投资项目到位资金增长18.1%，比同期投资项目增速低1.5个百分点。这表明，投资项目的资金供应仍比较紧张。

（2）投资各项应付款增速提高。2013年，投资各项应付款为44 712亿元，增长27.2%，比2012年提高3.6个百分点，比到位资金增速高7.1个百分点，其中应付工程款增长34.2%，比2012年提高7.8个百分点。表明投资主体的资金比较紧张，拖欠建筑企业和设备材料供应企业的资金明显增加。

（3）主要资金增速回落。2013年，按资金渠道分，自筹资金（占全部到位资金的67.5%）增长20.8%，比2012年回落0.9个百分点；国家预算资金增长17%，回落12.7个百分点；利用外资下降3.7%，连续两年负增长；国内贷款增长14.4%，提高6个百分点，但增速仍然不高。

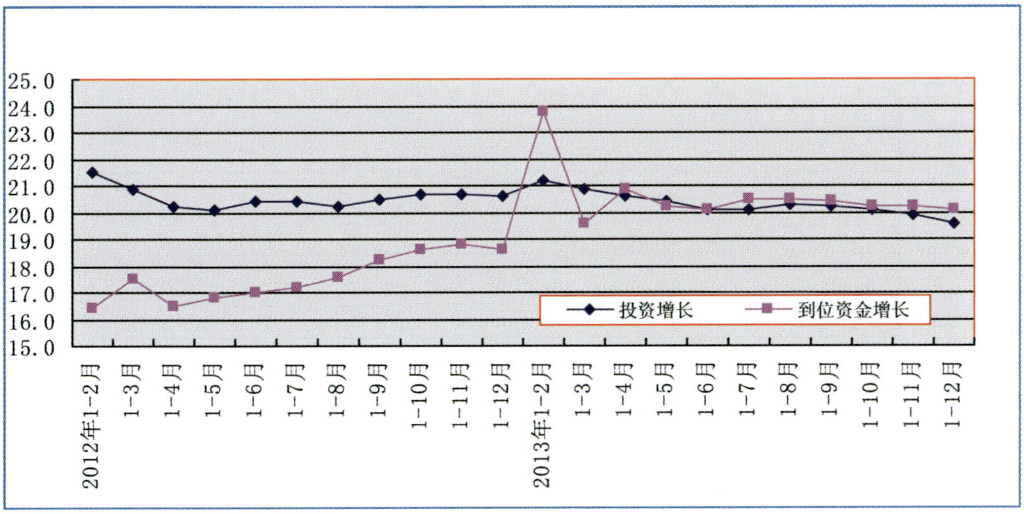

图5-13　2012年以来投资增速与到位资金增速比较（%）

表5-5　主要到位资金增长情况

资金情况	2013年到位（亿元）	2013年增长（%）	2012年增长（%）	增速变化（百分点）	比重（%）
本年到位资金	480 381	20.1	18.6	1.5	100.0
国家预算资金	22 174	17	29.7	-12.7	4.6
国内贷款	58 675	14.4	8.4	6	12.2
利用外资	4 304	-3.7	-10.9	7.2	0.9
自筹资金	324 336	20.8	21.7	-0.9	67.5
其他资金	70 891	25.3	13.7	11.6	14.8

（八）新开工项目计划总投资增速明显回落

2013年，新开工项目计划总投资357 815亿元，增长14.2%，比1–11月回落0.1个百分点，比2012年回落15.8个百分点。2009—2012年，新开工项目计划总投资分别增长67.2%、26.1%、22.5%和30%，2013年增速相比前4年增速明显回落。

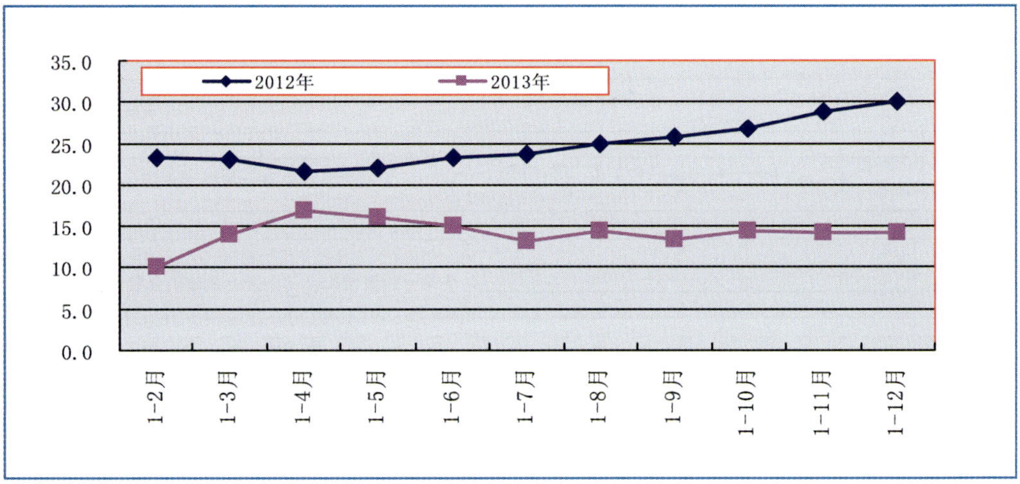

图5–14　新开工项目计划总投资增速变化（%）

二、2014年投资形势判断

全国投资增速从2010年的24.2%开始，呈不断回落的走势，并于2013年回落到19.6%。近10年年度投资首次回落到20%以下，一方面表明政府主导的投资增长模式在逐渐转变，另一方面也是投资高速增长潜力下降的反映。

无论从短期还是长期来看，投资高速增长所依赖的环境已经改变，虽然仍有支撑投资增长的因素，但制约投资高速增长的因素越来越多。2014年，以下诸多因素将制约投资高速增长：

(一)经济潜在增长能力下降,对投资增速的要求降低

中国多年经济高速增长所依赖的环境已经发生改变,土地、资源和环境的承载能力下降,劳动力成本的优势在减弱,经济的潜在增长能力下降。未来一段时间,经济增长速度将回落到7%~8%的中速平台,远低于2001—2011年10.4%的平均水平,维持经济中速增长所需要的投资增长速度大大降低。而且,调整投资与消费结构失衡状况、缓解资源环境压力均降低了对投资增速的要求。

(二)经济转型升级、政府职能转变将促使政府主导的投资增长模式逐渐改变

十八大以来,新一届中央领导明确提出要追求实实在在、没有水分的经济增长,要淡化GDP考核,提高经济发展质量。2013年年中面对经济增长放缓的严峻形势,国家并未出台重大投资刺激政策,表明了国家更注重宏观调控的市场化取向和经济增长的可持续性。受此影响,大部分地区调低了2014年投资增长目标,投资冲动受到一定的抑制。2013年12月中央组织部下发《关于改进地方党政领导班子和领导干部政绩考核工作的通知》,要求各地不能简单以GDP排名来考核下级领导干部的政绩,要完善政绩考核评价指标,强化约束性指标考核,对限制开发区域不再考核GDP,并加强对政府债务状况的考核。考核指标的完善将有利于转变政府职能,减少地方各级政府对投资的过度干预,减轻地方投资增长压力。

(三)投资连续多年高速增长,基数越来越大,高增速难以维持

1981—2012年全社会固定资产投资年均增长21.1%,2003—2012年连续十年投资增速超过20%,2013年投资总量已超40万亿元。高基数使得投资保持快速增长难度越来越大,再度高增长既不现实,也不符合经济发展规律。

（四）主要行业投资的支撑不足

产能过剩、成本上升、有效需求不足和企业经营困难，可能会在较长一段时间制约制造业投资的增长。基础设施投资受高增长基数和地方政府债务负担较重的影响，增速将会明显回落。房地产开发投资受三四线城市供应过剩、房产税出台时间临近的影响，增速很难提高。

（五）新开工项目的支撑作用不足

2013年新开工项目计划总投资增速一直保持在较低的水平，比前四年的平均增长水平明显回落。新开工项目计划总投资增速明显回落，一方面是受前几年基数较高的影响，另一方面也反映投资主体的投资积极性不高，投资后劲不足。新开工项目计划总投资增速的回落，既影响了2013年投资增长，更会影响到2014年投资增长。

当然，2014年也有支撑投资增长的因素：

（一）国际经济形势将好于2013年

联合国贸发会议、联合国经济与社会事务部、世界银行等机构均预测，随着发达国家经济增长动能增强，2014年全球经济增长速度将有所加快，预计2014年全球经济增长3.2%（世界银行预计数），高于2013年的2.4%。其中美国受就业市场和房地产市场持续回暖的影响，经济增长加快，欧元区经济将摆脱衰退，经济恢复正增长。全球经济好转，将改善我国出口的外部环境，增加中国工业产品的外部需求，对化解当前产能过剩将发挥积极作用，一定程度上促进制造业投资的增长。

（二）相关行业投资增长仍有政策支持

2013年7月，《国务院关于加快棚户区改造工作的意见》（国发〔2013〕25号）下发，意见中明确提出，要在2013—2017年改造各类棚户区1 000万户，使居民住房条件明显改善，基础设施和公共服务设施建设水平不断提高。2013年9月，《国务院关于加强城市基础设施建设的意见》（国发〔2013〕36号）下发，提出要加大城市道路交通基础设施、城市管网、污水和垃圾处理设施、生态园林设施等方面的建设力度，加快城市基础设施转型升级，全面提升城市基础设施水平。而且新型城镇化建设也将对相关行业的投资起到一定的支撑作用。

综合分析影响投资增长的各种因素，制约因素将起主要作用，今后GDP和投资考核将逐渐淡化，政府主导的投资增长模式将会逐渐转变，经济转型升级和结构调整将是发展的主旋律，投资告别高增长是不可逆转的大趋势。预计2014年投资增长速度将会进一步放缓。

[1]基础设施包括以下行业：铁路运输业，道路运输业，城市公共交通业，航空运输业，水上运输业，管道运输业，邮政业，电信、广播电视和卫星传输服务业，互联网和相关服务业，水利管理业，环境管理业，市政公共设施管理业。

中国投资高增长不可持续

国家统计局投资司

改革开放以来，中国固定资产投资增长虽有所波动，但总体上保持了较高的速度，1981-2012年年均增长21.1%，特别是从2003年开始的新一轮增长周期中，投资保持了平稳、持续的快速增长态势，各年增速均在20%以上。但在2008年年底出台的“四万亿”投资计划刺激效果减弱后，投资增速从2010年开始放缓，2012年全社会固定资产投资增速回落到20.3%。但投资超过20%的增速无论与其他国家相比，还是与国内其他相关经济指标相比，均属高速增长。

固定资产投资是改革开放以来拉动经济持续快速增长的主要力量，并为基础设施日益完善、制造业规模不断壮大和人民生活水平不断提高作出了巨大贡献。近几年，受发达国家经济复苏前景不明、新兴国家经济增长速度回落的影响，中国经济增长明显放缓，从去年二季度开始已经连续5个季度低于8%，今年二季度增长7.5%，未来经济增长存在很大不确定性。各级政府为稳定经济增长，仍把固定资产投资作为主要抓手，希望通过投资的高速增长拉动经济回到上升的轨道。

但应看到，受诸多因素的影响，中国投资高速增长不可持续。

一、投资增长受土地、资源环境和劳动力成本的制约日益显现，潜在增长能力下降

改革开放以来，投资的高速增长是建立在土地、资源、劳动力等生产要素

的低成本基础上，是典型的粗放式增长。近年来投资增长面临的环境发生重大变化，成本优势下降，资源环境的制约突显。

（一）土地对投资增长的制约加剧

投资的高速增长必然伴随着建设用地的不断增加，投资多年高速增长使得建设用地日益紧张。农村集体用地转建设用地不只是面临120万平方千米耕地红线的限制，而且拆迁带来的补偿日益提高、拆迁矛盾日益突出，土地资金成本越来越高。“十一五”期间，全国每年建设用地需求在8 000平方千米以上，每年土地利用计划下达的新增建设用地指标只有4 000平方千米左右，缺口50%以上。“十二五”时期，中国建设用地供求矛盾还将进一步加大。因此，各地建设用地日益紧张是比较普遍的现象，土地供应不足、使用成本上升必然会制约投资的快速增长。这就要求各地区加快产业升级的步伐，节约建设用地，提高单位土地产出效率，逐步改变粗放型投资增长模式。

（二）资源环境对投资增长的制约越来越大

投资的高速增长对环境和资源的压力来自两个方面，一方面大量重化工、高耗能、高污染、高排放投资项目的建设及生产对自然环境带来巨大的破坏，使中国的空气和水资源受到严重污染；另一方面，中国投资的高速增长要消耗大量的建筑材料，包括粗钢、钢材、水泥、电解铝、平板玻璃等，而这些产品的生产需要消耗大量的能源和资源，并对自然环境带来破坏。当前，我国这些工业产品的产能和产量占全球的一半以上，已无提高的空间。2011年，中国粗钢产量为68 327万吨，已经超过了全球产量的一半，水泥产量20.6亿吨，超过全球产量的70%。表5-6中列出2011年世界主要国家的粗钢和水泥产量数据，中国产量远高于其他国家，中国粗钢和水泥产量占全球的比重与中国经济在世界上的地位明显不相符。改革开放初期，为了摆脱贫困落后的面貌，不计成本地加大投入或许还可以理解，但经过30多年的发展，中国经济总量已居世界第二，城市建设成就显著，人民生活水平明显提高，这种高消耗、粗放型的增长方式已经难以为继。

表5-6　2011年十大粗钢和水泥制造国家产量

国别	粗钢（万吨）	国别	水泥（万吨）
中国	68 327	中国	206 317
日本	10 760	印度	20 687
美国	8 624	美国	6 662
韩国	6 844	土耳其	6 388
俄罗斯联邦	6 840	越南	5 860
巴西	3 516	俄罗斯联邦	5 611
土耳其	3 410	韩国	5 191
意大利	2 867	日本	5 129
墨西哥	1 814	墨西哥	4 004
乌克兰	1 768	泰国	3 842

资料来源：《2013国际统计年鉴》，印度水泥产量为2010年数据。年鉴中未列印度粗钢产量，根据世界钢协统计数据，2011年印度粗钢产量约为7 220万吨，排世界第四。

（三）中国人口结构的新变化对投资快速增长形成制约

2012年，中国15-59岁劳动年龄人口93 727万人，比上年减少345万人，占总人口的比重为69.2%，比上年末下降0.6个百分点，这是中国劳动年龄人口相当长时间以来第一次出现绝对量下降。60周岁及以上的人口达到19 390万人，占总人口的14.3%，比重比2011年提高0.6个百分点。劳动年龄人口减少和老龄人口不断增加，表明中国经济增长所依赖的人口红利优势有所减弱，中国企业用工成本上升将是长期趋势。用工成本上升和外需不足交织在一起，将使部分出口型企业竞争力下降、经营困难，持续投资能力减弱。

土地、资源环境和劳动力成本对投资增长的制约作用将会持续显现，投资高速增长的潜在能力下降。

二、中国主要产业投资的高速增长潜力下降

从支撑投资增长的主要产业看，投资高速增长难度加大。制造业、基础设施和房地产开发三大产业投资占全部投资的70%左右，是支撑投资增长的主要力量，其高速增长空间的大小直接决定了中国投资的增长潜力。但当前主要产业投资面临的制约因素明显增加，高速增长空间缩小。

(一)产能过剩、国际需求减弱、成本上升等问题并存，制约制造业投资增长

(1)产能过剩问题突出，消化过剩产能将是长期过程。制造业投资连续多年高速增长，使得产能快速增加。在经济快速增长、市场需求旺盛时，产能过剩的问题暴露得并不明显，一旦经济增长放缓、需求减弱，产能过剩问题突显，企业开工不足、产品销售不畅、盈利能力下降，投资积极性降低。2013年二季度，工业企业产能利用率为78.6%，产能利用水平处于2008年国际金融危机爆发后的较低水平，钢铁、有色、化工、建材等传统行业产能过剩问题更为突出，产品价格下降、库存积压，企业生存压力加大。某些新兴行业如风电设备制造、光伏产业也因发展过快、国内外市场需求放缓而面临过剩问题。消化过剩的产能将是一个长期的过程，对投资的影响会持续显现。2013年上半年工业投资增长16.2%，其中制造业投资增长17.1%，增速均连续3个月回落。

(2)中国的外需环境变化，出口低速增长将常态化。今年以来全球经济保持缓慢复苏态势，总体形势更加错综复杂。尽管美国经济复苏有一些明显好转迹象，但是世界其他国家，特别是欧洲经济持续低迷，新兴经济体经济增

长放缓,世界经济复苏总体上比较缓慢。因此,国外需求难有明显改善,中国出口恢复高速增长的难度加大。而且,即使美国经济复苏,其经济增长模式也将会调整,不会再回到过去过度依赖消费的增长方式,而且复苏后的进口需求会更多地从中国转到墨西哥等经济体,对中国的出口带来不利影响。中国出口增长放缓,必然要影响到制造业企业的投资能力和投资积极性。

(3)工业企业生产成本上升,竞争优势减弱,产业转移和产业回流现象加剧。中国经济高速发展所依赖的劳动力、土地、资源环境等的低成本优势正在逐渐减弱,人民币汇率不断走高,制造业企业面临的国内外竞争压力明显增加,盈利空间缩小。因此,国内部分企业开始向东南亚等低成本国家转移,而且美国也加快产业结构调整步伐,并制定政策吸引本国企业把生产基地迁回美国。产业转移和产业回流现象会对中国未来中国制造业投资增长带来持续影响。

产能过剩、国外需求减弱、企业成本上升等因素制约了制造业投资的增长空间,单纯靠加大投资、扩大产能的增长之路已经越走越窄。

(二)基础设施水平日益完善,基础设施投资高速增长的紧迫性需求减弱

经过多年的建设,我国的基础设施已经明显改善,部分地区的基础设施硬件水平已经接近发达国家,再度通过大规模投资来提高的空间已经缩小。在基础设施中,全国公路网规模不断扩大,2011年底全国公路网总里程达到410.6万千米,高速公路总里程达8.49万千米,高速公路里程超过3 000千米的省份达到14个,省际高速公路网基本建成,大部分地区地市间高速公路也已贯通,公路大规模建设时期已经过去。铁路运输业与世界发达国家水平还有一定差距,还有很大的发展空间,但前几年高铁投资高速增长,债务规模明显扩大,透支了铁路投资的未来增长。中国的电力供应已经基本能够满足中

国经济增长的需要，近几年电力投资增速一直不高，今后提高清洁能源比重是主要投资方向。多年投资高速增长使占基础设施最主要部分的城市基础设施状况有了极大改善，城市广场、公园、道路、桥梁等地上服务设施日益完备，城市形象明显提升，投资潜力下降。大城市地下轨道交通、城市地下管网、城市污水处理、生态环境治理等领域还有很大的投资空间，但受地方政府债务规模扩大、融资能力下降的制约，城市基础设施投资高速增长可能会使地方政府债务风险加剧。稳定、持续应是未来基础设施投资增长的主要态势。

（三）居民总体住房条件明显改善，房地产市场的两极分化制约了房地产开发投资的高速增长空间

改革开放以来，特别是近10多年来，房地产开发投资快速增长，居民住房条件明显改善，2011年城镇居民人均住房建筑面积达32.7平方米，农村居民人均住房面积达36.2平方米，已经达到较高的水平。当前的住房需求主要来源于人口的流动性因素，农村流向城镇、小城镇流向大城市带来的住房需求成为主流。而且，当前房地产市场已经出现两极分化，一二线城市由于其城市定位及较强的辐射作用，人口净流入，住房需求较大，供给相对不足，供需矛盾突出，导致住房价格居高不下，住房投资仍有一定的增长空间。但三、四线城市及大部分县级城镇住宅供需矛盾并不突出，有些三四线城市由于前些年住宅投资猛增，但人口、产业及服务设施没有跟上，造成建成住宅空置现象严重，甚至出现了鬼城。有些城市人口净流出，产业萎缩，商品住宅市场供大于需，房地产投资潜力下降。因此，只有一、二线城市的房地产投资不足以支撑全国房地产开发投资的高速增长。当然，中国仍处于城镇化过程中，城镇住房的新增需求还在持续增加，但城镇化是一个长期、渐进的过程，对住房

的需求是平稳而持续的。

三、内需失衡状况制约投资的高速增长

多年来，我国依靠资源大量投入带来经济快速增长、经济总量不断扩大的同时，也带来了一系列严重的经济结构失衡问题，内需结构失衡就是其中之一。内需结构失衡突出表现在，主要由固定资产投资带来的资本形成率太高，最终消费率过低，即在支出法国内生产总值的构成中资本形成总额，特别是固定资本形成总额所占比重过高，而最终消费支出，尤其是居民消费支出所占比重过低。图1显示，1978年以来资本形成总额和固定资产形成总额在GDP中的比重基本呈波段上升趋势，而且2003年起连续十年资本形成总额所占比重均在40%以上，2012年为48.1%；与此对应，最终消费支出所占比重基本呈波段下降的趋势，2001年开始下降幅度加大，2002年开始低于60%，2007年开始低于50%，2012年仅为49.2%，比2000年下降13.1个百分点，其中居民消费支出比重呈基本相同的下降趋势，2005年开始低于40%，2012年仅为35.7%。

中国资本形成总额和最终消费支出在GDP中的比重与世界上大部分国家正好相反。2010年，世界平均资本形成率为19.9%，高收入国家为18.1%，中等收入国家为29.4%，中低收入国家为29.3%，均低于30%。中国2010年资本形成率比世界平均水平高28.2个百分点，比中等收入国家平均水平高18.7个百分点。除中国外，2010年资本形成率高于30%的仅有三个国家，分别是印度35.1%，蒙古40.8%，越南38.9%。资本形成率高必然造成最终消费率低，目前，世界平均最终消费率在75%以上，绝大部分国家都在70%以上，中国最终消费率水平比世界低20个百分点以上。这一高一低反映了我国内需结构存在严重问题。

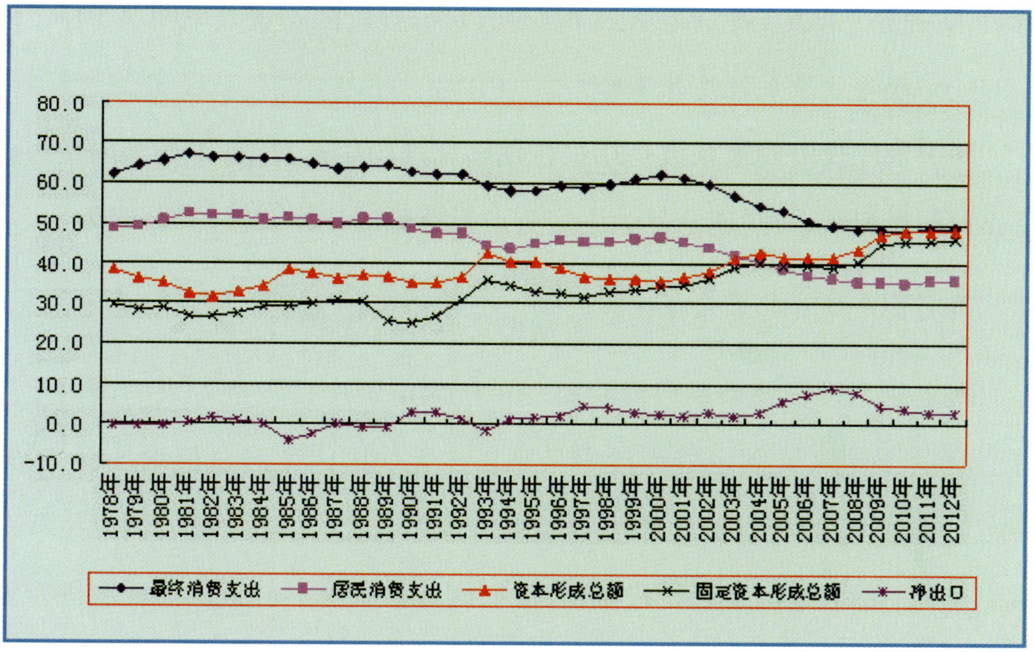

图5–15　1978年以来支出法GDP构成变化(%)

中国资本形成率高而最终消费率低有客观的原因,如中国的历史文化传统使得民众更乐于储蓄,改革开放初期为快速改变落后的面貌,需要加大工业投资和基础设施投资力度,改革开放中期工业化、城镇化加速推进,必然需要投资超前发展。因此,资本形成率高在特定的时期有其合理性。

但中国经过30多年的高速发展,经济总量已居世界第二,这种失衡状况带来的弊端日益显现。投资持续快速增长,已经导致资源能源紧缺、生态环境恶化、投资效率下降,并使产能过剩问题日益突出。而且主要靠投资拉动的经济增长并不能使广大民众同步享受到发展成果,对居民收入增长带来了挤出效应,使居民消费能力无法明显提升,经济增长不具有可持续性。

四、投资的宏观效率下降,投资高速增长并未带来经济和收入同步增长

改革开放以来,投资对拉动经济增长发挥了巨大作用,但是其作用与其

总量、增速并不匹配，特别是从21世纪初以来，投资的宏观效率明显下降。

（一）投资效果系数显著下降

固定资产投资效果系数是指报告期新增国内生产总值（本期国内生产总值比上期增加额）与同期全社会固定资产投资额的比率，其计算公式为：

$$固定资产投资效果系数=\frac{报告期新增国内生产总值}{同期固定资产投资额}$$

固定资产投资效果系数反映每一单位固定资产投资额带来的国内生产总值增量，即每1元固定资产投资带来多少元的国内生产总值增加额，带来的增加额越大，表明投资的作用越显著。当然，按支出法计算的国内生产总值中只有一部分是固定资产投资形成的，因此该指标只能近似地反映固定资产投资宏观经济效果的变化趋势。但如果投资效果系数变化很大，能够在一定程度上反映投资的宏观效率变化情况。

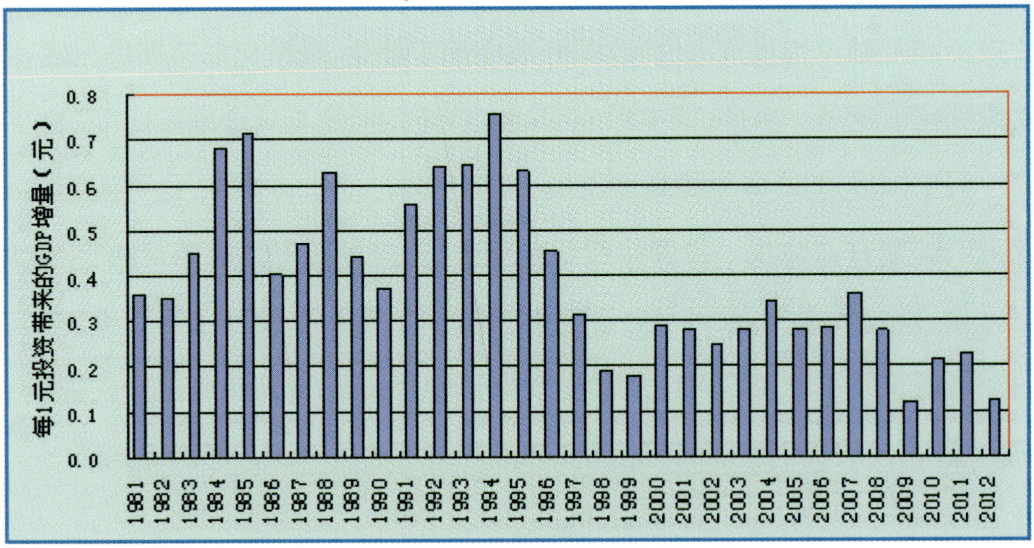

图5-16　1981年以来投资效果系数变化

图5-16显示1981年以来固定资产投资效果系数的变化情况。1996年

之前投资效果系数虽然波动幅度较大，但处于较高的水平，多数年份超过0.4，其中1994年达到0.76，即每1元固定资产投资带来0.76元的GDP增量。而1997年之后，投资效果系数显著下降，各年均低于0.4，其中2009年和2012年仅为0.12。而2009年正是“四万亿投资计划”效果最为显著的一年，当年全社会固定资产投资增长30%，固定资本形成总额对GDP增长的贡献率达到93.7%，当年GDP增长9.2%，其中8.6个百分点是投资贡献的。从总体上看，虽然投资对GDP拉动作用巨大，但投资效果系数显著下降确是事实，表明同样的投资带来的GDP增量近十多年来明显减少，投资的宏观效率明显下降。

（二）投资增速与GDP增速差异明显加大

固定资产投资与GDP的年均实际增速（扣除价格因素）比较，也反映了投资的宏观效率下降的现象。分三个阶段来比较两者的实际增速差异，1981—1990年，全社会固定资产投资年均实际增长9%，GDP年均实际增长9.3%，前者比后者低0.3个百分点；1991—2000年，全社会固定资产投资年均实际增长13.9%，GDP年均实际增长10.4%，前者比后者高3.5个百分点；2001—2012年，全社会固定资产投资年均实际增长20.2%，GDP年均实际增长10.2%，前者比后者高10个百分点。三个时期，全社会固定资产投资实际增速分别比GDP实际增速低0.3和高3.5、10个百分点，差距呈不断扩大趋势。这表明，三个时期虽然投资实际增速不断提高，但并没有带来GDP增速的同步提高，两者差距越来越大，投资效率下降比较明显。

（三）投资高增长带来的收入效应减弱

固定资产投资除了改善城乡面貌、促进经济发展等直接作用外，其最终目的应该是国富民强，不仅要提高国家的综合实力，而且要提高企业的盈利能力和人民的收入水平。也就是说，固定资产投资的最终作用应体现在收入的提高上，如果投资多年高速增长并没有使收入得到相应提高，那么投资的作用要大打折扣。如果用全国财政收入、规模以上工业企业利润、城镇单位就业人员工资总额（以下简称财政收入、工业利润和工资总额）来分别代表国家、企业和个人的收入水平，那么可以通过这三个指标与固定资产投资额的关系，粗略地分析固定资产投资对国家、企业和个人收入的影响。图5-17中的三条曲线分别代表各年每百元固定资产投资额带来的当年财政收入、工业利润和工资总额的变化[1]。总体上看，三条曲线呈向下的走势，表明每百元固定资产投资额最终带来的财政收入、工业利润和工资总额是不断减少的。尤其是20世纪80年代初到90年代初期的下降幅度比较明显，90年代中期以后变化幅度相对较小。每百元投资带来的工业利润从1981年到1998年呈下降趋势，但从1999年开始呈回升企稳态势，2012年为14.8元，明显低于80年代的水平；每百元投资带来的财政收入呈波动下行的趋势，90年代中后期有所提高，但2001年后又开始下降，2012年为31.3元；而每百元投资带来的工资总额除1989年和1990年有所回升外，基本呈持续回落的走势，2012年为18.9元。

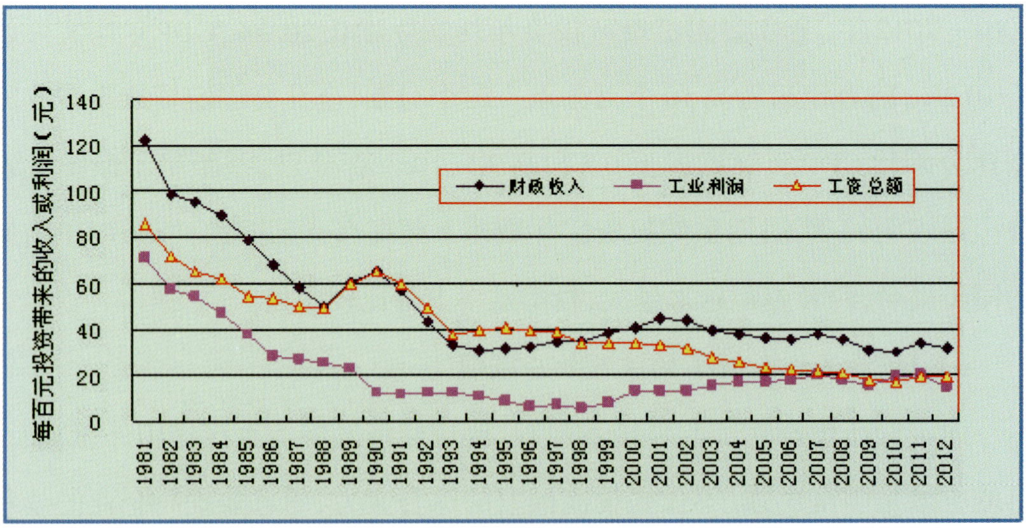

图5-17 1981年以来每百元投资增加的财政收入、工业利润和工资总额

当然，影响财政收入、工业利润和工资总额的因素有很多，固定资产投资只是间接因素之一，而且用这几个指标来反映固定资产投资对国家、企业和个人收入的影响，范围并不全，如规模以上工业企业利润未包括农业、服务业企业的利润，也未包括规模以下工业企业利润，而近年来服务业中的金融业、房地产企业的盈利情况非常好，但工业企业利润基本能够代表实体经济的盈利情况；城镇单位就业人员工资总额未包括农民收入及私营企业和个体户的收入，也没有包括居民的财产收入、金融投资收入等，而这部分收入比重越来越大；财政收入未包括预算外收入，可能会低估政府的可支配财力。因此，这些指标涵盖的范围不全，有一定的局限性，但这些指标纵向是可比的，有一定的代表性，基本能够反映出投资的收入效应变化趋势。如果没有反映的部分占主体，只能表明经济结构、收入分配制度出现了问题，如果金融业、房地产业利润在全部利润中占比过高，表明资金从实体经济中流出，如果财产（主要是房产）收入在个人收入中占比过高，表明收入分配制度存在问题。因此，这三个指标相对固定资产投资的变化趋势，基本能够反映出固定资产投资的收入效应是下降的。

投资的宏观效率下降，表明投资边际产出下滑，达到同样的经济或收入增长，现在需要的固定资产投资要比以前大得多。这表明投资持续高速增长的必要性下降。

五、投资连续高增长，基数越来越大，高速增长空间缩小

1981—2012年，全社会固定资产投资年均增长21.1%，全社会固定资产投资额由1981年的961亿元提高到2012年的374 676亿元，增长了389倍。1981—1990年、1991—2000年和2001—2012年三个时期，投资年均增长

17.4%、22%和23.2%，年平均投资额分别为2 859亿元、20 284亿元和210 181亿元，投资增速逐期提高，投资额逐期大幅度增加，而且2003—2012年连续10年每年增长速度均在20%以上。2012年全社会固定资产投资增长1%的投资增量相当于1985年的投资额，而实际上2012年全社会固定资产投资增长20.3%，投资增量近6.3万亿，接近2004年全社会固定资产投资额。在如此大的基数上要保持20%以上的增长速度，难度相当大，就算勉强达到，也不符合经济变化的规律，投资质量和效益也会不尽如人意。

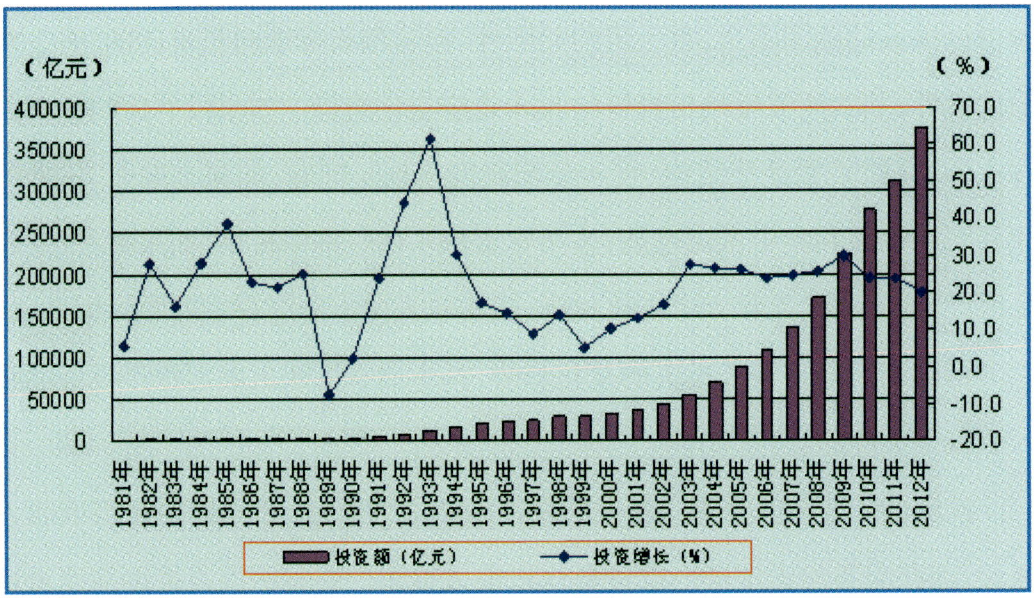

图5-18　1981年以来各年全社会固定资产投资额及增速变化

六、转变投资增长方式，提高投资增长质量

分析表明中国投资高速增长的难度越来越大，潜在能力和必要性下降，而且勉强维持20%以上的高速增长弊大于利。但是，这并不表示中国投资增长已经没有潜力，中国的经济发展水平与发达国家还有很大的差距，中国的

城镇化、工业化、信息化正处于稳步推进阶段，投资增长的潜力还很大。但要转变经济发展方式，提高中国经济增长质量，中国投资必须告别高速增长时代，进入稳定增长时期。今后投资的重点应是加强投资结构调整、提高投资效率，而不是单纯追求投资规模和速度。如果投资增长质量提高,15%左右的增长速度足以支撑经济保持可持续发展。

因此，应根据转变中国经济发展方式的要求，淡化投资规模和速度，不断优化投资结构，追求投资质量和效益的提高，为中国经济可持续发展提供不懈动力。当前，最重要的是要改变政府主导的投资增长模式。

长期以来，投资高速增长的主要推动力量是各级政府，投资规模和速度是政府考核的重要指标，各地为完成投资任务，争相建立城市新区、开发区、工业园区，加大招商引资力度，因此称中国投资是典型的政府主导的增长模式也不为过。政府主导投资的好处是可以集中力量上大项目，节约时间成本，在经济增长低迷时能够快速启动经济。中国投资带来的经济增长、城市面貌改善、企业规模扩大、人民生活水平提高等成果是有目共睹的。但政府主导投资的副作用也很大，一是投资项目存在一定的盲目性，造成大量浪费，并带来严重的产能过剩问题。单纯追求GDP、投资规模，而忽视了投资效益，造成项目开工前论证不够，投产后盈利水平不高，有的甚至是投产之时就是亏损之日。特别是各地产业规划雷同，求全求大，投资效率低下。二是资源耗费巨大，污染严重。为提高GDP总量，各地热衷于上马投资量大、工期长、投产后产值高的重化工、高耗能项目，对矿产资源、能源和水资源的消耗巨大，投产后造成严重的污染，严重影响人民的生活质量。三是多年基础设施投资的高速增长给地方政府带来巨大的债务风险。基础设施建成后社会效益大、经济效益小的特点，决定了其现金流并不足以收回投资，建设资金主要来源于政府融资平台的融资，今后还款主要来源于政府的财政收入，特别是土地出让收入。一旦遇到经济低迷、财政收入增速放缓，基础设施投资高速增长积累的大量债务风险将会持续放大。四是政府主导的投资增长模式，存在较大的“挤出”效应。各级政府的投资项目往往比较容易获得资金，而且资金成本较低，在资金供应一定的条件下，大量资金投入到政府投资项目，市场可支配资金减少，出现挤出效应，造成民间投资、实体经济投资资金供应不足、资金成本提高。

因此，今后应逐步改变政府主导的投资增长模式，淡化投资增长目标的考核，政府应回归到制定政策和标准，为各类投资主体创造公平、透明的竞争环境上，使投资真正走上由民间投资主导的自主增长之路。

[1]每百元投资带来的财政收入计算方法：报告期全国财政收入/同期全社会固定资产投资×100，工业利润和工资总额的算法相同。

2013年全国房地产市场运行情况

国家统计局投资司

2013年,在"国五条"等调控政策和各项经济改革政策的影响下,房地产开发投资稳步增长,商品房销售高开低走,企业到位资金比较充裕,土地市场逐步回暖,房地产市场进入调整期。与2012年相比,各主要指标增速均有所提高。

一、房地产开发情况

(一)房地产开发投资增长19.8%

2013年,房地产开发投资平稳增长,全年全国房地产开发投资86 013亿元,比上年增长19.8%,增速比2012年提高3.6个百分点。

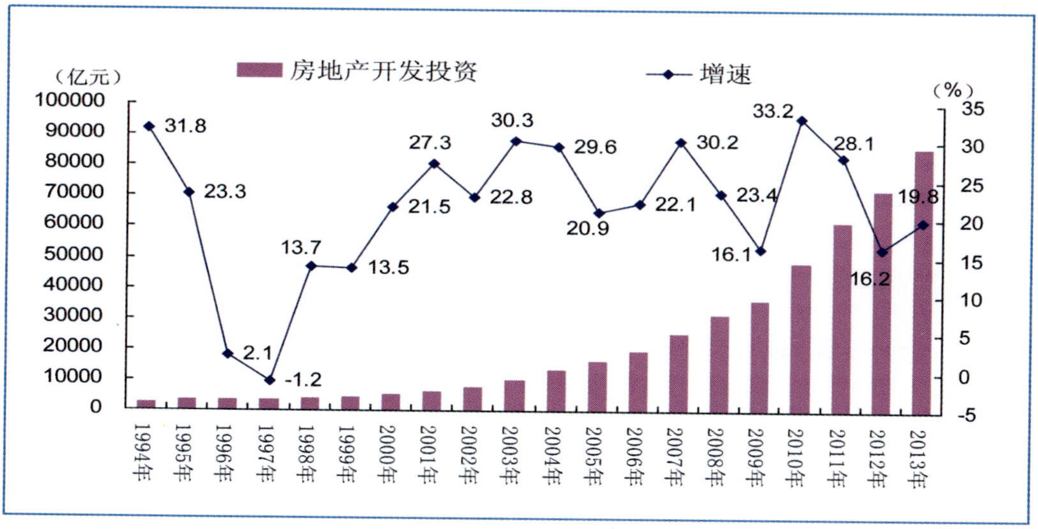

图5-19 1994年以来全国房地产开发投资情况

全年看，投资增速在1-2月份达到22.8%后呈逐步回落态势，全年增速比年初回落3个百分点，比一季度回落0.4个百分点，比上半年回落0.5个百分点，比前三季度提高0.1个百分点。

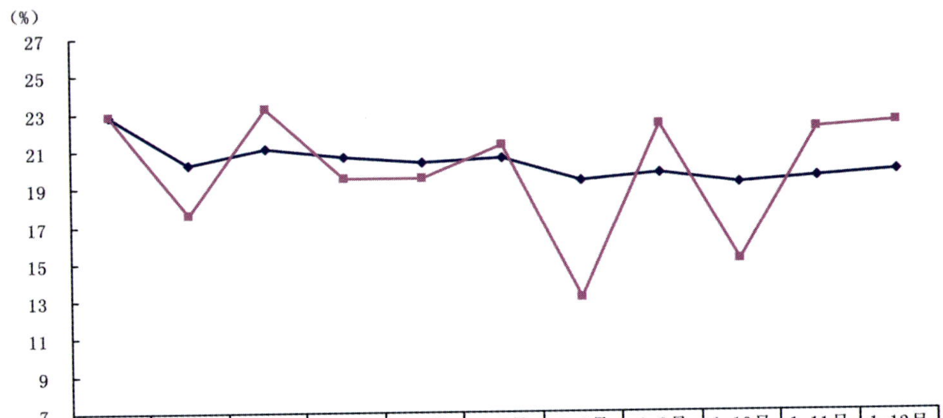

	1-2月	1-3月	1-4月	1-5月	1-6月	1-7月	1-8月	1-9月	1-10月	1-11月	1-12月
累计增长速度	22.8	20.2	21.1	20.6	20.3	20.5	19.3	19.7	19.2	19.5	19.8
当月增长速度	22.8	17.6	23.2	19.4	19.4	21.2	13.1	22.3	15.1	22.1	22.3

图5-20　2013年房地产开发投资增长情况

（二）东、中、西部地区房地产开发投资增速均比上年提高，东部地区提高最快

2013年，东部地区房地产开发投资47 972亿元，增长18.3%，增速比2012年提高4.4个百分点；中部地区投资19 045亿元，增长20.8%，增速提高2.5个百分点；西部地区投资18 997亿元，增长22.6%，增速提高2.2个百分点。

31个省、自治区、直辖市中，10个地区房地产开发投资增速比2012年回落。21个增速提高地区中，6个地区提高幅度超过10个百分点，分别为：内蒙古增长14.5%，2012年为下降18.8%；新疆增长36.2%，增速比2012年提高18.8个百分点；福建增长31.1%，增速提高13.7个百分点；上海增长18.4%，增速提高12.7个百分点；河南增长26.6%，增速提高11个百分点；河北增长11.6%，增速提高10.6个百分点。

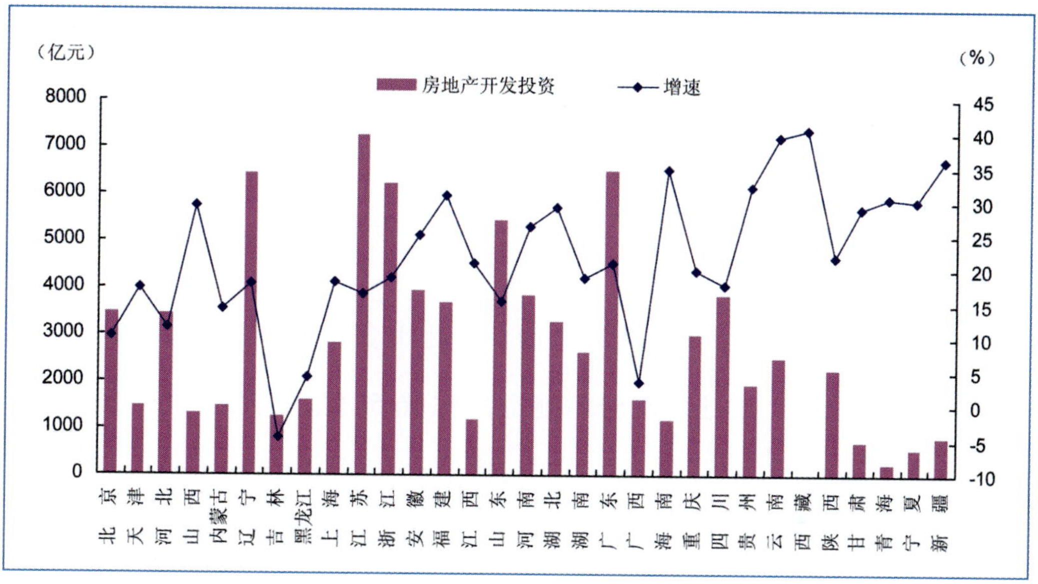

图5-21　2013年各地区房地产开发投资及增长速度

（三）住宅投资增速大幅提高，非住宅类房屋投资增速回落

2013年，房地产开发住宅投资58 951亿元，增长19.4%，增速比2012年提高8个百分点。非住宅类房屋投资27 063亿元，增长20.7%，增速回落7.6个百分点，其中，办公楼投资4 652亿元，增长38.2%，增速提高6.6个百分点；商业营业用房投资11 945亿元，增长28.3%，增速提高2.9个百分点；其他房屋投资10 465亿元，增长7.3%，增速回落22.8个百分点。

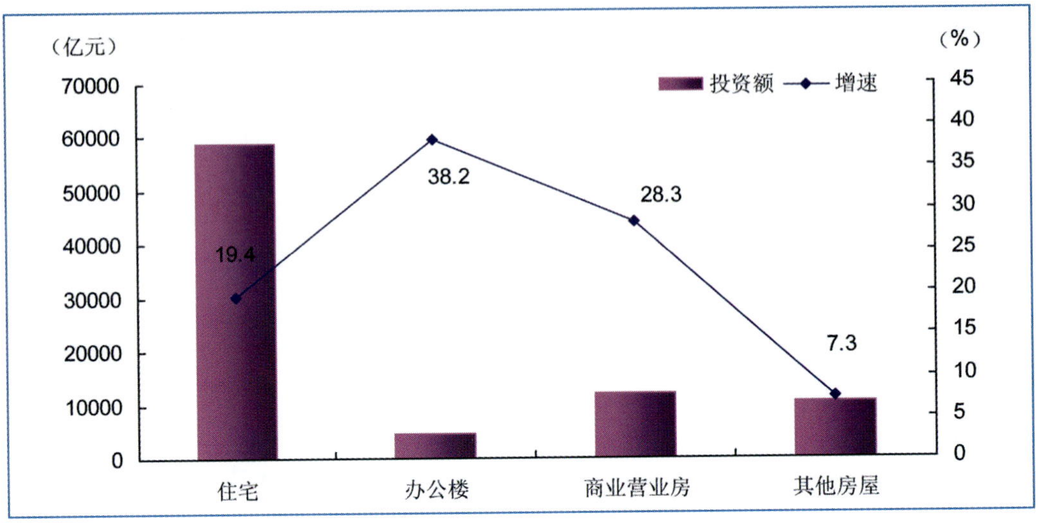

图5-22 2013年各类型房屋投资

（四）施工面积增速提高，新开工面积增速由负转正

2013年，房地产开发企业房屋施工面积66.56亿平方米，增长16.1%，增速比2012年提高2.9个百分点。其中，住宅施工面积48.63亿平方米，增长13.4%，增速提高2.8个百分点；办公楼施工面积2.46亿平方米，增长26.5%，增速提高5个百分点；商业营业用房施工面积8.06亿平方米，增长22.5%，增速提高4.9个百分点。

2013年，房地产开发企业房屋新开工面积20.12亿平方米，增长13.5%，2012年为下降7.3%。其中，住宅新开工面积14.58亿平方米，增长11.6%，2012年为下降11.2%；办公楼新开工面积0.69亿平方米，增长15.0%，增速提高4.1个百分点；商业营业用房新开工面积2.59亿平方米，增长17.7%，增速提高11.5个百分点。

（五）土地购置面积和成交价款均转为正增长

2013年年初，房地产开发企业土地购置面积延续了上年下降态势，降幅为20%左右，之后降幅逐渐收窄，于1–11月份转为正增长，全年房地产开发企业土地购置面积3.88亿平方米，增长8.8%，2012年为下降19.5%。

2013年1–2月份，房地产开发企业土地成交价款下降12%，1–4月转为正增长，全年房地产开发企业土地成交价款9 918亿元，增长33.9%，2012年为下降16.7%。

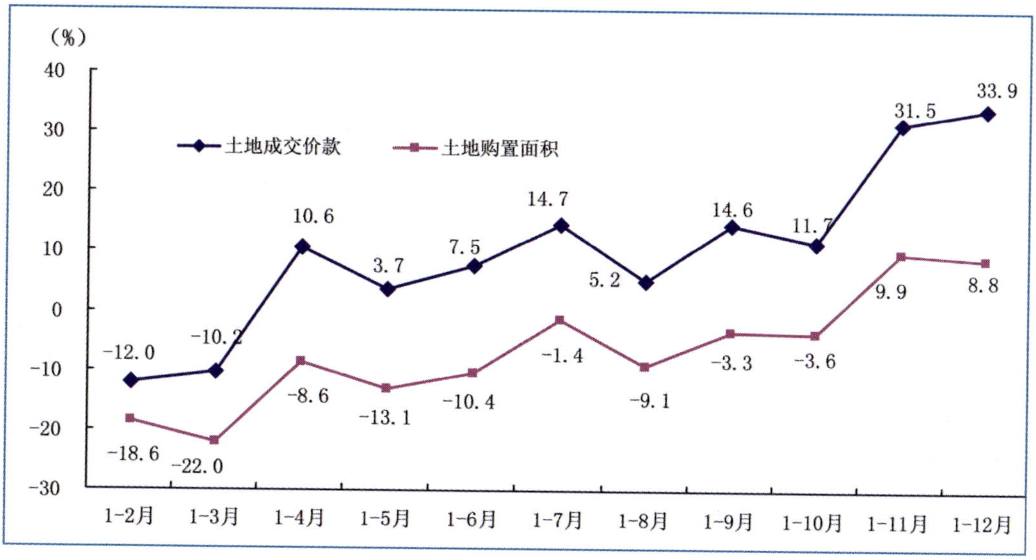

图5–23　2013年房地产土地购置面积和土地成交价款增长速度

分季度看，2013年一季度房地产开发企业土地购置面积下降22%，土地成交价款下降10.2%；上半年土地购置面积下降10.4%，土地成交价款增长7.5%；前三季度土地购置面积下降3.3%，土地成交价款增长14.6%；全年土地购置面积增长8.8%，土地成交价款增长33.9%。

2013年，房地产企业待开发土地面积42 280万平方米，比2012年增加2 084万平方米，增长5.2%。

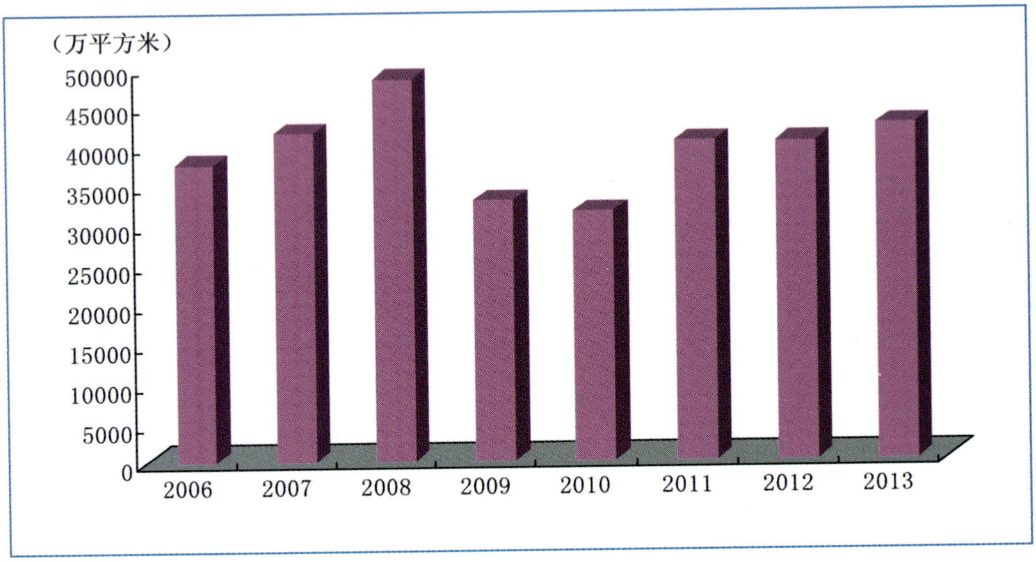

图5-24　2006年以来房地产开发企业待开发土地面积

二、房地产市场销售情况

(一)新建商品房销售突破13亿平方米

2013年年初“国五条”颁布后，在搭政策末班车心理影响下，全国二手房销售出现井喷式增长，并波及新建商品房销售。随着各地实施细则的出台，人们心理预期渐趋稳定，新建商品房销售在年初高速增长后增速持续回落。2013年一季度、上半年、前三季度和全年，商品房销售面积分别增长37.1%、28.7%、23.3%和17.3%；商品房销售额分别增长61.3%、43.2%、33.9%和26.3%，两者均呈逐季快速回落走势。2013年全年，全国商品房销售面积130 551万平方米，比上年增长17.3%，增速比2012年提高15.5个百分点；销售额81 428亿元，增长26.3%，增速提高16.3个百分点。

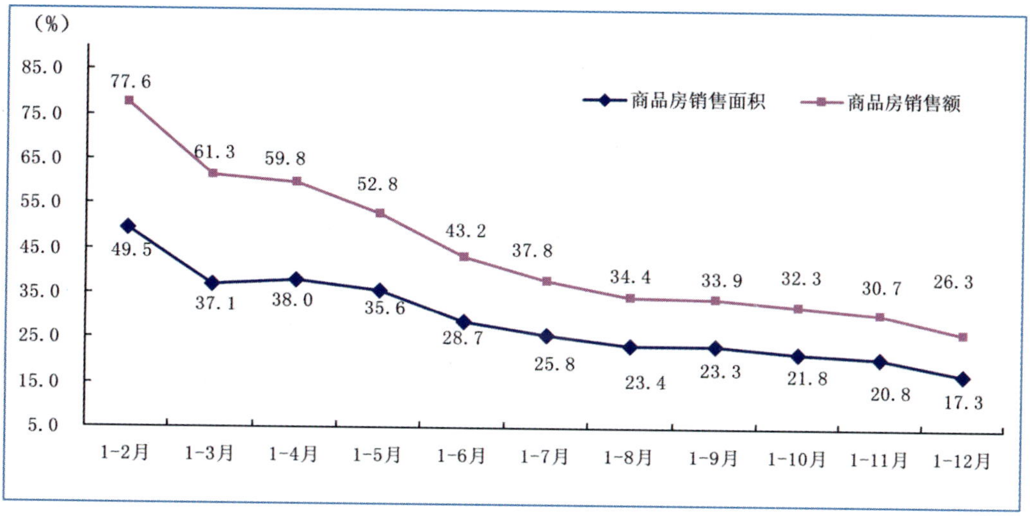

图5-25　2013年商品房销售面积和销售额增长速度

(1)分地区看,东部地区商品房销售增长最快。2013年,东部地区商品房销售面积63 476万平方米,增长19.3%,增速比2012年提高13.6个百分点;销售额49 327亿元,增长28.4%,增速提高15.5个百分点。中部地区商品房销售面积35 191万平方米,增长16.8%,增速提高14.8个百分点;销售额16 524亿元,增长26.9%,增速提高18.4个百分点。西部地区商品房销售面积31 883万平方米,增长14.1%,2012年为下降5.3%;销售额15 576亿元,增长19.6%,增速提高15.9个百分点。

(2)分用途看,住宅、办公楼销售较快增长。2013年,住宅销售面积115 723万平方米,增长17.5%,增速比2012年提高15.5个百分点;销售额67 695亿元,增长26.6%,增速提高15.7个百分点。办公楼销售面积2 883万平方米,增长27.9%,增速提高15.5个百分点;销售额3 747亿元,增长35.1%,增速提高22.9个百分点。商业营业用房销售面积8 469万平方米,增长9.1%,2012

年为下降1.4%；销售额8 280亿元，增长18.3%，增速提高13.5个百分点。

（二）二手房成交高速增长

据住房和城乡建设部40个重点城市房地产市场信息系统数据显示，2013年，二手房成交面积19 654万平方米，同比增长48.8%。其中，二手房成交16 901万平方米、195.6万套，分别增长62.6%和59.1%。

全年看，40个重点城市二手住房成交面积增速呈逐步回落态势。年初和一季度均超过2倍增长，上半年增长1.3倍，前三季度增长83.4%，全年增长62.6%。

2013年，在重点监测的40个城市中，东部20个城市二手房成交面积12 467万平方米，同比增长49.1%；中部8个城市二手房成交面积2 998万平方米，增长44.7%；西部12个城市二手房成交面积4 199万平方米，增长51%。除厦门外，39个重点监测城市二手房成交面积同比全部增长，其中3个城市增幅超过一倍，分别为三亚成交36万平方米，增长132.2%；乌鲁木齐成交453万平方米，增长103.2%；呼和浩特成交101万平方米，增长101.7%。

三、房地产信贷与开发资金来源情况

（一）房地产信贷运行与风险

2013年，在国民经济稳中有进的宏观环境下，房地产市场持续回暖，房地产投资和商品房销售增长较快，但不同地区的房价走势有所分化：一线城市上涨幅度较大，二、三线城市上涨相对平稳，有的三、四线城市则出现了下跌情况。为了防止房地产价格过快上涨，国家对房地产市场以限购、限贷为核心的调控政策仍未松动，“新国五条”、保障房建设、房产税试点扩围等政策措施相继出台，不动产统一登记制度、房地产税立法等着眼于房地产长效调控机制的法律法规也已经启动。总体来看，房地产市场依然面临较大的宏观调控压力，房地产信贷增速有所回升，但资金依然偏紧，房地产信贷风险仍处于可控范围。

1.房地产信贷运行基本情况

截至2013年12月末，全国金融机构房地产贷款余额为14.61万亿元，比年初新增23 423.2亿元，比上年末增长19.1%，增幅同比提高6.3个百分点。分季度看，全年房地产贷款增速呈逐季上升趋势，3月末同比增长16.4%、6月末为18.1%、9月末为19.0%，12月末提高到19.1%。2013年，房地产贷款增长快于金融机构人民币各项贷款增长：3月末房地产贷款同比增速比金融机构人民币贷款同比增速高1.5个百分点，上半年高4.0个百分点，9月末高4.9个百分点，全年高5.0个百分点。12月末，房地产贷款占金融机构人民币各项贷款的比重为21.0%，同比提高1.2个百分点。从新增贷款看，2013年房地产新增贷款占金融机构人民币新增贷款总额比重为28.1%，同比提高10.7个百分点。

房地产贷款按照投向统计，可分为房地产开发贷款、购房贷款和证券化的房地产贷款三部分。

12月末，房地产开发贷款45 906.0亿元，比年初新增5 892.4亿元，同比增长14.7%，增幅同比提高3.65个百分点。其中，地产开发贷款10 737.2亿元，比年初增加957.8亿元，增长9.8%；房地产开发贷款35 168.8亿元，比年初增加4 934.6亿元，增长16.3%。在房地产开发贷款中，住房开发贷款26 225.6亿元，比年初增加3 579.5亿元，增长15.8%，其中，保障性住房开发贷款7 259.7亿元，同比增长26.7%。房地产开发贷款余额占房地产贷款的比重为31.4%，比上年同期略降0.6个百分点。

12月末，购房贷款余额为100 168.8亿元，比年初新增17 531.4亿元，同比增长21.2%，增幅同比上升7.52个百分点。其中，企业购房贷款2 139.1亿元，比年初新增531.4亿元，增长33.1%；机关团体购房贷款3.4亿元，比年初新增0.4亿元；个人购房贷款98 026.3亿元，比年初新增16 999.5亿元，同比增长21.0%。个人购房贷款中，个人商业用房贷款7 869.6亿元，比年初新增1 383.5亿元，同比增长21.3%；个人住房贷款90 156.7亿元，比年初新增15 616.0亿元，同比增长21.0%。购房贷款余额占房地产贷款余额的比重为68.6%，比去年同期提高0.6个百分点。

12月末，证券化的房地产贷款余额为13.6亿元，比年初减少0.6亿元，同比下降4.0%。

2.对目前房地产信贷风险的基本判断

从房地产信贷规模和不良贷款率来判断，目前我国房地产信贷的风险仍处于可控范围内。首先，房地产贷款在金融机构贷款总额中占比并不很高。2013年末，全国房地产贷款余额占金融机构各项贷款余额的21.0%；房地产开发贷款余额占金融机构各项贷款余额的6.6%；个人购房贷款余额占金融机构各项贷款余额的14.1%，占2013年GDP的比例为17.2%，这些比率大大低于美国发生金融危机时的水平。其次，我国房地产贷款不良率较低。根据银监会统计，我国房地产贷款不良率近年来一直呈现下降的趋势。2008年1季末、2季末、3季末和4季末房地产业不良贷款率分别为5.12%、4.84%、4.81%和3.78%，2009年分别为3.26%、2.71%、2.39%和2.14%，2010年分别为1.75%、1.49%、1.42%和1.35%，2011年分别为1.18%、1.14%、1.07%和1.02%，2012年分别为0.91%、0.86%、0.78%和0.95%。2013年前三季度，我国商业银行不良贷款率也一直低于1%的水平，信贷风险很小。

从贷款主体看，我国居民家庭的负债率不高，居民偿债能力较强。首先，我国居民长期的储蓄偏好，使居民家庭的负债率长期处于低水平。2013年末，我国个人新建房贷款余额为71 754.9亿元，占居民储蓄的比率为15.9%，负债率较低。其次，住房按揭贷款是我国居民贷款的主体，其他类型的消费信贷规模很小。到2013年12月末，我国个人短期消费贷款占个人消费贷款和个人全部贷款的比例分别为20.5%和13.4%，占2013年GDP的比重仅为4.7%。国际经验表明，在房价下跌过程中，个人按揭贷款违约率也会有所上升。由于我国居民负债水平较低，因此，即使房地产市场出现一定程度波动，对银行资产的安全性影响也不大。

从房地产开发企业到位资金看，目前房地产开发贷款违约风险较小。房地产开发企业实际到位资金受宏观调控政策影响明显，增速波动较大。2008年10月，受国际金融危机影响，房地产开发企业实际到位资金出现大幅下滑，于2009年1–2月下降到6.9%。随后在扩大投资的政策刺激下，从3月开始逐月回升，2010年1–2月，到位资金增速达到69.5%，随后逐渐从高位回落，2010年、2011年和2012年，房地产开发企业实际到位资金分别增长26.2%、17.5%和12.7%。2013年以来，房地产开发企业实际到位资金增速明显回升，1–3月、1–6月和1–9月增速分别为29.3%、32.1%和28.7%，全年增长26.5%。在房地产开发企业实际到位资金中，定金和预收款所占比重较高，2013年，该比重为28.2%，同比提高0.7个百分点，高于同期银行贷款比重14.1个百分点。此外，个人按揭贷款增长也在2009年1–3月开始由负转正，其在开发资金中的比重也从2008年的9.8%回升到2009年的14.8%，2010年、2011年分别回落到13.1%、10.1%，2012年又回升到10.9%，2013年进一步回升到11.5%。由于2013年部分城市房地产价格上涨较快，房地产市场的宏观调控政策没有出现松动的迹象，同时，2014年中央银行继续实行稳健的货币政策，货币市场仍然会延续上年资金偏紧的状况，预计2014年个人按揭贷款以及定金和预付款的增长可能会有所放缓，从而导致开发商资金状况有所紧张，然而在短期内出现大面积贷款违约风险的可能性不大。

（二）房地产开发企业到位资金快速增长

2013年，全国房地产开发企业到位资金122 122亿元，比上年增长26.5%，增速比一季度回落2.8个百分点，比上半年回落5.6个百分点，比前三季度回落2.2个百分点，比2012年提高13.8个百分点。

（1）到位资金增速持续高于投资增速。2013年，房地产开发企业到位资金增速一直高于同期房地产开发投资增速。分季度看，一季度到位资金增长29.3%，增速高于房地产开发投资增速9.1个百分点；上半年增长32.1%，高11.8个百分点；前三季度增长28.7%，高9.0个百分点；全年增长26.5%，高6.7个百分点。

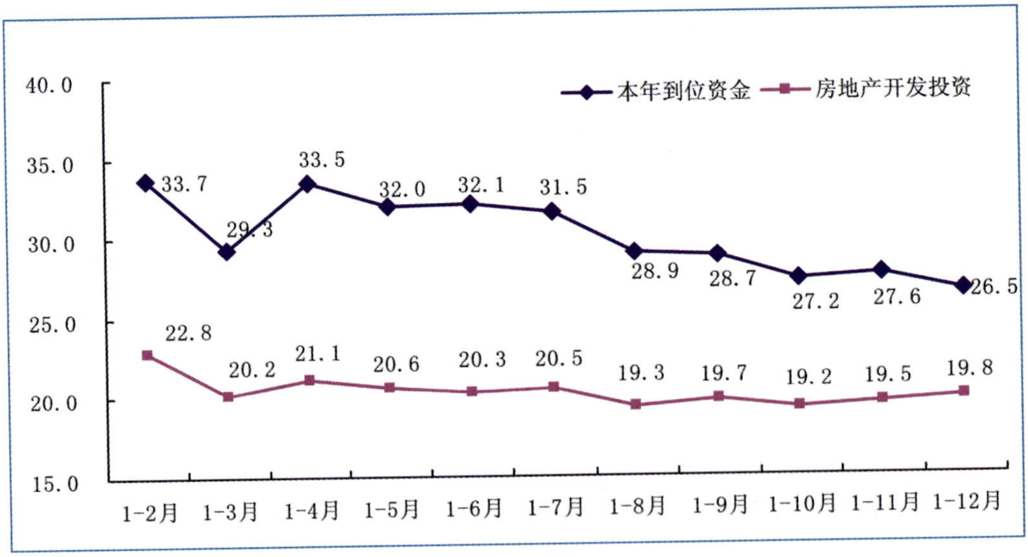

图5–26　2013年房地产开发投资和本年到位资金累计同比增长速度

(2)开发贷款高速增长。2013年,房地产开发企业贷款19 673亿元,增长33.1%,增速比2012年提高19.9个百分点。其中,银行贷款17 165亿元,增长30.6%,增速提高15.7个百分点;非银行金融机构贷款2 508亿元,增长53.1%,增速提高52.2个百分点。

(3)定金及预收款、个人按揭贷款增速从年初高位持续回落。2013年,房地产开发企业定金及预收款高位开局,1–2月份增长66.5%,为全年最高点,之后增速逐月回落,全年房地产开发企业定金及预收款34 499亿元,增长29.9%,增速比2012年提高11.7个百分点;1–2月份个人按揭贷款增长58.8%,之后增速逐步提高,1–4月份增长67.8%,为全年最高点,5月份开始增速逐月回落,全年房地产开发企业个人按揭贷款14 033亿元,增长33.3%,增速比2012年提高12.0个百分点。

(4)自筹资金较快增长。2013年,房地产开发企业自筹资金47 425亿元,增长21.3%,增速比2012年提高9.7个百分点。年内增速整体呈上升走势,由1–3月份的13.6%提高到全年的21.3%。

(5)利用外资由降转升。2013年,房地产开发企业利用外资534亿元,增长32.8%,2012年为下降48.8%。全年走势看,利用外资由1–2月份下降18.4%转为1–3月份增长13.6%,全年进一步提高为32.8%。

四、房地产开发景气指数

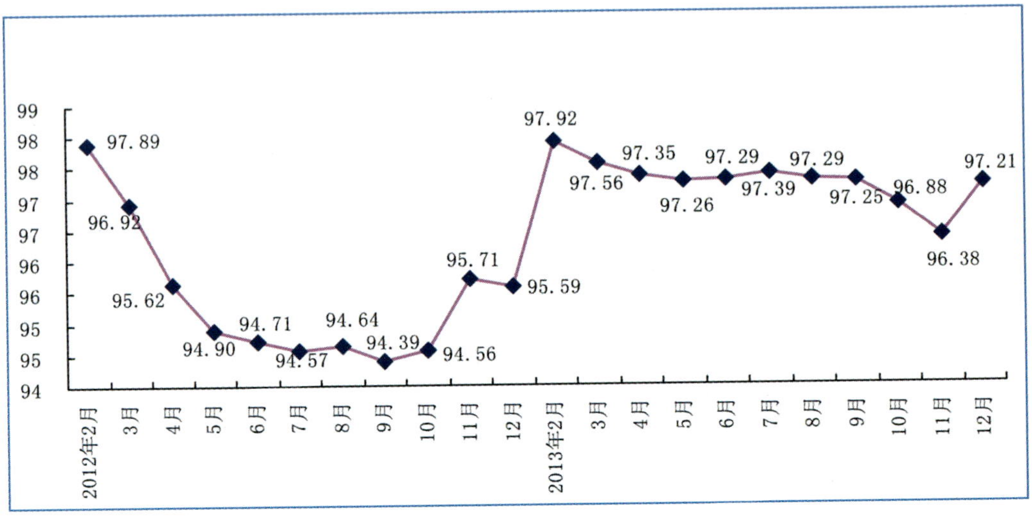

图5-27　2012年以来房地产开发景气指数

2013年，房地产开发景气指数仍处于景气线以下，但与2012年相比明显好转，除10月份和11月份以外，其他各月均在97-98点之间，12月份房地产开发景气指数为97.21点，比2012年12月份提高1.62点。

表5-7　分省固定资产投资及排位

单位:亿元

地区	2012年		2013年	
	总量	位次	总量	位次
全国总计	364 835.07		436 527.70	
北京	6 064.15	23	6 797.54	25
天津	7 913.26	21	9 103.01	22
河北	19 104.63	5	22 629.77	5
辽宁	21 535.37	3	24 791.40	4
上海	5 114.64	26	5 644.13	27
江苏	30 427.25	1	35 983.00	1
浙江	17 000.96	7	20 189.07	7
福建	12 165.64	12	15 045.81	12
山东	30 319.76	2	35 875.86	2
广东	18 248.04	6	21 794.98	6
海南	2 045.38	28	2 625.02	28
山西	8 584.85	20	10 745.35	18
吉林	9 462.09	16	9 880.00	20
黑龙江	9 376.10	17	11 794.17	16
安徽	14 902.31	10	18 090.89	10
江西	11 388.92	15	12 450.84	15
河南	20 870.16	4	25 321.52	3
湖北	15 162.21	9	18 796.85	9
湖南	13 966.26	11	17 230.14	11
内蒙古	11 732.22	13	14 070.50	14
广西	9 345.18	18	11 383.93	17
重庆	8 606.46	19	10 285.29	19
四川	16 526.89	8	19 754.36	8
贵州	5 304.93	25	7 102.78	24
云南	7 553.51	22	9 621.83	21
西藏	670.52	31	876.00	31
陕西	11 705.83	14	14 516.71	13
甘肃	5 040.53	27	6 407.20	26
青海	1 773.67	30	2 285.30	30
宁夏	2 033.03	29	2 577.79	29
新疆	5 857.58	24	7 363.39	23

表5–8 分省固定资产投资增幅及排位

地区	2012年		2013年	
	增幅（%）	位次	增幅（%）	位次
全国总计	20.6		19.6	
北京	9.9	30	8.9	31
天津	18.5	28	15.0	29
河北	21.1	22	18.5	25
辽宁	23.5	19	15.1	28
上海	3.1	31	10.4	30
江苏	20.5	25	19.6	20
浙江	21.6	21	18.1	27
福建	25.7	14	23.5	13
山东	20.5	26	19.6	21
广东	11.0	29	18.3	26
海南	27.9	10	27.2	4
山西	25.6	15	25.2	10
吉林	30.9	3	20.0	18
黑龙江	30.3	4	25.8	8
安徽	24.2	17	21.1	17
江西	30.1	6	20.0	19
河南	23.2	20	23.2	15
湖北	27.9	11	24.1	11
湖南	25.0	16	23.4	14
内蒙古	19.2	27	18.6	24
广西	23.8	18	21.8	16
重庆	20.6	24	19.5	22
四川	20.7	23	19.5	23
贵州	31.8	1	29.0	2
云南	27.3	13	27.4	3
西藏	29.9	7	30.6	1
陕西	28.5	9	24.0	12
甘肃	30.2	5	27.1	5
青海	29.9	8	26.4	7
宁夏	27.9	12	26.8	6
新疆	31.8	2	25.7	9

表5-9　分省房地产开发投资及排位

单位:亿元

地区	2012年		2013年	
	总量	位次	总量	位次
全国总计	71 803.79		86 013.38	
北京	3 153.44	7	3 483.40	10
天津	1 260.00	23	1 480.82	21
河北	3 086.52	9	3 445.42	11
辽宁	5 455.82	2	6 450.75	3
上海	2 381.36	14	2 819.59	14
江苏	6 206.10	1	7 241.45	1
浙江	5 226.27	4	6 216.25	4
福建	2 824.12	11	3 702.97	9
山东	4 708.31	5	5 444.53	5
广东	5 352.79	3	6 489.59	2
海南	886.64	26	1 196.76	25
山西	1 010.45	24	1 308.63	23
吉林	1 310.03	21	1 252.43	24
黑龙江	1 535.84	19	1 604.83	20
安徽	3 151.61	8	3 946.23	6
江西	969.62	25	1 174.58	26
河南	3 035.29	10	3 843.76	8
湖北	2 539.46	12	3 286.02	12
湖南	2 210.52	15	2 628.32	15
内蒙古	1 291.44	22	1 479.01	22
广西	1 554.94	18	1 614.63	19
重庆	2 508.35	13	3 012.78	13
四川	3 266.40	6	3 853.00	7
贵州	1 467.60	20	1 942.54	18
云南	1 782.14	17	2 488.33	16
西藏	6.87	31	9.68	31
陕西	1 835.93	16	2 240.17	17
甘肃	561.02	28	724.65	28
青海	189.68	30	247.61	30
宁夏	429.15	29	558.97	29
新疆	606.09	27	825.69	27

表5-10 分省房地产开发投资增幅及排位

地区	2012年		2013年	
	增幅（%）	位次	增幅（%）	位次
全国总计	16.2		19.8	
北京	3.9	28	10.5	28
天津	16.6	18	17.5	23
河北	1.0	30	11.6	27
辽宁	21.6	14	18.2	21
上海	5.7	27	18.4	20
江苏	11.5	24	16.7	24
浙江	26.3	10	18.9	18
福建	17.4	16	31.1	6
山东	14.6	21	15.6	25
广东	11.3	25	21.2	15
海南	36.2	4	35.0	4
山西	27.9	8	29.5	9
吉林	9.6	26	-4.4	31
黑龙江	25.1	11	4.5	29
安徽	20.7	15	25.2	13
江西	11.8	23	21.1	16
河南	15.6	20	26.6	12
湖北	22.9	13	29.4	10
湖南	13.7	22	18.9	19
内蒙古	-18.8	31	14.5	26
广西	2.5	29	3.8	30
重庆	24.5	12	20.1	17
四川	15.9	19	18.0	22
贵州	68.0	1	32.4	5
云南	39.2	3	39.6	2
西藏	33.8	5	40.8	1
陕西	30.1	7	22.0	14
甘肃	52.9	2	29.2	11
青海	31.1	6	30.5	7
宁夏	27.6	9	30.2	8
新疆	17.4	17	36.2	3

表5-11　分省商品房销售面积及排位

单位:万平方米

地区	2012年		2013年	
	总量	位次	总量	位次
全国总计	111 303.6		130 550.6	
北京	1 943.7	22	1 903.1	24
天津	1 661.7	24	1 847.1	25
河北	5 144.9	8	5 675.9	9
辽宁	8 827.9	2	9 292.3	4
上海	1 898.5	23	2 382.2	21
江苏	9 019.2	1	11 454.8	1
浙江	4 005.3	12	4 887.0	11
福建	3 258.9	14	4 676.2	13
山东	8 632.8	3	10 329.8	2
广东	7 899.0	4	9 836.4	3
海南	931.8	28	1 191.2	28
山西	1 497.9	25	1 642.8	26
吉林	2 452.4	19	2 215.0	22
黑龙江	3 806.8	13	3 340.0	14
安徽	4 828.8	9	6 265.4	7
江西	2 397.1	20	3 167.1	16
河南	5 968.5	6	7 310.2	6
湖北	4 037.8	11	5 298.5	10
湖南	5 150.5	7	5 952.4	8
内蒙古	2 523.5	18	2 737.7	20
广西	2 759.3	16	2 995.6	18
重庆	4 522.4	10	4 817.6	12
四川	6 455.9	5	7 312.8	5
贵州	2 186.9	21	2 972.3	19
云南	3 237.7	15	3 309.3	15
西藏	22.5	31	25.4	31
陕西	2 755.6	17	3 045.7	17
甘肃	978.4	27	1 220.0	27
青海	263.0	30	381.6	30
宁夏	804.4	29	1 048.3	29
新疆	1 430.3	26	2 017.0	23

表5-12 分省商品房销售面积增幅及排位

地区	2012年		2013年	
	增幅(%)	位次	增幅(%)	位次
全国总计	1.8		17.3	
北京	35.1	1	-2.1	29
天津	4.2	16	11.2	20
河北	-12.6	28	10.3	22
辽宁	17.1	4	5.3	27
上海	6.0	13	25.5	11
江苏	13.2	9	27.0	10
浙江	13.4	8	22.0	15
福建	20.4	3	43.5	2
山东	-9.9	27	19.7	16
广东	6.3	12	24.5	13
海南	7.6	11	27.8	9
山西	16.6	5	9.7	23
吉林	0.8	17	-9.7	30
黑龙江	10.9	10	-12.3	31
安徽	4.8	15	29.7	8
江西	-0.8	20	32.1	5
河南	-4.9	23	22.5	14
湖北	-3.6	22	31.2	6
湖南	5.1	14	15.6	17
内蒙古	-28.1	31	8.5	25
广西	-6.9	25	8.6	24
重庆	-0.2	19	6.5	26
四川	-1.3	21	13.3	18
贵州	16.2	7	35.9	4
云南	0.5	18	2.2	28
西藏	23.3	2	12.9	19
陕西	-9.7	26	10.5	21
甘肃	16.6	6	24.7	12
青海	-26.9	30	45.1	1
宁夏	-5.0	24	30.3	7
新疆	-17.2	29	41.0	3

附：

主要统计指标解释

固定资产投资：指以货币形式表现的在一定时期内建造和购置固定资产的工作量以及与此有关的费用的总称。一般所称的固定资产投资，包含计划总投资500万元及以上的固定资产项目投资和房地产开发投资。

房地产开发投资：指各种登记注册类型的房地产开发法人单位统一开发的统代建、拆迁还建的住宅、厂房、仓库、饭店、宾馆、度假村、写字楼、办公楼等房屋建筑物，配套的服务设施，土地开发工程（如道路、给水、排水、供电、供热、通讯、平整场地等基础设施工程）和土地购置的投资。不包括单纯的土地开发和交易活动。

农村农户投资：指以农户为单位进行的房屋建设（主要指住宅建设）投资，农户对农、林、牧、渔及其服务行业进行的投资（如农户今年广泛进行的设施农业投资）以及农户购买生产性固定资产的投资。

全社会固定资产投资：包含广义上的固定资产投资和农村农户投资。此指标只有年度数据。

固定资产投资的资金来源：指固定资产投资项目单位在报告期收到的，用于固定资产建造和购置的各种资金。包括国家预算资金、国内贷款、债券、利用外资、自筹资金和其他资金。

国家预算资金：包括一般预算、政府性基金预算、国有资本经营预算和社保基金预算。各类预算中用于固定资产投资的资金全部作为国家预算资金填报，其中一般预算中用于固定资产投资的部分包括基建投资、车购税、灾后恢复重建基金和其他财政投资。各级政府债券也应归入国家预算资金。

固定资产投资按构成分:分为建筑工程、安装工程、设备工器具购置以及其他费用四个方面。

—建筑工程:指各种房屋、建筑物的建造工程,又称建筑工作量。

—安装工程:指各种设备、装置的安装工程,又称安装工作量。

—设备工器具购置:指报告期内购置或自制的,达到固定资产标准的设备、工具、器具的价值。

—其他费用:指在固定资产建造和购置过程中发生的,除上述三个之外的应当分摊计入固定资产投资的费用,不指经营中财务上的其他费用。

基础设施投资:指在建造和购置为社会生产和生活提供基础性、大众性服务的工程和设施过程中的投资。一般包括以下几个方面的内容:一是公共设施,如电力、电信、自来水、卫生设施等;二是公共工程,如大坝、灌溉及排水用的渠道工程;三是交通运输设施,如公路、铁路、港口、机场、水路。

民间投资:指具有集体、私营、个人性质的内资企事业单位以及由控股(包括绝对控股和相对控股)的企业单位在辖区内建造或购置固定资产的投资。统计范围,根据固定资产投资项目单位的工商登记注册类型和控股情况来确定。

商品房施工面积:指在报告期内施工的全部房屋建筑面积。包括本期新开工的房屋建筑面积、上期跨入本期继续施工的房屋建筑面积、上期停缓建在本期恢复施工的房屋建筑面积、本期竣工的房屋建筑面积以及本期施工后又停缓建的房屋建筑面积。多层建筑应填各层建筑面积之和。

商品房竣工面积:指报告期内房屋建筑按照设计要求已全部完工,达到住人和使用条件,经验收鉴定合格或达到竣工验收标准,可正式移交使用的各栋房屋建筑面积的总和。以房屋单位工程(栋)为核算对象,在整栋房屋符合竣工条件后按其全部建筑面积一次性计算，而不是按各栋施工房屋中已完成的部分或层次分割计算。

商品房销售面积：指报告期内出售商品房屋的合同总面积（即双方签署的正式买卖合同中所确定的建筑面积）。包括现房销售面积和期房销售面积两部分。

商品房待售面积：指报告期末已竣工的可供销售或出租的商品房建筑面积中，尚未销售或出租的商品房建筑面积，包括以前年度竣工和本期竣工的房屋面积，但不包括报告期已竣工的拆迁还建、统建代建、公共配套建筑、房地产公司自用及周转房等不可销售或出租的房屋面积。按照商品房待售时间长短可以划分为待售一年以下、待售一到三年（含一年）和待售三年以上（含三年）。

固定资产形成总额：指生产者在一定时期内获得的固定资产减处置的固定资产的价值总额。可分为有形固定资产形成总额和无形固定资产形成总额。有形固定资产形成总额包括一定时期内完成的建筑工程、安装工程和设备工器具购置（减处置）价值以及土地改良、新增役、种、奶、毛、娱乐用牲畜和新增经济林木价值。无形固定资产形成总额包括矿藏的勘探、计算机软件、娱乐和文学艺术品原件等获得减处置，和存货增加一起构成资本形成总额。资本形成总额和最终消费支出、货物和服务进出口一起构成支出法的地区生产总额。

房地产开发增加值：是指房地产开发经营企业在开发经营过程中创造的新增价值和固定资产的转移价值。它可以按生产法计算，也可以按收入法计算。按生产法计算，它等于总产出减去中间投入；按收入法计算，它等于劳动者报酬、生产税净额、固定资产折旧和营业盈余之和。